GEOGRAPHY

地理教师教育国内外比较与教师职业标准研究

王　民
高翠微
蔚东英
◎
著

北京师范大学出版集团
BEIJING NORMAL UNIVERSITY PUBLISHING GROUP
北京师范大学出版社

图书在版编目（CIP）数据

地理教师教育国内外比较与教师职业标准研究/王民等著．—北京：北京师范大学出版社，2016.5

ISBN 978-7-303-16035-8

Ⅰ．①地…　Ⅱ．①王…　Ⅲ．①中学地理课—师资培养—对比研究—中国、国外　Ⅳ．①G633.553

中国版本图书馆 CIP 数据核字（2016）第 030104 号

营销中心电话　010-58805072　58807651
北师大出版社学术著作与大众读物分社　http://xueda.bnup.com

DILI JIAOSHI JIAOYU GUONEIWAI BIJIAO YU JIAOSHI ZHIYE BIAOZHUN YANJIU

出版发行：北京师范大学出版社　www.bnup.com
北京市海淀区新街口外大街 19 号
邮政编码：100875

印　　刷：大厂回族自治县正兴印务有限公司
经　　销：全国新华书店
开　　本：730 mm×980 mm　1/16
印　　张：18.25
字　　数：294 千字
版　　次：2016 年 5 月第 1 版
印　　次：2016 年 5 月第 1 次印刷
定　　价：66.00 元

策划编辑：胡廷兰　关雪菁　　责任编辑：胡廷兰　李　越
美术编辑：王齐云　　装帧设计：王齐云
责任校对：陈　民　　责任印制：马　洁

目　录

第四篇　地理教师培训研究

第一篇

教师教育标准与资格认证

第一章　国内外职前教师教育标准的现状及对我国的启示

所谓教师标准，是指作为教师应当具备的基本资格和条件。教师教育标准即为培养从事中小学教育教学工作的合格教师而提出的新要求和新标准。从20世纪80年代开始，各国纷纷制定教师教育标准作为教师教育改革和保障教师教育质量的一个基本前提，教师教育标准化已经成为国际教师教育改革的基本趋势，是现代教师教育制度的基本内容。①

第一节　国际领域职前教师教育标准的现状

一、美国的职前教师教育标准

从历史发展来看，美国有比较明晰的教师职业标准认证体系，在教师从业要求上显得比较全面、正规。

美国从20世纪50年代以来就逐步形成了3个重要的教师教育评价标准：第一个是全国教师鉴定委员会(National Council for Accreditation of Teacher Education，NCATE)制定的针对教师教育机构的“教师培养单位职业鉴定标准”；第二个是美国州际新教师评估和支持联合会(Interstate New Teacher Assessment and Support Consortium，INTASC)为初任教师制定的“教师证书标准”；第三个是美国全国专业教学标准委员会(The National Board for Professional Teaching Standards，NBPTS)针对有经验的、已经称职的教师制定的“教师发展评估标准”。这3大标准已经成为美国教师教育与评估的重要标准，构成了美国教师教育评估与鉴定的完整体系。

这3个教师教育评价标准在教师成长的不同阶段进行了质量控制，具体来说是通过教师教育专业标准、新教师资格认定制度和优秀教师资格认定制度这样3个主要标准来不断促进教师的成长与发展的。其中，教育机构的教师专业

① 钟秉林．教师教育转型研究[M]．北京：北京师范大学出版社，2009：9.

培养标准是最重要的，它涉及的是教师培养机构的水平与资质，直接关系到教师职前培养阶段的质量。

在美国，对全国教师教育影响最大的教师职业教育标准是由 NCATE 制定的，全称为“教师培养单位职业鉴定标准”(Professional Standards for the Accreditation of Schools，Colleges，and Departments of Education)。全美有 2/3 的教师培养单位认可这项标准并接受该委员会的鉴定。NCATE 获得了美国教育部和高等教育质量认证理事会的双重认可并得到了其授权①，是美国教师教育院系质量认证的重要机构。

在认证概念框架中包含 5 个方面的内容：教育学院的职能与目标；教育学院的理念、目标与专业追求；知识基础，包括理论、研究、实践智慧与教育政策；根据专业的、州的和全国的标准，教师候选人达到标准的程度；教育院系建有对学生绩效定期鉴定的制度。②

教师教育培养标准的内容分为两个部分。第一部分为师范生在专业知识、专业技能、情感态度方面的表现以及对这些表现的评估数据收集的标准；第二部分为教师教育机构的专业培养能力标准，内容包括实习，见习，各院系师资资格、现状和发展，管理和资源。

具体来讲，其内容框架为：

标准 1：教师知识、技能、职业素养；

标准 2：评价体系与统一评估；

标准 3：实习经验与临床实践；

标准 4：多元化；

标准 5：(大学)教员资格表现、发展；

标准 6：机构管理与资源利用。③

其中，每一项标准所含的具体指标数量不一，但各项指标均分为不合格、合格和优秀 3 个等级。NCATE 的认证是对大学中教育学院(系)等教师培养单位的资格认证，不是对任职教师个人的，而是对单位的认证。对院系和相关机构的认证，从组织体系上保证了教师培养的规格与质量。

---

① 谌启标．美国教师教育的制度变迁与改革实践[J]．比较教育研究，2003，(7).

② National Council for Accreditation of Teacher Education. Professional Standards for the Accreditation of Schools，Colleges，and Departments of Education[EB/OL].[2009-7-1]. http：//www. ncate. org/public/ aboutNCATE. asp.

③ Unit Standards Rubrics [EB/OL]. [2007-4-10]. http：//www. ncate. org/public/ unit Standards Rubrics. asp.

二、英国的职前教师教育标准

英国现行的教师专业标准于 2007 年 1 月正式颁布，2 月颁布了修订后的有关教师教育机构培养要求的文件，并于 9 月开始正式在英格兰地区全面实施。英国的教师专业标准框架由合格教师专业标准、入职教师标准、资深教师标准、优秀教师标准和高级技能教师标准 5 个组块构成。其中《合格教师资格标准》(表 1-1)是基础，它对未来教师在职前应达到的基本要求做出了规定，分别从专业特质、专业认知、专业技能 3 个维度对教师应具备的基本素质进行了界定。此外，新标准对于职前教师培养机构也做出了具体要求①，包括新生入学要求、培养要求以及管理和质量保证。

《合格教师资格标准》维持原先的 3 个一级指标体系的总体结构，但 3 个一级指标的名称界定发生了较大的变化，分别改为：专业素质(Professional Attributes)、专业知识与理解(Professional Knowledge and Understanding)和专业技能(Professional Skills)。3 个一级指标均包含二级和三级指标。二级指标共计 16 项，是对一级指标涉及范围领域的界定。三级指标共计 33 项，是关于标准的具体说明，是标准体系的核心部分。

表 1-1　英国《合格教师资格标准》

一级指标	二级指标	三级指标
专业素质	师生关系	1. 对学生具有高期望值，全力保证他们充分发挥教育潜能，与学生建立平等、尊重、信任、支持性和建设性的关系 2. 具备积极的价值观、态度与行为
	框架	3. (1)知晓教师的专业职责和工作的法律框架；(2)知晓工作场所的政策与措施，共同承担责任
	沟通与合作	4. 与学生、同事、家长和监护人进行有效沟通 5. 承认并尊重同事、家长、监护人对学生的发展、福祉和提高学生的成绩所做出的贡献 6. 承担合作共事的义务

① Proposed ITT requirements. Teacher Training and Development for School[EB/OL]. [2007-2-26]. http：//www. tda. gov. uk/upload/resources/doc/i/itt_require-ments_proposed_nov_06. doc.

续表

一级指标	二级指标	三级指标
专业素质	个人专业发展	7.(1)反思并改进自身的实践，承担起确定和满足自身不断发展的专业需求的责任；(2)确定入职培训阶段早期专业发展的重点 8. 具备进行创造性和建构性批判的创新手段，善于调整自身的行为实践，从中改进并获益 9. 能够根据建议和反馈改进教学，乐于接受指导和帮助
专业知识与理解	教与学	10. 具备若干教学、学习及行为管理策略的知识与技能，了解如何运用及调整这些知识与技能，促进学习的个性化，为全体学生发挥潜能提供机会
	评价与监控	11. 了解受训任教学科及课程领域的评价要求和安排，包括与公共测试和资格认定相关的内容 12. 了解若干评价方法，知道形成性评价的重要性 13. 了解如何运用地方和国内统计信息来评价自身的教学成果，监控学生的学习进展，提高学生的学业成绩水平
	学科与课程	14. 具备所教学科及课程领域牢固的知识与理解以及相关的教学法，能对受训任教年龄和能力范围内的学生进行有效教学 15. 知晓相关的法定和非法定的课程，包括国家策略框架在内的学科及课程领域框架以及其他相关的适用于学生的改革措施
	读写、计算、信息与交流技术	16. 通过计算、读写及信息与交流技术方面的职业技能测试 17. 知晓如何运用文字、计算和信息交流技术方面的技能支持教学与其他专业活动
	成绩与多样性	18. 知晓学生如何发展以及学生的发展和福利会受到成长、社会、宗教、种族、文化和语言方面的影响 19. 知晓如何为那些包括以英语为第二外语、有特殊教育需要或残疾的学生在内的各种学生设计有效的个性化教学，知道如何在教学中兼顾多样性，促进公平与包容 20. 了解并理解承担特定责任的同事的角色，包括承担具有特殊教育需要、残疾及有其他个别学习需要的学生责任的同事的角色
	健康与福利	21.(1)了解有关保护学生和增进他们福利的现行法律要求、国家政策与指导措施；(2)知晓如何识别和支持那些因个人环境的改变或困难而影响了进步、发展和福利的学生，并知晓何时告知同事，寻求专家的帮助

续表

一级指标	二级指标	三级指标
专业技能	计划	22. 制订受训任教年龄和能力范围内的教学进步计划，设计有效的课程与系列课程的学习次序，具备牢固的学科及课程知识 23. 为学生的读写、计算和信息交流技术等方面技能的发展提供机会 24. 安排家庭作业或其他课外作业，促进学生的进步，扩充和巩固学生的学习
	教学	25. 教学做到：(1)应用多种教学策略和资源，包括电子化学习、顾及多样性，促进公平和融合；(2)运用先前的知识、概念和方法，帮助学生运用新知识、理解和技能，达成学习目标；(3)语言符合学生需要，清晰地说明新的观点和概念，并有效运用解释、提问、讨论和分组研究等方法
	评价、监督与反馈	26.(1)有效应用多种评价、监督和成绩记录的策略；(2)评估学生的学习需求以便设置挑战性的学习目标 27. 提供关于学生成绩、进步和有待发展领域的及时、准确和建设性的反馈 28. 支持与引导学生对学习进行反思，确定已有的进展和新的学习需求
	总结教学	29. 就教学对全体学生产生的效果进行评价，根据需要对计划和课堂实践加以调整
	学习环境	30. 构建有助于学习的、目的明确及安全的学习环境，并为学生在校外的学习提供机会 31. 构建清晰的课堂纪律框架以建设性地管理学生行为，并鼓励学生自控和独立
	集体协作	32. 把自身看作团队一员并为与同事共事提供机会，共享有效集体实践的进步成果 33. 确保同事恰当地参与到对学习的支持之中，了解他们所要发挥的作用

从21世纪英国教师专业标准的发展变化来看，英国的教师专业标准体现了发展性和终身性的特点；就其内容而言，教师专业标准更强调了教师的专业发展。

三、澳大利亚的职前教师教育标准

随着澳大利亚建立全国统一教师教育认证制度的呼声日益强烈，澳大利亚“教学与学校领导协会(Teaching Australia)”于2005年8月成立，并开始探讨职前教师教育标准。2007年6月，该协会发表了标准文本草案并向全国广泛征求意见。这标志着澳大利亚教师教育鉴定制度的基本框架已大体形成。

职前教师教育鉴定的基础和核心是鉴定标准。澳大利亚职前教师教育鉴定标准主要由两大部分组成。一是毕业生标准(graduate standards)(表 1-2)，由 3 个一级指标(专业知识、专业实践和专业承诺)、10 个二级指标和 62 个三级指标组成，其中三级指标是对师范毕业生在知识、能力和意向等方面的具体说明。这些要求与对教师职业生涯各个阶段的标准，如新教师标准、胜任教师标准和高级教师标准等在逻辑体系上具备较大的可比性。二是培养标准(program standards)(表 1-3)，它主要就教师教育机构的办学资源和培养过程提出规范性的要求，涉及教师教育机构的招生、课程教学、评估程序、专业经验和质量保证 5 个领域。培养标准对 5 个领域的具体要求总计 34 项。以下分别就两套标准做简要说明。

表 1-2　澳大利亚职前教师教育鉴定标准(毕业生标准)

<table>
<tr><td rowspan="3">专业知识</td><td>高水平的读写算能力</td><td>·领会语言和包括多元写作能力在内的读写能力在社会参与中的重要作用
·熟练进行口头和书面交流
·理解数学中的关键概念及相互关系
·胜任数学计算</td></tr>
<tr><td>了解任教学科</td><td>·了解任教学科的教材
·能够解释与任教学科有关的重要原理和概念
·通过对教材的探究、批判性分析和综合来展现自身的知识</td></tr>
<tr><td>了解学生如何学习、知道如何进行有效教学</td><td>·了解一系列读写算教学的策略，包括培养学生的口语、词汇、语法、流畅的阅读理解以及新技术素养
·了解如何使用诊断性工具来确定和评价读写算技能发展情况
·充分理解任教学科的教学法
·知晓如何使用教学法知识和有关的资源(包括信息与交流技术)使学生参与学习；知晓如何鼓励高阶思考和批判性探究
·了解学生学习的潜在障碍，知道如何加以克服
·认识到理解原住民文化规范和习俗的重要性
·知晓如何有效地就学习目标与学生进行沟通
·知晓一系列教学策略来适应不同的学习需要，知道如何使用评价来支持学习</td></tr>
</table>

续表

<table>
<tr><td>专业知识</td><td>了解学生</td><td>• 了解学生的技能、兴趣和先前的经验是如何影响学习的
• 具备课堂管理的教学技巧
• 对学生表现出同情和积极的态度
• 认为所有学生都能胜任学习，了解并致力于平等的教学
• 知道如何与学生及其家庭建立积极的关系
• 了解儿童和青少年发展
• 了解学生不同的学习方法
• 承认土著澳大利亚人作为澳大利亚原保管人和居民的地位，尊重原住民暨托雷斯海峡群岛人学生的文化
• 知道特定教育需要学生，如特殊教育需要学生、非英语背景学生，以及具有挑战性行为学生的教学策略</td></tr>
<tr><td rowspan="3">专业实践</td><td>有效教学的计划</td><td>• 运用专业知识为作为个体和群体的学生确定清晰的、挑战性的和可达成的学习目标
• 设计和实施促进高阶思维和批判性探究的学习机会
• 计划和实施使学生参与并帮助取得学习结果的协调一致的系列课
• 使用一系列资源(包括信息与交流技术)支持学生的学习
• 为不同类型的学习者创设参与性的学习环境
• 倾听土著社群并向他们学习
• 设计和实施社会公正的和包容性的学习机会
• 在设计学习计划时充分顾及学校、家庭和社群的背景因素
• 在设计学习计划时充分考虑到学生的技能、兴趣和先前的经验</td></tr>
<tr><td>有效学习的评价和报告</td><td>• 使用一系列策略来评价学习结果水平
• 了解学习结果和评价策略之间的联系
• 为学生提供有效和及时的口头和书面反馈
• 维持准确和可靠的记录来监督教学进度
• 了解向家长和监护人报告的原则和做法
• 使用评价结果对过去的做法进行反思，为后续教与学的计划提供信息</td></tr>
<tr><td>创设和维持有成效的学习环境</td><td>• 就所有学生安全的学习环境提出明确的行为要求
• 与学生就学习和学习目标进行有效的沟通
• 在与学生保持适当的专业关系的同时运用一系列策略与学生保持融洽关系
• 为合作学习和积极的人际关系提供行为示范
• 创设一种重视学习，尊重学生看法的氛围
• 使用一系列策略来创设激励学生进行思想探索，发展能力的包容性的学习环境
• 尊重并寻求理解土著文化规范和习俗
• 与同事以及其他分担学生的学习和福祉的专业人员开展协作
• 了解使学生在校安全的具体要求</td></tr>
</table>

续表

专业承诺	实践反思能力	•对作为学习者的长处、喜好和需要进行反思，确定专业发展的重点 •对专业知识和实践进行反思和评价 •寻求他人的反馈，并借此来改进自身的专业实践
	参与专业发展	•展示以证据为基础的专业实践能力 •参与个人专业学习和集体专业学习 •积极参与学习社群 •知道如何学习和运用新知识来应对新挑战或不断变化的环境 •理解作为集体实践基础的结构和技能 •通过科研、讨论和辩论对专业概念和问题进行探究
	成为专业社群的成员	•展示协作的能力 •建立同事间有效的专业关系 •在教育情境中实践和维护协作的原则 •乐于建立作为实践社群根基的协商、协作和批判性的关系 •了解教学的法律和道德层面，以及教师对学生的专业承诺的性质

表 1-3　澳大利亚职前教师教育鉴定标准(培养标准)

学生的选拔	教师教育机构录取学生的标准应是清晰的，做到： •提供公平的录取机会 •鼓励专业内部的多样性 •鼓励选拔具有从事教师教育专业性意向的学生
课程教学	•由适当资格的教师任教 •在科研和大学教学方面具备最佳实践 •运用多种数据源来持续改进课程 •教学设施充足，能够满足学生的学习需要 •经费充足，可以满足学生现场和中小学高质量的学习需要 •传授充足的、在重点的通识教育范围内的学科内容知识，使学生达到毕业生标准 •传授足够的关于学校教育、学校、人的发展以及教学法的专业知识，使毕业生达到毕业标准 •为学生提供诊断工具来确定和评价读写算技能的发展情况 •培养作为胜任的和有爱心的教育专业人员所需的知识和技能 •具备学习策略与教与学相结合的最佳实践
评估程序	教师教育机构的评估程序要做到： •严格、公正、透明 •定期审核、评价和改进 •在多样的情境中使用多种方法对学习的表现进行评估 •监测学生达到毕业生标准的进度情况 •确保那些在包括专业经验在内的所有学习单元成绩不合格的学生不能毕业

续表

专业经验	教师教育机构为学生提供的专业经验应该做到： • 时间充足，内容多样，具有深度，使学生达到毕业标准 • 能够使学生在各种情境下运用学科内容、专业和教学方面的知识、技能和意向，并进行反思 • 与毕业生标准中所规定的初任教师的知识、技能和意向的习得的明确的和渐进的阶段相吻合 • 根据具备关于目标、角色和期望的清晰表述来对学生的表现进行评估 • 建立在真正的高校教师和中小学教学专业成员之间协同伙伴合作之上 • 为学生学习那些学识渊博、技能优秀的中小学教师的专长提供机会 • 为学生提供中小学指导教师和其他专业支持 • 通过协同合作程序定期进行评估和改进
质量保证	教师教育机构应通过以下措施来保证教师教育课程的质量： • 保持合法的和有偿付能力的教育机构的身份 • 课程所有方面的充足资源 • 定期对课程和教学进行监测、评价和调整 • 积极回应专业的合理关切和要求 • 支持大学和中小学教师的专业发展 • 定期与诸如雇主和教学专业成员等利益攸关者进行协商 • 透明和公平的聘任做法 • 关于教师工作量方面的规定和做法能够鼓励教师参与包括教学、学术、评价和咨询，以及在中小学等进行专业活动

从澳大利亚职前教师教育标准来看，它既关注教师教育机构的办学条件和教学过程，也注重教师教育的结果，注重师范生参加完一系列课程和培训之后，在知识和能力上的收获。同时，该标准十分关注教师教育中理论与实践的结合，强化了师范生教学实践能力的培养，强调学生实践反思能力的养成。此外，通过该标准可以引领职前教师教育的变革，构建伙伴合作的职前教师教育新模式。[①] 例如，在培养标准中，就规定教师教育机构为学生提供的专业经验应该做到时间充足，内容多样，具有深度，特别强调要建立在真正的高校教师和中小学教学专业成员之间的协同合作之上，为学生学习学识渊博、技能优秀的中小学教师的专长提供机会，为学生提供中小学指导教师和其他专业支持，通过协同合作过程定期进行评估和改进。

① 许明．澳大利亚全国职前教师教育鉴定制度述评[J]．福建师范大学学报(哲学社会科学版)，2009，(5)．

第二节　我国教师教育标准的传统要求与现状

中国历来是一个尊师重教的国家，从先哲孔子的"三人行，必有我师焉"，到荀子的"国将兴，必贵师而重傅"，从韩愈的"师者，所以传道授业解惑也"，到康有为的"师道既尊，学风自善"，无不体现出世人对教师这一职业的尊重和重视。在中国漫长的教育思想发展史上，有许多教育家注意到了教师的标准问题，并进行论述。① 主要表现在：

(1)崇高的道德修养。孔子根据自己教育实践的经验，要求教师必须以身作则、言传身教，强调无言之教的威力，认为教师行为端正、道德高尚，本身就是一种教育力量，否则，"不能正其身，如正人何?"②古代思想家强调教师要"言传身教"，对学生良好的道德情操培养起到"潜移默化"的作用。这与现代地理新课程改革中提倡"情感态度价值观"的教育理念颇有相似之处。

(2)渊博的知识结构。如明清之际的黄宗羲认为浅薄无知之人不配做教师，他曾说："道之未闻，业之未精，有惑而不能解，则非师矣。"③王夫之要求教师有丰富的、正确的知识，只有"欲明人者先自明"，才能胜任教育工作。古代教师的知识标准还要求做到"知古今""专而通""新而一"，既要博览群书，又要深入钻研。

(3)高超的教学艺术。《学记》中总结了教师的教育教学能力标准，大致有四条：一是懂得并掌握教育教学规律，即"既知教之所由兴，又知教之所由废，然后可以为人师也"。二是了解教育内容："知至学之难易，而知其美恶，然后能博喻，能博喻，然后能为师。"即君子知道求学的深浅次第，又了解学生天资的高低差异，然后才能够采取多种教学方法，因材施教。三是了解教育对象，并能做到长善而救其失，教师只有了解学生的不同心性，才能有针对性地挽救其过失。四是掌握教育艺术："善教者使人继其志。其言也约而达，微而臧，罕譬而喻，可谓继志矣。"也就是说，善于教学的人，能使学生继承他的治学志向。善教者讲话辞简而意明，所讲的道理幽深而解说精妙，讲时比喻虽少却使人易懂，能够使学生有志于学习并能举一反三。

---

① 施克灿．中国古代教育家理想中的教师标准探究[J]．教师教育研究，2006，18(1)．

② 《论语·子路》．

③ 见《黄梨洲文集·南雷文约卷四·续师说》．

(4)强烈的社会责任感。古代教育家以积极入世的精神，要求教师积极参与社会变革，履行重要的社会服务职责。

自1897年清朝政府在上海创建南洋公学师范院以来，我国教师教育至今已走过百年的历程。到了现代，伴随着经济社会各领域的转型，教师教育在高等教育的大众化和精英化两种力量的推动下也发生了急剧变革和转型。经过20世纪末期教师教育政策的调整，我国原有师范教育系统的诸多功能逐步丧失，但适应社会主义经济体制要求的现代教师教育制度尚未建立，多元、开放的教师教育制度还有待完善，尤其缺乏保障教师教育质量的教师教育标准体系。因此，国家有必要从政策层面对中小学教师专业资格、教师教育机构资质、教师教育课程设置和教师教育质量等提出最基本要求，建立起适应我国经济社会和教育发展要求的现代教师教育制度。

目前，国家有关部门正在进行有关教师教育的一系列标准的制定。2011年10月，教育部颁布《教师教育课程标准(试行)》。该标准以"儿童为本""实践取向""终身学习"为三大基本改革理念，对新时代教师的素质提出要求。在课程结构方面，要求科学设置师范教育类专业公共基础课程、学科专业课程和教师教育课程，并突出强调实践课程的设置要求——教育实践课程不少于一个学期。在课程内容方面，纳入学科前沿知识、教育改革和教育研究成果，并要求提高师范生使用信息技术的能力。为了促进课程的实施，教育部还在开发优质课程资源、改进教学方法、加强师资队伍建设、加强课程管理与质量评估、加强组织领导和条件保障等方面提出了要求。

2012年教育部研究制定了《幼儿园教师专业标准(试行)》《小学教师专业标准(试行)》和《中学教师专业标准(试行)》，提出了对幼儿园、小学和中学合格教师专业素质的基本要求，作为教师实施教育教学行为的基本规范、准则，促进了教师专业发展，同时还成为教师培养、准入、培训、考核等工作的重要依据。

第三节　中学地理教师专业知识与技能标准研究

专业素质是专门职业对从业人员的整体要求。教师专业化是20世纪以来国际教育界关注的问题。所谓专业化，就是指教师在经过若干年的专门训练后具有独立的专门知识和技能，从事的工作性质明显区别于其他行业。提高教师的专业发展成为各国教育改革的主要内容。然而，怎样评价教师的专业发展水平呢？教师专业标准的出现就像是黑夜中的一盏明灯，沙漠中的一面旗帜，使得教师在专业发展的道路中看到了方向和目标。正如一位美国教育家所说，“标准是一种目标，同时，标准又是测量通向目标进展的测量仪”。

一、教师素质与教师专业标准

我们将从人们对高素质教师的认识谈起，进而探讨发达国家教师专业标准对教师素质的规定。

(一)理论界对优秀教师素质的规定

从国内外的研究来看，教师素质的内容一般包含两个方面：一般的具有公共特征的教师素质和反映个性特征的教师素质。而不管在哪个方面，其内容又都涉及教师的知识、能力、情感3方面。①

知识素质。国内大多数学者认为，教师知识包含4部分：(1)广博的文化基础知识。具体包括人文类知识、科学类知识、工具类知识等。(2)精深的学科专门知识。这是一种较宽泛意义上的学科知识，包括不同学科有机整合的知识，结构化和情境化的知识，关于学科知识来源和发展的知识，关于学科知识本质的知识。教学的许多工作，如选择有价值的学习活动、提供解释、提出创造性问题、评价学生的学习等，都要靠教师对学科的理解。(3)系统的关于儿童发展与教育的教育学、心理学知识。(4)学科教学知识。就是把学科教育学化和心理化，使其具有“可教性”的知识。也可理解为有关“学与教”的知识，包括基本的教学知识，要掌握学习的基本理论与方法，了解与教学模式和教学方法相应的、适当的学习方法；关于学生经验、知识基础、思维方式等心理学知识；教学情境知识，即教师针对教学情境中的问题，运用科学方法，探求问题的可能成因，了解问题的真相，并且进一步研究解决的办法，这是教学的实践性特征提出的要求。②

国外学者多注重教师知识的整体性及过程性，更强调各种知识之间的相互作用，强调几种知识交融之后形成的新知识，强调在具体情境中的动态知识。他们认为教师应该将传授的学科知识同适合此知识的教与学的方法联系起来，具备一定的学科教学法知识和教育技术知识，知道怎样利用技术知识确定主题，确定恰当的知识呈现方式，选择恰当的技术工具实现内容呈现与转化，以及利用这种技术支持系统确定教学策略。

---

① 宗永杰．教师素质构成：基于文献综述的探究设想[J]．江苏教育研究(理论版)，2008，(13)．

② 杨高全．论教师的专业素质结构[J]．黑龙江教育学院学报，2007，26(3)．

能力(技能)素质。能力是沟通知识与教学效果的桥梁，是知识的外显化。教师应该具备的能力都是基于教学实践活动提出的，作为教师职业和专业所必需的能力如下。

宏观方面：(1)教学能力，指教师达到教学目标，取得教学成效所具有的潜在的可能性，反映出教师顺利完成教学任务的直接有效的心理特征。教学能力和教学活动密切结合在一起，并在教学活动中得以展现，这种展现是可以观察到的、外显的行为。(2)科研能力，即教师对自己的教学进行思考和探究，也可以说是一种反思能力。(3)沟通合作能力，教师应具备与其他教师及社会密切联系和通力合作的能力，能够与学校同事、家长进行良好沟通，为学生创建良好的学习和生活环境。

微观方面：(1)教学技能，指教师能在教学过程中运用一定的专业知识和经验顺利完成某种教学任务，如导入技能、讲解技能、提问技能、板书技能、演示技能、语言技能、变化技能、反馈强化技能、课堂组织技能、结束技能、课堂观察技能、课堂倾听技能、课堂启发引导技能、指导合作学习技能、反应技能等。(2)及时总结、反省、修正与控制课堂教学进程的技能。(3)对学生及教学过程具有敏感性和批判性，善于捕捉课堂信息，调适学生心理状态，使课堂焕发生命力的能力。

情感素质。教师的情感素质具体包含 3 个方面：第一是教师对于教师专业的情感。第二是教师对教育对象——学生的情感。第三是教师对于所教学科的情感。情感素质是教师素质内容中最不易测量、却又是最具教师专业特征的，是教师专业化的高级阶段特征。无论是认识教学的质量，还是在人格、情感引导上的成功，都不是仅仅由专业知识水平和认知教学能力决定的。它们与教师的情感特征和情感交往水平有很大关系。美国心理学家发现，教师的情感特征(而非认知特征)最能区分“效率较高”和“效率较低”的教师。在观察员和评定员使用的区分高低效率教师的 52 种教师特征或特性中，有 38 种(约占 75%)实际上是属于情感的，只有 14 种是表现教师知识或特别教学技能等方面。① 一个教育家型教师与教书匠型教师的差别，很大程度也在于教育情感的丰富与敏感程度。

纵观国际教师教育历程，先后出现过“知识论”“能力论”“情感论”“建构论”“批判论”“反思论”6 种教师培养“范式”。它们分别强调教师的文化知识水平、综合教育教学能力、情感人格特性、独立思考能力、个性化知识体系构建能

① 朱小蔓．创建情感师范教育[J]．师道，2008，(11)．

力、自我反思能力等素质的培养。从教师培养“范式”的转换嬗变中，我们依稀看出教师教育要求不断提高的过程：从关注教师的“知识、技能”到关注教师的人格精神，再到关注教师的自我调整、专业成长，教师教育由重视教师知识素质、能力素质、人格素质到重视教师的主体性素质。这个过程呼应着不同时代的经济文化和精神的要求，也是对教师教育本质规律不断深化的结果。

(二)发达国家教师专业标准研究

20世纪80年代以来，“终身教育”“学习化社会”等理念开始影响教育界，国际上掀起了一场课程改革的运动，新课程对教师素质提出了新的要求，教师的职责与任务在发生变化，“在任何学习过程中，重点不能再放在必然局限、安排刻板的内容上；它必须着眼于理解的能力、吸收和分析的能力、把学得的知识加以条理化的能力、应付裕如地处理抽象与具体之间的关系和一般与特殊之间关系的能力、把知和行联系起来的能力以及协调专业训练和学识广博的能力”①。教师专业标准研究与开发日益受到国际社会的关注，成为世界教师教育改革与教师专业发展的一大热点。

由于国情及文化传统不同，各个国家形成了不同特点的教师专业标准。就美国来说，其教师专业标准分为两种基本类型：一种是针对新教师的入门资格标准(由各州颁布)；另一种是针对有经验教师的优秀教师专业标准(由联邦政府颁布)。就英国而言，新教师入门资格标准和合格教师专业标准是合二为一的，全国推行统一的合格教师专业标准。就澳大利亚而言，国家推行分级、分类型的教师专业标准模式，在统一的国家教师专业标准框架下，对不同专业发展阶段(毕业期、胜任期、成熟期、专业领导期)的教师提出不同的素质要求。我国香港地区的教师专业标准也大抵如此。

美国在教师专业标准制定与实施上走在世界各国前列。从1987年起，美国全国专业教学标准委员会就开始组织研究和制定用于不同目的的教师标准。目前，美国在国家层面已经形成了3套比较成熟的，分别适用于初任教师、有经验教师和优秀教师的专业标准体系。2003年7月，澳大利亚颁布了全国的专业标准框架，确立了职前、入职、职后3阶段的考核标准。2007年，英国更是将施行多年的师范生、初任教师、有经验教师、高级教师的专业标准整合到一起，形成一体化的教师专业标准体系。经济合作与发展组织在20世纪90年代开展了会员国教师质量的大规模调研，为教师专业标准制定提供了科学数

① [法]保尔·朗格朗.终身教育引论[M].周南照，陈树清，译.北京：中国对外翻译出版公司，1985：48—49.

据。亚洲部分国家，如日本、菲律宾、泰国、越南等，近年来也着手制定不同形式的专业标准。

劳伦斯·因格瓦森(Lawrence Ingvarson)教授在给澳大利亚教育研究协会的政策报告中指出，当前教师专业标准开发呈现5大趋势：(1)标准由教师自己通过其所在的专业协会开发；(2)标准旨在捕捉有关教学和学习的实质性知识——教师真正的应知和应会，以促进重要学科内容的学习；(3)标准以行为表现为基础，描绘的是教师应知和应会的内容，而非列举一系列教师应该参加的课程；(4)标准视教师的工作为有关非常规性任务的专业知能(知识、技能)与价值观的运用，评价的策略能够捕捉教师理性的判断及其在真实的教学场景中真正所做的事情；(5)基于教学标准的表现评价正在成为教师持续专业学习和发展的最主要手段之一。①

另外，各国的教师专业标准都反映出，在对教师及其教学的看法上，已经越来越少地将教师看作传授既定内容的教书匠，而越来越多地将教师看作复杂情境中的问题解决者。这在教师专业标准中的具体体现就是对教师实践能力的强调。各国的标准，不管是课程标准还是专业标准，都非常注重结合实践的教学和教育实践本身，具有浓厚的实践取向。

二、国内地理教师素质现状研究

2001年7月，教育部颁发了新的初中地理课程标准，标志着新一轮课程改革帷幕的拉开。新的地理课程标准提出了6项基本理念，2011年初中地理课程标准修订完成，对6个理念进一步合并提炼为3个理念。相比知识的记忆和掌握，新课程标准更重视学生学习能力的养成和正确人地关系观念的形成。新课程尤其强调探究、合作、自主学习的重要性，希望学生能够亲身参与学习过程、构建知识结构，而不是被动地接受知识。如何改变学生的地理学习方式？怎样评价探究学习的效果？新课程改革对地理教师提出一系列巨大挑战。

2009年12月，我们对北京市的部分中学（海淀区及其周边地区）地理教师进行了问卷调查，发放问卷70份，收回有效问卷57份。问卷要求教师对各种地理专业技能与素养进行重要性排序。

从问卷来看，“引起学生的注意，激发其地理学习的兴趣”“明确课堂的思

① Ingvarson L C. Development of a National Standards Framework for the Teaching Profession [DB/OL]. [2013-12-3]. http://research.acer.edu.au/teaching_standards/7/.

维主线，使学生对学习任务心中有数”“知道如何形成地理概念、掌握地理原理和规律”“知道如何总结归纳、拓展延伸、形成地理知识系统”“教学设计的能力”是地理教师最关心重视的教学能力。而“使用教育技术手段(地图制图工具、GIS工具)表达地理信息的技能”“组织指导地理野外调查、地理实验的技能”是被地理教师忽视的能力。

此外，在问卷主观回答题里，教师们提出的素质还有“画图技能”“指导探究学习的能力”“教学语言要精炼、简洁，专业术语强，对学生要多用鼓励激励的语言”“对于教学方法的整合以及教学风格的多样化”等教育教学技能素质以及“爱好广泛，综合素质全面，多才多艺”“探究精神、幽默轻松”“知识渊博”等人格素养。

通过与部分地理教师的访谈对话我们了解到，在教学过程中，重知识传承而轻能力和科学观念的培养，重结论而轻过程，以及过分强调学科体系的独特性而轻视学科间的联系和相互融合的现象仍然很普遍。由于教学时间限制，地理教育中忽视活动类教学，忽视选修、拓展和研究性教学，忽视创新精神和实践能力的培养，忽视学生的个性差异，过于要求所有学生达到同等标准等一系列问题仍然存在。要解决这些问题，不仅要依靠地理教师素质的提高，还要靠教育管理者的支持以及全社会教育观念的改变。

三、地理教师专业素养构成与标准

在深入教学一线调查研究的基础上，根据有关教师知识与技能素养的理论研究，我们总结概括了地理教师必备的基本素质，并进一步制定了地理教师专业知识与技能标准，希望该标准的制定对地理教师的专业发展具有一定的指导作用。

（一）教师基本素质的结构

表1-4　教师基本素质结构

素质构成	指标
人格素质	高尚的思想道德素养
	深沉的情意素养
	专业理想与态度
	独立的人格精神

续表

知识素质	通识知识	自然科学、人文科学知识
	地理学科知识	地理学科价值、专业思维方式的知识
		关于地图的知识
		关于地方和区域的知识
		关于自然系统的知识
		关于人文系统的知识
		关于环境和社会的知识
		关于地理知识的应用
	教育学知识	学与教的心理学基础
		学与教的教育学基础
		课堂教学技能
		现代教育技术
		基础教育发展与改革知识
	学科教学知识	地理课程与教材知识
		地理教学法知识
		有关学生学情的知识
		有关教育情境知识
		地理多媒体教学知识
		中学地理教学设计与实践知识
能力素质	教学能力	清晰准确地交流的能力
		分析、优化地理教材的能力

续表

<table>
<tr><th>素质构成</th><th colspan="2">指标</th></tr>
<tr><td rowspan="12">能力素质</td><td rowspan="7">教学能力</td><td>设计教学活动的能力</td></tr>
<tr><td>优选和运用地理教学方法的能力</td></tr>
<tr><td>运用地图、GIS 等地理工具进行教学的能力</td></tr>
<tr><td>速绘、设计和运用地理略图、板画及各种常见地理图表的能力</td></tr>
<tr><td>指导学生进行地理实践活动的能力</td></tr>
<tr><td>运用提问与讨论技术的能力</td></tr>
<tr><td>训练学生的学习方法、地理思维、元认知能力</td></tr>
<tr><td rowspan="5">组织管理能力</td><td>维护执行课堂纪律的能力</td></tr>
<tr><td>能够创建一种健康、有益的学习文化</td></tr>
<tr><td>有效分配、利用课堂时间</td></tr>
<tr><td>组织和管理教学过程</td></tr>
<tr><td>管理学生行为</td></tr>
<tr><td rowspan="4">主体性素质</td><td colspan="2">对专业发展现状的反思意识及对未来专业发展的规划意识</td></tr>
<tr><td colspan="2">发现问题、确立课题的能力</td></tr>
<tr><td colspan="2">思维品质、科学研究的能力</td></tr>
<tr><td colspan="2">自我反思、总结经验、积累成果的能力</td></tr>
</table>

(二)地理教师专业知识与技能标准的建构

按照教师组织教学的基本程序，我们对地理教师一部分重点的专业知识与技能又进行了进一步的细化，形成了初步的地理教师专业知识、能力标准。

表 1-5 地理教师专业知识与技能标准的建构

标准	指标		层次水平		
			水平Ⅰ	水平Ⅱ	水平Ⅲ
知识素养标准	学科知识		教师对地理学科的基础性知识、基本知识结构有广泛全面的理解，掌握一定的地理学习技能、技巧	教师熟悉、了解、掌握所教专业，认识地理学科的价值与应用，能将地理学科知识与社会生产生活实际相联系	教师理解地理学的核心概念提问工具，准确掌握所教专业学科结构，并能创设使学科内容对学生有意义的学习经验
	学科教学知识		了解地理基础教育的课程和教材知识，把握课程发展趋势，熟悉一定的地理教学法知识	能够区分地理知识、技能的基本类型，能够掌握不同知识类型、教学主题所对应的最适合的知识呈现方式与呈现顺序	了解学生对某些主题原有的理解程度，容易产生的概念误解与学习困难，能够分析错误概念产生的原因，并针对具体的学生进行个性化指导
	教育学知识		教师理解和掌握学生学习成长规律，并能提供促进学生智力、人际发展的学习机会	能够运用教育学基本规律，认识学生学习差别。并能创设适合不同学生的学习机会	教师理解学生不同的学习方式，在教育教学中因材施教，不拘一格，使每个学生都受到公正对待，潜能得到发挥
能力素养标准	教学设计能力	教学计划	掌握教学设计的基本流程，能够系统考虑各种因素，比较顺利地设计一堂完整的地理课	教师能够设计不同的教学计划，根据所教专业知识，各节课的地位与相互之间的联系，合理安排单元教学计划	在教学设计中能够留有空白，根据学生情况，结合具体的学情进行灵活调整，及时变换教学方法，适应教学预设与生成的矛盾
		教学目标	目标清晰，符合课程标准要求，对学生具有一定的期望值，有可操作性	目标有层次，尽量覆盖各个认知程度的学生，有一定的评估方法	基于学生过去和目前的成绩情况、对应年龄阶段学生的学习范围和内容，在课堂上为所有的学生设定有挑战性的教学目标
		教学情境	教师有设计并利用情境作为教学载体的意识，情境的选择与教学目标基本吻合	教学能够在尽可能"真实"的情境中进行，且比较生动有趣，能激发学生学习兴趣	教学情境与个人经验相关，学生能够发表意见，进行讨论。通过学习能够回归情境，解决问题

续表

标准	指标		层次水平		
			水平Ⅰ	水平Ⅱ	水平Ⅲ
能力素养标准	教学设计能力	学生活动	学习活动与教学目标基本符合，但创新性不高或者活动之间没有联系	大多数学习活动适合学生，单元内的活动安排有序，详略得当	学习活动与学生水平和教学目标一致，过程流畅，能够反映出最新的专业研究水平
	课堂教学能力	课堂表达、交流	教师应用有效口语交流沟通技巧，课堂教学程序清晰，表达比较富有感染力	教师语言用词经过精心选择，正确使用各种地理专业术语，词汇丰富，与学生年龄、经验背景相符，课堂活跃而有序	教师应用有效口语和非口语交流沟通技巧，并运用教学媒体技术在课堂教学中培育主动提问、相互合作、相互支持的互动关系
		提问与讨论技术	教师的提问具有一定的启发性，能够针对不同认知思维层次，能够照顾大多数学生	教师提问涉及不同认知思维层次，给学生留出足够空间思考，并及时进行反馈，参与学生讨论	教师能够引导学生自己提问题，允许学生提出讨论题目，自发参与讨论
		师生互动	师生活动较为适当，但偶尔出现偏袒一部分学生的情况，学生表现出对教师较低的尊敬	师生之间友好互动，表现出热情、关爱、尊重，课堂气氛融洽	师生之间协调一致，教师表现出对每一个学生真诚的关心与引导，学生尊敬教师
		训练学生的学习方法、思维、元认知	教师能够有计划地传授地理知识，并选取适当的练习题督促学生巩固知识	教师掌握教学方法，有计划地带领学生了解地理学科常用的学习方法，选取较高质量的测试题训练学生思维	教师掌握教学方法，理解并应用多种教学策略，包括应用教学技术以鼓励学生培养批判思维、问题解决及行动技能
	教学评价能力	课堂评价	教师基本上能判断一节课是否有效，教学目标基本实现	教师能准确地评价一节课有效与否，并明确在多大程度上完成了教学目标	教师仔细地、准确地评价一堂课有效与否，完成教学目标程度，能用具体实例说明评价的准确性

续表

标准	指标		层次水平		
			水平Ⅰ	水平Ⅱ	水平Ⅲ
能力素养标准	教学评价能力	作业、测验设计与评价	作业、测验、考试的内容与教学目标有最低限度的相关；评定结果只能促进部分学生改进学习	作业、测验、考试的内容与教学目标基本相关；评价标准清晰，而且能及时、明确地告知学生	学生能够通过作业、测验改进学习，教师将评定结果用于今后教学计划制定的重要参考资料
		教学反馈	教师能偶尔审视自己的教学过程，能够接受学生的反对意见，但不能及时纠正	教师能够虚心接受学生的建议和批判，具体地提出改进一节课的建议	教师能够主动征求学生、同行的意见，提出一些非常具体的、可选择使用的行动方案及不同方法
主体性素质标准	自我发展意识		满足于当前的教学状况，较少考虑今后的教学改进	有改进教育教学方法的想法，并能采取一定的手段去进行试验改革，谋求专业发展	有清晰的职业规划，能够不断反思以前的教学，有计划地改进教学，进行科研活动并不断提高理论素养
	教育反思能力		能够时常思考教学中遇到的困难，总结经验教训，但改进方式可能不够合理	教师具备评价自身的能力。能够审视课堂情境中各种技能与技术的有效性，有意识地调整教学策略	教师是一个反思型的实践者，应具备不断评价自己对他人(学生、家长及其他与教育有关人员)行动选择的效果，积极寻求职业发展机会的能力
	科研能力		有一定的问题研究意识，能够发现问题，但科研方法欠缺，缺少理论支持	具有一定科研理论素养，发现问题以后能够从多方面探讨问题产生的原因，寻找解决问题的办法	有较强的反思能力和思维品质，能够对教学进行比较正规的研究，并以各种形式表达研究成果

续表

标准	指标	层次水平		
		水平Ⅰ	水平Ⅱ	水平Ⅲ
主体性素质标准	沟通合作能力	教师有合作意识，能够主动地与同事、家长沟通，具备一定的合作能力	教师应具备与其他教师及社会积极联系、沟通交流的能力。能够积极主动交流，不断寻求促进教育教学的有效途径	教师应具备与其他教师及社会密切联系通力合作的能力。能够与学校同事、家长、社区的各方人士保持良好关系，以此寻求创建学生良好的学习和生活环境

第四节　关于我国职前教师教育标准制定的建议

根据我国目前出台的草案，《教师教育标准》涵盖了教师标准、教师教育标准、课程标准、评价标准 4 个方面。职前教师教育作为教师教育的起始阶段，其标准的制定对于教师入职和职后的发展都具有非常重要的影响。

就目前国际上已有的主要职前教师教育标准来看，在标准制定和内容体系方面主要呈现出以下特点：一是教师教育的专业化，具体表现为教师职业的专业化，以及在教师培养过程中的专业化，无论在课程培训上还是制度保障上，都把教师作为专门的“职业”来发展完善。二是注重教师素养的可持续发展，这主要表现为对学生入学资格的考察，对学生在接受课程培训当中的表现进行全程监控，以及对学生接受培训之后在知识、技能和专业素养方面应达到的水平都有严格的规定，并且这些规定在逻辑上是对教师能力养成的一种渐进的促进。三是对教师培养机构的明确考核和要求，无论是美国、英国或澳大利亚，在职前教师教育标准的制定方面，都充分考虑了培养机构在教师培养当中承担的责任和义务，对其应满足的基本条件都做了充分说明，且对这些机构有着严格的考察。

基于以上对于国际高等师范大学的教育实践和职前教师教育标准的研究，针对我国在职前教师教育标准的制定过程中应注意的问题，提出以下建议。

(一)标准要体现中国本土化特色

随着我国课程标准的实施和课程改革的不断深入，我国社会各界对教师教育质量和教师专业持续发展越来越关注，许多学者也提出要借鉴国际上的先进做法。

但教师标准还应具有较强的文化性与民族特色，要能够反映出特定的社会政治制度和价值取向，并突出标准建设的有效实用性。由于各国社会经济发展程度、教育制度、文化传统等各不相同，我国在制定教师专业标准时不可能照抄照搬别国的模式，必须紧密结合本国的实际情况进行。

中国历来是一个尊师重教的国家。此外，教师是一个国家主流文化的代言人和执行者，任何一个国家对教师的素质和行为不可能不提出自己的要求，这种要求会以多种方式表现出来。中国教育发展的历史中，曾经产生并留下了许多关于教师素质标准的思想，其中的精华部分是具有中国特色的，我们必须继承和发扬，如强调教师以身作则、言传身教等内容的教师道德修养和素质的要求；强调教师的内外俱修，重视教师威和并至的职业形象的要求；强调教师参与社会变革，履行重要社会服务职责，重视教师社会责任感的要求等。

因此，我国中小学职前教师教育标准的研制要坚持国际性与本土性相融合的原则。一方面，开放的教育必须与世界接轨，教师专业成长也要考虑“平等、效率、需求”；另一方面，要尊重我国五千年的传统文化以及现代教师教育的实际情况。

（二）对教师专业素质要有鲜明而具体的要求

提出教师教育标准的出发点和归宿点在于，要培养适合时代发展的新教师，要增强我国教师队伍的专业素质。新一轮课程改革对教师专业素质提出的新要求主要突出以下4点：心理教育能力，反思质疑能力，课程设计开发能力，健全和谐的专业人格。新课程改革促进教师角色发生以下4方面的新变化：由知识传授者转为学习促进者；由教学管理者转为学习辅导者；由成绩评定者转为学生心理维护者、学生发展方向的指引者；由“教书匠”转为终身学习者和教学研究者。

新的教师教育标准的制定要与新课程改革的理念和要求相适应，因此对于教师专业素质要做出更高、更明确的要求。发展性、动态性是教师素质结构的精髓。[①] 随着时代的发展和教育理论研究的深入，教师的使命和角色发生了转变，这要求教师应该从单一技能型向研究型、专家型转变。教师应具备的专业素质内容也要发生相应变化，对于教师应该具备的专业素质要提出翔实而切合实际的要求，包括专业知识、专业技能、专业素养等多个方面。教师的培养应

① 林崇德．教育的智慧[M]．北京：北京师范大学出版社，2007：23－24.

该像医生的培养一样，着重于知识技能的“临床经验”，以最终的专业素质提高为目的，既要关注培养过程中的学生表现，更要关注学生的效果输出，从而在教师入职之前，为教师职业的一体化发展奠定良好的专业基础。

(三)建立统一的标准执行机构和保障措施

从理论上说，专业化应当由专业组织来推动，专业标准应当由专业组织来建立。①

因为专业组织具有专业的合法性和建立专业标准的自主性，可以为一门专业的自主性和自律性提供保障，教师教育的专业组织也承担着保障教师教育质量最后一道防线的功能。英国在 1984 年就建立了师范教育认可委员会(CATE)，旨在加强中央对教师教育标准的管理。当前英国教师的培养工作，主要由学校培训与发展署(TDA)和教育标准办公室(OFSTED)两个部门相互配合、共同管理。学校培训与发展署负责师资培训署的师资供给、机构认可和基金资助等职能，目前他们的工作已经拓展到中小学教师的在职培训领域。教育标准办公室是职前教师培训机构质量的保障机构，它依据现行的职前教师培训要求和标准，对职前教师培训机构的质量进行评估并评定等级，这两个机构在英国教师专业标准的研制、监督和实施过程中都发挥着主导作用。

对于我国而言，专业组织只是发挥着参与性的作用。目前我国教师教育的专业组织有两个，一个是师范教育分会，一个是教师教育分会。前者在独立师范体系退出历史舞台之时，终将会功成身退，而后者则是我国教师教育制度重建的产物，在我国教师教育一体化进程中发挥重要功能。教师专业标准理论上应该由这两个组织来制定，政府可以通过颁发专业资格证书实现主导功能，充分发挥政府的监督、规范职能。

标准能否顺利执行，得益于良好的制度保证和监督机制。因此，合理的考核和测评方式成为推进标准执行的重要环节。如美国的教师标准由国家教育机构(State Education Agency，SEA)负责监督和评定，它规定小学教师必须达到 3 个要求：

(1)至少拥有学士学位。

(2)拥有国家颁发的教师资格证。

(3)通过一项严格的国家测试(State Test)证明自己在阅读、写作、数学及大纲规定的其他学科中的知识和教学技能。

中学新教师的标准和小学教师基本相同，不同的在于中学教师还必须证明

① 朱旭东．专业化视野中大学化教师教育的十大观点[J]．教师教育研究，2005，(1)．

自己有足够从事其所教核心学科的知识和能力，SEA 提供了两种证明的途径，一是拥有本学科的硕士学位，或同等学力的高级证书，二是通过一项严格的国家学科学术测试，以保证教师具备足够的学科专业知识。①

我国也应该建立一套针对合格教师的测评体系，确保教师专业标准具有可操作性，不流于形式，从而保证教师质量。

① 陈珊，王建梁．21 世纪美国高质量教师的标准及其实施策略述评[J]．当代教育科学，2006，(17)．

第二章　国内外教师资格认证制度

第一节　国际中学教师资格认证制度

教育质量的提高在相当大的程度上取决于教师质量，亦在相当大的程度上取决于教师教育的质量，高质量的教师和教师教育是教育竞争、人才竞争、综合国力竞争的基础。为了保证教师质量，各个国家均设有相应的教师认证机构，并相继颁布相关法规、条例和教师资格标准来约束和规范教师资格认证。

美国的教师资格认证制度最早始于1825年的俄亥俄州，由此逐渐推广，各州自定教师资格标准或者教师证书颁发标准，但制定一套各州共同遵守的全国性标准已经成为其必然趋势。美国教师获得教师资格证的考试流程为：首先进行选拔性考试，主要是测试阅读、写作、数学、听力等基本技能水平，包括计算机测试和书面测试两种形式；其次，进行学科测试，主要包括学科评价、教学原理测试和教学基本功测试；通过学科专业知识鉴定，获得初任或实习教师资格证书，获准进行1～2年教学实习；最后，进行课堂教学行为评价，评估教学技能水平，合格者获得该州教师资格证书。

英国1984年就成立了教师教育资格认定委员会(CATE)，1989年公布《教育(教师)条例》，同年颁布了教师资格标准，之后英国对其不断修订，2006年5月，英国教育和技能部公布了新的《教师专业标准框架修订草案》。英国教师申请教师资格证的流程为：首先要满足教学相关知识要求，进行为期18周的教育实习；其次，对申请者的个性、个人品质、语言表达能力、体质与心理、智力水平等教师潜质进行综合考核；再次，进行数理技能测试、读写技能测试和信息交流技术技能测试；最后，经过1年的试用期后，转为正式教师。

法国、德国等也都制定了相对完善的教师标准，并通过一系列的指标和考核措施推行教师资格的认证。法国要求：首先，参加教师培训学院入学考试，获取接受两年的培训资格。其次，第一学年结束后，参加教育部组织的统一教师资格考试以及专业学科笔试和口试。再次，第二学年进行职业能力培养，接受教学实践、学位论文、课程模块3方面的评估。最后，由教师培训学院报学区批准，获得教师资格。德国的申请流程：第一，进行第一次国家考试，包括专业知识笔试和信息学、教学法、学校法律知识口试，以及 4 周教育实习测试。第二，取得实习教师资格后，进行为期 18 个月的实习。第三，参加教育教学实践与创新能力评价。第四，参加第二次国家考试，包括 2 节公开课、4 小时当堂撰写教育理论文章、主辅修专业口试和政治法律口试。第五，获得教师资格证书，进入 2～3 年试用期，经历教师终身制考核。

国际上教育发达国家教师资格认证的特点可以总结为：(1)教师资格认证制度的方式被普遍接受并建有相对健全、系统的法律法规和认证标准，以确保教师教育机构培养的教师能够达到一定的水平和要求；(2)虽然各个国家对教师资格认证的基本流程和评价标准存在差异，但对于申请人员经过学分认定、知识技能考试与教学能力考核等多重测试的认证形式相对一致，其中学科专业知识和实际教学技能成为关注的核心；(3)各国担任教师资格认证的机构开始从国家教育管理部门转移到相对权威的教师专业组织，保证了教师认证过程的专业性和公正性；(4)申请者通过认证过程之后，也要经历 1～3 年不等的试用期，才能成为合格的教师。

第二节　我国教师资格认证现状

我国教师资格认证是依照《教师资格条例》相关实施办法开展的。在条例中，国家只对教师资格证申请做了宽泛的要求，具体实施细则由各省级人民政府教育行政部门统一制定。教师资格的认定标准主要以毕业证书为准，即使是对非师范类专业毕业生的考试，也只测试教育理论和普通话水平，对学科专业知识和教学能力缺乏有效的评估手段，由此出现诸多问题，如部分认证工作流于形式、认证标准不统一且过于片面化、认证等级过于单一、缺乏对教师学科专业知识的考核、学科教师质量难以保证，严重阻碍了中小学教育的发展。

2011 年 10 月，国家教育部师范教育司、教育部考试中心颁布了《中小学和幼儿园教师资格考试标准(试行)》，对教师资格考试制度进行改革。该标准旨在加强中小学和幼儿园教师队伍建设，提高教师队伍整体素质，完善教师资格制度，严把教师入口关，促进教师专业化发展。新标准的出台，是贯彻落实教育规划纲要的重要举措，是建设高素质专业化教师队伍的重要任务，是建立健全中国特色教师管理制度的重要内容，对于提升教师队伍的整体素质，提高教师社会地位，吸引优秀人才从教，推动教育改革发展具有重要意义。该标准是教师职业准入的国家标准，是从事教师职业最基本的要求，也将作为教师资格考试的基本依据。标准规定了我国中小学和幼儿园教师资格考试的考试目标：

具有先进的教育理念，良好的法律意识和职业道德，具有从事教师职业所必备的科学文化素养和阅读理解、语言表达、逻辑推理和信息处理等基本能力。

掌握教育教学、学生指导(幼儿保育)和班级管理的基本原理和基本知识，并能正确解决教育教学中的实际问题。

具备学科教学能力，掌握拟任教学科或专业领域的基本知识，掌握教学设计、教学实施和教学评价的基本原理和方法，并能在教学实践中正确运用。

可以看出，此次考试标准在保留教育理论测试的同时，对教师的职业道德、专业知识和基本技能方面进行了详细规范说明，并明确提出各方面的评价指标要求。2011 年 11 月 26 日，国家首次在浙江、湖北两省开展试点。今后，国家将通过教师资格考试及其资格认定，结合新任教师公开招聘制度改革，逐步形成“国标、省考、县聘、校用”的教师准入和管理制度。

第三节　我国教师资格认证制度下的中学地理教师资格申请

一、我国中学地理教师《地理学科知识与教学能力》考试大纲

根据《中小学和幼儿园教师资格考试标准(试行)》，地理学科的资格考试包括笔试和面试两个部分。依据笔试大纲，申请者的综合素质、教育知识与能力、学科知识与教学能力 3 门成绩需合格，其中前两门科目为所有教师必备科目，科目三则主要针对地理学科。根据《地理学科知识与教学能力(高级中学)》和《地理学科知识与教学能力(初级中学)》笔试大纲的规定，该科目考试目标确定为 3 大基本模块。

1. 地理学科知识与运用能力

- 了解地理学科的特点。
- 掌握地理学科的基础知识、基本技能、基本方法和基础理论。
- 运用空间思维等地理学科的方法观察、分析和解决地理问题。

2. 地理教学知识与运用能力

- 了解高中(初中)地理课程的性质、地位、理念、设计思路和主要内容。
- 掌握地理教学的基础知识、基本技能和常用方法。
- 会初步运用地理教学的基本理论分析、解决地理教学的实际问题。

3. 地理教学设计能力

- 了解高中(初中)学生的地理学习需求和已有学习经验。
- 掌握地理教学设计的基本环节。
- 能够结合具体的课题进行地理教学设计。

针对考试目标，考试大纲对每个模块提出具体的要求和说明，并通过"理解""熟悉""掌握""绘制""运用"等不同动词表达了申请者应该掌握的知识点及其程度。

在试卷结构分配上，地理学科知识与运用模块所占比例最大为44%；教学知识与运用、教学设计两个模块分别占21%和35%。具体的考试题型以单项选择题、简答题、材料分析题和教学设计题为主，其中单项选择题占33%，非选择题占67%，即表明笔试考试大纲中，更加注重的是申请者对于知识点的理解和运用能力，而非简单的背诵记忆。

面试部分则包括了职业道德、心理素质、仪表仪态、言语表达、思维品质、教学设计、教学实施、教学评价8个方面的内容。具体采取结构化面试和情境模拟相结合的方法，通过抽题备课、试讲、答辩等方式进行，更加注重申请者的地理教学实战技能。

二、《地理学科知识与教学能力》学习参考丛书及其编写特色

1. 编写思想

全国教师资格考试学习参考书《地理学科知识与教学能力》(初中版、高中版，高等教育出版社，2011)的编写严格依照《中小学和幼儿园教师资格考试标准(试行)》，特别是《地理学科知识与教学能力(高级中学)》和《地理学科知识与教学能力(初级中学)》笔试和面试大纲的基本精神，针对目前我国地理教师专业化存在的问题，着力构建符合我国未来教师素质和能力要求的知识体系。

根据地理学科和地理教育学自身的特点和要求，系统地组织和编排内容，通过详实的步骤、流程等方法介绍，全方位展示地理学科知识和教学能力基础知识。

结合申请者自身学科知识和教学能力的特点，以理论和实践相结合的形式，根据中学地理课程的实施特点，通过大量案例指导、开放式习题设计，帮助学习者尽快理解和掌握考纲要求的各项指标。

2. 框架结构

根据《地理学科知识与教学能力考试大纲》高中和初中的要求，全书分为地理科学知识与运用、地理教学知识与运用、教学设计3大模块，严格按照考试大纲

的框架，便于学习者整体掌握；在章节安排上，又考虑各部分知识的逻辑关系和前后顺序，以便于学习者阅读理解。本书在编写过程中，注重内容细节的编排：模块和章节之前设有“考纲提要”，便于学习者抓住重点，有效阅读相关内容；章末设有“章末小结”，简略概括知识要点，便于学习者进行内容梳理和复习；章末的“拓展阅读”，便于学习者进一步深入学习；每一模块结束，均设“模块自测”，根据考纲的要求安排有大量模拟试题，便于学生巩固知识，并有效地与实践相结合，查缺补漏，自测附有答案要点提示，便于学习者自我检测和复习。

3. 编写特色

密切关注申请者自身特点，选取内容注重其基础性和实用性，帮助申请者尽快掌握和理解相关知识点。目前，中学地理教师资格证的申请者多为地理相关专业、有志于成为地理教师的在校本科生和研究生，虽然他们对地理学科专业知识非常熟悉，但缺乏对中学地理课程内容的了解以及对中学地理教学基本知识和基本技能的学习和训练。因此，该套书着重阐述地理教学贯穿始终的基本思想与方法，特别强调人地关系的基本理论和思想，同时对地理课程、教材、教法的基本知识进行了详细阐述，希望能够从中学地理教学实际需要的视角，帮助申请者重新梳理地理学科知识，补充地理教学能力，使其尽快成为一名合格的地理教师，并为其成为优秀的地理教师打下基础。

通过大量案例教学策略、技能实训、材料分析等形式的呈现，突出内容的可操作性，以培养申请者的实际教学能力。此次教师资格认证制度的改革中，大力加强了对教师教学技能的测试，而这一部分正是申请教师最为缺乏、亟待训练的环节。在本书编写中，一方面介绍了大量的教学策略，如地理考察教学策略、地理活动教学策略等；另一方面安排了大量的教学实例，如地理教学设计案例等，详细再现地理教学实现过程，让学习者能够身临其境感受教学过程；此外，针对地理教师申请者对地图、地理图表的运用能力普遍偏差，本书还特地增设专门章节对其在高中教学中的使用情境和主要解决问题的方法进行简介。

双重考点知识检索途径和大量拓展阅读链接，更加方便了学习者复习和资料查找。中学地理系列参考书是严格按照考纲要求进行编写的，但在具体内容的编排过程中，根据内容的系统性和地理学科的特殊性，全书的编写顺序并没有完全按照考纲陈述的顺序展开。为此，学习者可用地理学科逻辑思路根据书中考纲提要部分查找知识点，也可以根据附录考纲和书目内容对照表进行查找。此外，每章末尾安排了大量与本章内容相关的阅读链接，更加方便学习者深入阅读。借此设计，希望能使全书的内容体系、框架结构更加人性化，便于学习者学习。

第二篇
高等师范大学教师教育实践概况

第三章　国际高等师范大学教育实习概述

第一节　国际高等师范大学教育实习的基本特点

一、教育实习的目标定位

教育实习是高等师范大学教育实践的一个最重要的方面，从国际上来看，各国对于教育实习都有明确的目标定位。以美国为例，在美国，教育实习的目标来自于学生自己，大学毕业班学生的调查问卷反映出，美国教育实习目标的有机组成部分包括：熟悉和理解学生，获得自信，制定、执行教学计划，获得管理一个班级的可靠经历，验证自己是否适合教师这一职业，理解作为一名教师的责任，更好地理解教师工作，改善自己的教学观，发展个性，获得与其他教师共事的机会。为实现上述目标，教师培养机构必须提供指导和帮助。可以说，实习生的实习成功与否取决于合作以及对指导的理解和接受程度。

总之，实习活动应尽量建立在实习学生的需要和兴趣之上，并对实习生现阶段的学习和将来成为一名教师有用。广泛的和各种各样的经历支撑着教师未来的发展，这种支撑不仅是使教师成为一名称职的教师意义上的，也是使他们成为一名有责任心的公民和个体意义上的。

二、教育实习时间及其安排

当今世界各国教育实习发展的一个趋势是：在时间总量上越来越充裕。在英国，师范生一般至少要花 15 周的时间在中小学的实际教学环境中，进行观摩和实习教学。实习期间，实习教师和正式教师一样，每周在校工作 5 天，每天 8 小时，完全参与学校生活，观摩经验丰富的教师上课，实践教学技能。在其他一些欧美国家，师范生的实习时间更长，在 15 周的最低保障时间的基础上，美国为半年，法国 27 周，德国则多达 72 周(共 18 个月)。①

关于实习时间的具体安排，许多国家在研究、探索、尝试的基础上，各有不同的做法，但总体上表现出把教育实习的时间分割贯穿于整个大学生活。美国各个州的情况有所不同，但基本上是分两次，第一次是教育见习，第二次是毕业前集中教育实习。

表 3-1　世界主要国家教育实习时间对比表

国家	中国	美国	英国	法国	德国	日本
实习时间	专科：4～6 周 本科：8 周	最短：15 周 最长：半年	15 周	27 周	72 周 (18 个月)	7～14 周

第二节　国外教育实习述评

一、教育实习模式多样化

为了加强师范生实际教育教学能力的培养，提高教育实习的效果，近年来，一些国家改变了过去那种单一的集中式实习形式，采取连续性、阶段性教育实习的方式。

美国的教育实践可分为 3 种：模拟实习、早期实地经验和教学实习。模拟实习指借助现代科学技术和手段模拟中小学课堂教学情境，并在有实践经验的教师的指导下，运用教育理论和方法解决种种问题。早期实地经验主要让学生了解中小学教学实际，协助中小学教师工作，并承担一定量的实际教学。教学实习指在一名校方指派的教师的指导下，实习生到校方认可的一所公立中小学开展教学。

英国的教育实践有两种形式：一种称为非正式教育实习，它相当于我国的教育见习。通过实地接触一所中小学，每周两天在实习学校度过，让学生加深对中小学的了解并熟悉、掌握教师技能。另一种称为正式教育实习，它相当于我国的教育实习。英国采用以中小学为基地的教师培训模式，强调大学与中小学的合作，重视师范生实际教育能力的培养。

德国实行两阶段教师培养模式：第一阶段是大学负责的修业阶段，包括“学校实践的 3 次(共 12 周)教育实习”；第二阶段是教育行政当局负责的实习

① 肖美良．国外教师教育实习特点分析[J]．世界教育信息，2006，(4)．

阶段，实习阶段长短不一，一般是18～24个月。

以法国为例，在两年的学习中，学生将进行由浅入深、由表及里的3类教学实习，以Poitiers学区IUFM的课程为参照，即一年级的熟悉性实习(stage de sensibilisation)，其目的在于让准教师们身临其境，初步了解未来的工作环境，认识学校的组织运作、教学时间安排等，为即将开始的师范培训建立一种感性基础；(由指导老师)陪伴实践实习(stage de pratique accompagnee)，由指导教师率领，2～3名学生一组，主要对任课教师的教学实践进行观察和分析，也可以由指导教师安排进行少量的教学活动；责任实习(stage en responsabilite)期间，实习教师尝试独立展开教学活动和班级管理等。

值得学习的还有日本定向培养中小学教师的教育大学的全程实践法，在整个学习期间分期开展教育实践，一年级至四年级有阶段地连续进行。这种教育实习一般分为观察(包括参观和见习)、参与、在任课教师的指导下独立组织教育教学活动3个阶段。日本教师教育改革把原来集中实习的时间提前和分散，增加了教育实习时间，在一年级至四年级有计划地安排6～7次共14周的教育实习。①

从国外教育实习的基本特点可以看出，发达国家普遍重视教师教育过程当中的实践环节，不仅充分保证教育实习的时间，而且还把教育实习当作了重要的课程，并将之系统化和制度化。

二、教育实习基地较为稳定且持续

世界各国大都设有稳定的实习基地，且师范生选择的实习学校基本上都是毕业后就业的场所，这在一定程度上提高了实习生和实习学校的积极性。此外，国外的大学比较注重与中小学加强合作联系，并在师范生实习过程中选派优秀的教师指导实习生的实习。

美国许多从事师资培养的高等教育机构十分重视广泛地开辟实习场所，与附近中小学保持密切的联系并建立稳定的实习基地，对师范生教育实习进行双方面的统一领导与管理。一部分高校还建立了一种新型的实习学校，即入门学校(Portal School)，这种学校多设在贫民区，易于与高等院校建立较为稳定的互惠互利关系；并且，师范生在入门学校实习，能得到更全面的锻炼。

英国的师资培养机构主要通过建立中小学实习基地，双方互惠互利，充分调动中小学参与教师培训的积极性。

① 王建平．日本教师教育发展动向及启示[J]，教育科学研究，2003，(11).

德国建立了见习期训练学院和与之挂钩的训练学校(实习学校)，实习基地十分稳定。日本高度重视教育实习基地的建立和培养，从法律上明确了各大学附属学校要承担的大学生教育实习任务，其实习机构比较完善，建有许多附属学校作为教育实习和研究基地，有些大学还成立了实习指导中心，下设研究、指导、实践、调查四个部门，推动教育实习研究，并对培养教师教育能力进行科学研究。

三、教育实习的管理和考评制度较为完善

在英美等国的教育实习管理中，每学期师范院校把实习生名单交给地方教育行政部门，一般由地方教育行政部门组织成立教育实习工作领导小组，统一领导教育实习工作。小组成员是由教育行政部门的官员、大学派出的专职教育实习指导教师和实习学校代表所组成的“三位一体”的教育实习领导联合体，共同负责教育实习计划的制订、组织与分配实习，并对教育实习进行督导、考核与评估等工作。通过这样的管理方式，地方教育行政部门、师范院校和实习学校共同参与到教育实习的管理工作中来，从而提高教育实习的管理水平和教育实习质量。

日本教育实习机构也比较完善，建有许多附属学校作为教育实习和研究基地。各个师资培养机构都设置有专门的教育实习指导委员会，实习学校有专门的实习辅导处，专门负责教育实习的具体事项的管理和监督。

法国的教育实习则由师范学校和有关分学区的省督学组织管理，并由师范学校的教师和有经验的在职教师协同指导。且实习学校与师范院校之间实现密切合作，把安排师范生实习纳入本校年度工作计划，使之成为学校活动的重要组成部分。

第四章　美国高等师范大学教育实践研究

第一节　美国教育实习的发展历程

美国教育实习的发展与其师范教育的发展紧密相连。

远在殖民地时代，由于经济不发达，生产力落后，教育的内容极其有限。虽然有学校，但由于教授内容简单，对教师的要求不高，因此也就不需要对教师进行专门的训练。那时候，大多数教师没有接受过正式的准备教育，更不用说要进行教学实践了。因此在那个时期，新教师主要是通过“师傅带徒弟”的方式学习到一些知识，成为优秀的教师。早期的记载表明，一部分教师因为酗酒或偷窃而被解雇。中学教师大部分接受一些学院教育，这种教育“重视学科知识，认为教学技能方面的知识不重要”①。

在新大陆开发时期，学校教育与教堂的活动联系在一起，学校教师多为神职人员，没有受过专业教育训练，不具备起码的教学知识和技能，也没有经过所谓的教育实习。可以说，在整个19世纪以前，美国的教育仅仅是社会稳定、和谐发展的动力，教师的主要任务也在于维系社会稳定，此项任务的达成是通过宗教教义的传输，所以教师大多数由牧师兼任，鲜有人以教师作为专门职业。学校“控制于城镇牧师之手，教师的职前教育基本上是牧师训练的一环”。

19世纪起，从欧洲到北美的新兴国家开始建立大众教育体系，才产生了教师职业。教师的任务是向大多数孩子传授阅读、写作和算术的基本技能。一些美国教育家在考察了法国、普鲁士等欧洲国家开办师范学校的历史和经验之后，把师范学校的概念引进到美国。1823年，霍尔(Reverend Samuel Hall)在佛蒙特州(Vermont)的康克市(Concord)建立了一所私立的师范学校，为小学

① Sadker H P，Sadker D M. Teachers，Schools and Society[M]. //邬春芹. 美国教师教育改革与教师专业化[D]. 武汉：华中师范大学，2002.

毕业生提供教学技能方面的正式培训。这所师范学校"开了美国教师教育的先河"①。

此时的"师范学校只负责培养初等学校的师资"。师范学校都附设有模范学校以保障学生在校长及教授的督导下进行实地教学实习。美国高等师范教育始于 1852 年，自此，美国高师教育实习的开展更加系统化。1918 年，佛罗里达州通过了一项法律，规定了未来教师能力培养的 3 个方面，其中之一就是规定师范生必须完成州教育厅所建议的一年实习期，方能获得正式的教师资格证书，这就把教育实习和实习教师的切身利益结合起来，把实习表现和就业考察结合起来。

为了增强师范生的教育实践能力，提高师范教育的质量，20 世纪 50 年代以来，美国进行过多次师范教育改革，这都在一定程度上对教育实习的开展产生了影响。例如，20 世纪 60～70 年代有以培养"教育临床专家"为目标的改革，提出"以能力为基础的师范教育"，强调教师实际能力的培养。

20 世纪 80 年代中期有两份报告，掀起了美国教育的"第二次浪潮"。一份是卡耐基教育和经济论坛发表的《国家为培养二十一世纪的教师作准备》，一份是霍姆斯小组发表的《明天的教师》。报告明确提出"教学专业化"(teaching as a profession)，并将其视为提高学校教育质量的唯一途径。"这两份报告都认为只有当学校教学转变为完全成熟的职业时，公共教育质量才能得到提高。"②

科南特在《美国的师范教育》一书中提到要重视教学实习，设立"临床教授"指导学生实习，这对美国的师范教育产生了深远的影响。霍姆斯小组建议的专业发展学校，更试图建立专业发展的环境，使实习生在有经验的教师及教授指导下，从实际经验的反省过程中发展其专业能力，更好地加强理论与实践的联系，向合格教师靠近。

可见，"教师作为专家"成为美国教师教育的新理念。美国教师教育由训练模式走向开放模式，由注重技术培训走向关注专业化建构，更加注重教师潜能的开发，使教师有能力主导教学的全过程，在培训阶段上促进职前培养与在职进修的一体化。

---

① Sadker H P，Sadker D M. Teachers，Schools and Society[M]. //邬春芹．美国教师教育改革与教师专业化[D]. 武汉：华中师范大学，2002.

② David F，Labaree D F. Power，Knowledge，and the Rationalization of the Movement to Professionalize of Teaching[J]. Harvard Educational Review，1992，(2)：143.

第二节 美国教师教育课程与教育实习

美国是世界上教师学历要求最高的国家，其本科水平的师资培训课程包括3大类：普通教育课程，教育科学课程，学科科学课程。学时比重约各占1/3。

而教育科学课程又由3部分组成：一是教育科学的基本理论课程；二是教学法，包括教学方法与策略、课程的组织设计与评价，以及教学计划、教育测量与评价等；三是教学实践，通常以临床实践、现场实践和教育实习等方式进行。时间的长短因校而异，但都把教学实践放在重要的位置上。

以俄亥俄州首府大学教育系(Capital University，Department of Education)为例，其早期儿童教育专业、中期儿童教育专业以及青少年至青年教育专业的教学实习均为期10周，要求师范生必须在两种不同的情景下完成实习，并且针对两种不同年龄阶段的、不同能力的学生展开实习。

有些州，如威斯康星州则要求一年的实习时间，而且平常学生也有很多走进课堂与学生相处的机会。教育实习一般安排在课程计划的最后，通常在第四学年，主要在专业发展学校中完成。教学实践中学生既要表现出胜任教学工作的能力，又要在学校背景下学习多种有关教学的任务，这样培养出来的学生可以很快就进入教师的角色，不需要很长的适应期。

硕士研究生水平的师资培训也尤其关注学生教学能力的培养，如专门针对非教育专业的本科毕业生设置了"教学艺术硕士(Master of Arts in Teaching)"学位。入学后，要求每个学生修满45～51个学分的研究生课程，包括核心科目、各科目领域的专业方法论、现场实习、模拟教学，以及在中小学担任实习教师，偏重教学实践环节。

第三节 美国教育实习的主要模式

美国的教育实习是教师预备阶段的最广泛、最令人难忘的实地经验，师范生在获得执教资格证书之前必须要经历一个相当长时间的教育实习。美国的教育实习模式归结起来主要有以下几种。

一、交互自省型教育实习模式

20世纪70年代以后，一些教育专家将现代认知心理学理论引入教师培训之中，逐步认识到学校教育是一个系统工程，社会期望教师成为专家而不是技术员，“教师作为专家”成为美国教师教育的新理念。[①] 由此，美国的教师教育由训练模式走向了开发模式。由注重技术性的训练走向专业化的建构，且注重教师潜能的开发。反映在教育实习环节上，就形成了交互自省型教育实习模式。

为提升师范生的专业水平和教育胜任能力，美国普遍采用增设教师教育专业课程与增加教育实习时间的方法，使教育理论和实践的课程约占到本科总学时的40%。

教育实践课程除了在教师专业发展学校的实习外，还将整个教育实习分成3种类型：模拟实习、教育见习、教育实习。模拟实习基本上在教育学院实验室内进行，采用微格教学的方法，利用声、像手段对师范生应掌握的各种教学方法、技巧进行选择性模拟训练。对学生的讲授进行录像后由指导教师做出客观的评价与分析，使学生形成清晰的自我图式并最终熟练掌握整个教学过程的各种技能。教育见习采用分散与集中相结合的方式，安排学生到中小学进行短期的、协作性的教学工作，以期达到让实习生了解中小学教学实际，掌握中小学身心发展规律的目标。许多大学将见习时间规定为150学时，从大一开始并贯穿于二、三学年。如德州的贝勒大学教育学院规定，学生在大学四年中要到5～6所中学实习，使师范生在中小学的实践时间占到总学时的12%。[②] 教育实习是指在校方指派的大学教育实习指导教师的指导下，实习生到校方认可的中小学开展教学。要求学生在教师的指导下制订出每月的和长远的教学计划，开展教学和评定中小学生等，并从中验证和再现已得出的结论，进而形成自身的教学风格。大学指派的视导人员进行6次的定期视察，以评估教学进展情况。此类教育实习，一般安排在第四学年，时间普遍在15周以上，许多州(如威斯康星州)则要求一年的实习时间。

美国的交互自省型教育实习模式，强调了理论学习与指导下的教学实践及应用，注重实习小组的研讨与信息交流作用，引导师范生对自己所学与所教进行反思，培养师范生反思性教学的意识，引领他们在理论与实践的不断融合与互动下，自觉走上“经验＋反思”的可持续发展之路。

二、PDS(教师专业发展学校)教育实习模式

兴起于20世纪80年代末的美国教师专业发展学校(简称PDS)，是旨在克

① 高原．英美教育实习模式比较分析[J]．哈尔滨学院学报，2008，(8)．

② 吴志功．美国威斯康星州中学教师资格认证[J]．高等师范教育研究，2000，(4)．

服教师教育理论与实践相脱节，由大学和中小学合作培养师资、提高教师质量的实践教学模式。PDS 是一种多方合作办学的合作伙伴关系，已经形成相对稳定的运作模式，具有明显的合作性、丰富性、长期性和反思性。

PDS 的基本模式是以合作小组或行动小组形式进行的，一个结构理想的合作小组通常由 4～5 名中小学教师、2～3 名大学教师、5～10 名实习生和若干学科专业人员组成。①

以南卡罗莱纳州立大学 PDS 为例。② 在这一 PDS 管理机构中处于核心地位的是协调委员会(Coordinating Council)，它由大学与中小学的代表共同管理，其成员还包括学区或地方教育行政长官等。它的主要职责在于提供信息资源和经费支持；倡导开展教育实践、专业发展和科技改革活动；采取多种方式进行沟通和交流；定期举行会议并制定政策。它下辖 6 个委员会，分别是：实习生委员会（Preservice Committee)、课程或研究委员会（Curriculum/Inquiry Committee)、文献资料管理委员会（Documentation Committee)、会议管理委员会(Conference Committee)、科技委员会(Technology Committee)和拓展委员会(Expansion Committee)，这些委员会在协调委员会的指导下各负其责。

在 PDS 模式中，合作双方相互协商，签订合作协议，明确双方(或多方)的职责和义务以及管理机制。合作与实习的内容丰富具体，实习时间充分，安排合理。PDS 实习期一般为一年，见习、实习时间各半，交替进行。与传统教师教育相比，PDS 教师教育模式延长了教学见习和实习的时间，丰富了实习的内容，实习方式也进行了精心设计和安排，确保了实习生有更多的机会接触多样化的教学环境。

此外，PDS 的实习提供了更多的观察、研究、实践的机会，它使实习生得到了丰富而又宝贵的实际课堂教学经验，为实习生提供了充足的实习时间和有效的指导以及稳固的实习基地，较好地实现了理论与实践的结合，能够适应教育改革的发展对新教师的需求。实践证明，在 PDS 实习过的教师能更快地进入教师角色，能立刻从事各种各样的教学，能运用富于变化的教学方法，更具反思能力、实践能力、研究能力和合作精神，推进了教师职前培养与职后培训一体化进程，是一种行之有效的教师教育创新实践模式。③

---

① 丁邦平．论美国教师教育的改革与创新——教师专业发展学校及其对我们的启示[J]．首都师范大学学报(社会科学版)，2001，(2)．

② USA Professional Development School organizational and Communication Framework [EB/OL]．[2009-7-10]http：//www. ed. se. edu/pds/gover. htm.

③ 韩伏彬，等．国外典型教师教育实习模式及对师专升本院校的启示[J]．衡水学院学报，2009，(4)．

当然，PDS在实施的过程中也遇到一些现实的问题，比如实习成本昂贵，类似于实习医院一样，需要提供充分的物质保障。在实习过程中牵涉到的管理人员过多，在沟通与协调的过程中也会遇到一些障碍。

斯通思指出，以往的教育实习模式建立在把教育看成是一门应用性科学的观念上，所以师范生在实习时学会的仅是实习指导教师上课的程式，而没有得到充分的理论指导，更不用说教育理论的应用。学会教学和改进教学意味着学会让自己的课堂实践或更接近于大学课程所倡导的那种实践，或更接近于实习指导教师所展现的那种实践。① 教师专业发展学校正是为此而做出的努力。

三、教师"合作性教学"教育实习模式

随着教师教育改革的进行，2003年，由美国特拉华大学（University of Delaware）教师教育部与美国高学学区（Biden High School District）在实验的基础上提出一种新的教育实习模式——"合作性教学"教育实习模式。② 这种教育实习模式将合作教师、实习者、大学督导员与研究者相互联系起来，合作教师、大学督导员及研究者共同助力于实习的完成，这样更利于培养实习生的师范技能、提高教学水平。

实习开始后，所有教师采用合作方式进行教学。实习者至少要协同两名实习教师与两名合作教师一起进行教学，即一个班级至少有5个教师一起进行教学，但是在教学中5个教师将承担不同的角色与任务。比如，有的引发讨论或问答问题，有的负责辅导学生等。合作性教学需要5个教师在教学中尊重其他教师，共同承担责任，并对共同进行的实践进行经验交流。

教育实习的合作性教学由3个关键的因素构成，即合作产生的对话、相互尊重、共同责任。形象的说法是"合作教学是板凳面，三因素是板凳的支柱，失去任一个，合作性教学都会失去效果"③。在合作性教学的过程中，指导教师与实习者之间是伙伴合作的关系。实习者在实习中，可以通过深入地参与课程来增加教学经验。"合作性教学"教育实习模式使实习者获得更多的权利，承

---

① Stones E, Morris S. Teaching Practice: Problems and Perspectives[M]. New York: Methuen Co Ltd., 1998: 8.

② 刘君兰. 美国教师"合作性教学"教育实习模式浅析[J]. 四川职业技术学院学报, 2009, (3).

③ Scantlebury K, Gallo-Fox J, Wassell B. Coteaching as a Model for Preservice Secondary Science Teacher Education[J]. Teaching and Teacher Education, 2008: 967-981.

担更多的责任，得到更多的尊重，给实习者以后的教学与管理提供了有利的资本。

当然，合作模式也需要参与者学会协调并解决多方面问题。通过实践探索，特拉华大学的研究者发现，“大量的教师需要参与其中，并且出现复杂的社会网”，如参与者如何处理复杂烦琐的人际关系；合作性教学中时间的有限性需要合理的计划，就需要有教师做出让步，妥协自己的其他安排；不同的教师有不同的教学风格，如何合理协调不同教师在同一班级融洽教学；合作性教学可能对单独教学许多年的教师形成挑战，角色的变化需要分享教学空间，共同实践和承担绩效责任(accountability)会使部分教师有抵触现象；权利的共同分享，怎样处理合作教师的放权与实习者的掌权间的平衡；共同的尊重需要互相的理解，怎样避免实习者失去尊重或合作教师失去尊重；等等。①

第四节 美国教育实习的特色

一、对实习指导老师具有明确的要求

在美国，对实习指导教师的要求比较具体而严格，规定了实习指导教师的素质与行为要求。实习指导教师包括大学和中小学指导教师。

按规定，大学指导教师要部分或全部地承担起指导实习生的活动，确保实习生开展活动时的关系和条件。② 具体包括：课前课后讨论中所应采取的策略和风格、指导实习生的学习和发展、教导如何用心表达自己的观点和理念；寻找最好的方式让中小学教师参与实习生的指导与评价；解决大学教师在作为指导者和评价者的不同的角色中所产生的困难；等等。

与之相应的是对实习学校指导教师责任的规定，其工作包括 3 大方面。首先是搞好教学，并处理好那些不可避免的伴随教学而产生的其他非教学性质的任务；其次是向实习生提供直接的指导和帮助，如教学示范，为实习生尽可能提供教学机会观察，并给实习生的教学提供意见，帮助准备教学计划等；最后是在班级里乃至在整所学校里创造一种环境，一种能促使实习生取得最大成功

① Erick C J. Coteaching in a Secondary Science Methods Course: Learning through a Coteaching Model that Supports Early Teacher Practice [J]. Journal of Science Teacher Education, 2004, 15(3): 197—209.

② 郑东辉，施莉．国外教育实习发展概况及启示[J]. 高等师范教育研究，2003，15(5).

的环境，包括为实习生创设受学生、家长以及全校同事甚至教辅人员欢迎的情境和氛围。

考虑到指导教育实习会给指导教师带来较大的工作压力和负担，PDS改革了激励机制，对参与PDS的中小学教师进行一定补偿。如印第安纳州立大学PDS《指导教师工作手册》中规定：中小学教师每负责一名实习生的报酬是25美元，每学期最高为200美元。大学也承认大学教师在PDS的工作，并以此作为他们提升和长期聘用的标准之一。

二、制度化的教师教育培养标准和要求

古德莱德(John I. Goodlad)就"培养什么样的教师"这一问题提出了自己的观点：一是教师应对于民主社会对公民的要求，以及学校在帮助市民满足民主社会的期望中的角色有一个清晰的认识和理解；二是教师必须掌握一种有效参与人类对话、并介绍学生参与这种对话的智力工具；三是教师应该拥有为教育青年人创造最佳条件所必需的教学知识和技能；四是教师必须理解有关学校教育的普遍要素，即目标、组织、课程、教学、评价等。①

美国国家教学专业标准委员会(The National Board for Professional Teaching Standards，即NBPTS)致力于强化教学专业、提高教师的专业水平。NBPTS提出5项"核心建议"作为国家教师标准的基础，包括：

(1)教师对学生及其学习负责；

(2)教师熟知教学科目，并知道如何将其传授给学生；

(3)教师负责监督和管理学生的学习；

(4)教师要对其在实践和经验中的学习进行系统思考；

(5)教师是学习群体的一员。②

关于教师证书的获得，国家教师教育鉴定委员会也有明确的规定。第一，师范生进入该委员会认可的四年制师资培训方案，包括观察、课堂见习和为期10周的实地学习。在毕业之前，师范生必须参加正式的、州举行的、涉及学科知识和教学专业知识的考试。然后，毕业生将在专业发展学校完成一年的合作性教学和学习。第二，州举行证书考试的目的是考察申请者对所学知识和技

---

① Lucas C J. Teacher Education in American: Reform Agendas for the Twenty-First Century[M]. New York: St. Martin's Press, 1997: 167－168.

② Lucas C J. Teacher Education in American: Reform Agendas for the Twenty-First Century[M]. New York: St. Martin's Press, 1997, 203.

能的掌握和应用程度，通过者获得州资格证书。第三，具有 3 年以上的教学经验后，合格教师可以接受国家教师教育鉴定委员会的考核，成功通过考试者可获得国家教师证书。

因此，明确的培养目标和环环相扣的实施策略，构成了美国教师教育培养的完整体系。教育实习在这个培养体系当中处于重要而关键的地位，充分体现出了它对于教师培养的重要意义。而教师教育的制度化也保证了教育实习的质量。

三、大学院校与中小学的密切合作

在指导实习生教育实习的过程中，大学院校与中小学建立起了深入而广泛的合作关系。从最初双方按照一定的标准进行相互选择，即为合作奠定了良好的基础。来自中小学和大学的教师及管理者可以通过专题研讨会的形式对教育目的、教学法以及与学校重建有关的问题进行研究，并讨论对方提交的书面报告，最终确定合作伙伴。

实习过程中，大学教师、中小学教师和实习生可以组成各种小组和团体来开展活动，也可以通过各种集会或交流来共享经验、探讨问题。大学教师肩负中小学与大学之间进行信息沟通的中介与桥梁作用，所以双方进行信息等方面的及时沟通是大学教师和中小学教师结合的方式之一。而共同决策则是大学教师和中小学教师及管理者合作的又一种方式，双方就教学实习、课程安置、教师培训、学校改革等共同协商制定合理、科学的政策。此外，双方还针对中小学实际问题与改革发展需要进行合作研究。

大学与中小学的合作不再局限于单纯的对实习生的指导工作上，还深入到教育科研合作领域，双方就 PDS 实践活动中的难题或共同感兴趣的话题进行讨论，分析研究的可行性或意义，最终界定研究课题，并精确表述研究内容。① 在“实践—研究—再实践—再研究”的过程中，解决问题，形成新的成果，并把经验与其他 PDS 进行交流，使之在实践中得到不断完善。

第五节　案例研究——斯坦福大学的教师教育

美国的中小学教师几乎全部由经专业组织和各州认证的 1200 多所综合大学的教育学院或文理学院的教育系承担培养任务。

① 刘小丽．PDS：美国教育理论和教育实践相结合的创新模式[D]．河北大学，2005.

斯坦福大学(Leland Stanford Junior University)是美国一所私立大学，被公认为世界上最杰出的大学之一。斯坦福大学的口号是“change lives，change organizations，change the world”，其教师教育的目标也如此。

一、斯坦福大学的教师教育课程

斯坦福大学课程的具体组织一般以每周召开一到两次实践研讨会为串联手段，将理论教学、观摩、研修等多种实践活动串结起来，一直延续到最后的实习，并以最后的实践总结会作为教育实践课程的终点。

在“模块整合式”的内容组织中，见习、演习和实习活动，是与教学法等教育理论课程的授课穿插进行的。如表 4-1 所示。

表 4-1 美国斯坦福大学的教育实践课程内容的组织形式

学校	教育实践课程名称	模块数量	模块主题	模块内容和要求
斯坦福大学(中等教育专业)	中等教育教学实践	4	模块 A：对课程教学的问题与策略做好预备	•学习“教学作为专业”的理念；学习加利福尼亚州教师专业标准 •在 STEP① 共同体中进行临床见习、教学实习、课堂观察、构建同伴关系的机会
			模块 B：青少年健康发展的环境和条件；积累足够的知识和技能去认识、理解和回应影响学生成长的社会与情感因素	•在当地的一所高中或初中尝试教学 •将自己的教学经验与青少年身心健康发展有机结合起来 •针对学校内的青少年服务资源展开调查，完成主题为“学校中的危机”的调查报告
			模块 C：结合持续进行的教学实习来开展教学评价	•学习开展教学评价的有关知识、技能与策略 •设计自己的教学单元 •进行毕业档案袋的收集工作
			模块 D：教育实践课程总结	•完成在中学的独立教学和资格认证档案袋的收集 •展示出独立教学、管理班级及恰当运用评价工具的能力 •参加 STEP 会议，回顾和反思整个实践过程 •对准教师进行评价

① STEP 全称为“ the Stanford Teacher Education Program”，即斯坦福教师教育项目。

二、斯坦福大学的教育实习方案

斯坦福大学的教育实习主要包括见习活动和实习活动两个方面。

(一)见习活动

见习阶段的工作包括见习观摩、见习研修、协助教学等。

斯坦福大学要求准教师遵循预先设定的观察原则和方法，完成对合作教师和其他教师的两次“引导式课堂观察”(guided classroom observation)。观察的重点包括“教学环境”“学习任务”“学生学习情况”和“教师的教学情况”等。此外，熟悉学校环境和相关人员也是观摩的重要内容之一。具体来讲，要求准教师在见习期间完成 8 次教学观察和班级观察，每次观察必须持续 2 个半小时，共计 20 小时。在观察任务结束后，要进行 2 次教学观察分析，并上交“观察前反思报告”和“观察后反思报告”。

见习过程中鼓励准教师参与研修。斯坦福会将准教师事先编入不同主题的研修小组，同时要求小组成员在见习观摩活动中尽量多地接触合作学校的学生和教师，以搜集各种研修材料。准教师在分析观摩资料的基础上，开展合作研究，得出研究结论或提交改进建议。研修主题一般分为自主选择型和指定型两类。前者的范围比较宽泛，准教师可以根据自身经验任意选择感兴趣的内容展开研究，研修结果一般以反思日志的方式呈现。反思的主题一般是准教师感兴趣的内容，如“学生个体或小组的学习行为”“合作教师的教学策略”或“个人想法和感受”等。

“协助教学”也称为“伙伴教学”(partnership teaching)。斯坦福大学的准教师必须与合作教师共同检查学生的学习情况，讨论每个学生的优缺点。准教师根据自己在观摩活动中记录下的学生的听课表现进行数据分析，帮助合作教师进行新单元教学之前的前测(pre-assessment)活动，并思考这些信息对后面的教学计划和授课的意义。

此外，准教师还要担任助手的角色，协同合作教师开展班级管理工作等活动。

(二)实习活动

斯坦福的实习活动包括观摩演习、模拟教学、实习观摩、实习研修、独立教学和管理等方面。

美国大学目前的演习活动主要是以“工作坊”(workshop)的方式在大学的教学实验室或教学资源中心定时、定期举行，对模拟教学有兴趣或需求的准教师均可报名参加。斯坦福大学在其教育实践课程的模块 A(表 4-1)中，安排了录像分析和反思活动，要求准教师在观摩和分析教学录像的过程中学会课堂观察，并将课堂作为一个系统来进行行为解释。范德堡大学则以案例分析的形式组织录像观摩，并开展以“发展性差异分析”为主题的项目研究。

美国斯坦福大学教授德瓦特·艾伦(Dwight Allen)将微格教学定义为：“一个有控制的实习系统，它使师范生有可能集中解决某一特定的教学行为，或在有控制的条件下进行学习。”微格教学除了在实验室、微格教学中心等场所开展之外，还延伸到大学的教学法中心（Teaching and Learning Center/Center for Teaching)和教学诊断中心。

美国的准教师在完成见习观摩后，对所处的中小学情况已经相当熟悉，因此实习期的观摩重点主要是对合作教师的课堂教学方法、技巧以及学生的学习情况展开进一步了解，为日后承担独立教学和管理做好准备。在开始进行独立教学后，同样要求准教师观察同伴的教学，以促进自我教学的改进。斯坦福大学设置的实习观摩任务包含对合作教师的观察和对同伴的观察两类。其中对同伴观察的目的是为了让准教师熟悉所在小组同伴的教学状况，掌握同伴观察和反馈的方法，并通过同伴互动来丰富和扩展彼此的教学技能。

实习研修的目的是让准教师在教育实践的过程中澄清个人的教育教学理念，深入了解教学本质，感知教师角色的心理特征，并在研修过程中深化反思。斯坦福实习研修的主题可以由准教师自行选定，也可以是准教师与指导教师共同商讨后确定的题目，有时候也由指导教师指定选题范围，以确保研究主题的多样性和情境性。

在美国，独立教学和管理被统称为“独立实习”(independent teaching)，准教师完全以正式教师身份负责其所在班级的全部教学和管理活动，包括教学计划、教学实施、教学评价和一切班级管理事务，时间从两周到一学期不等。独立实习的重要目标之一就是在教学情境、学生需求和准教师的成长需求和兴趣之间建立平衡。在许多学校，开展独立教学是一个相当慎重的环节，在得到指导教师、实习学校或大学的批准后方可进行。除了完成课堂教学、备课、个别辅导和教学评估等一系列教学任务之外，在有的实习学校，准教师还要开展跨年级和跨学科教学。前者是保证准教师对各阶段学生学习规律的了解，后者是要求准教师具备综合课程教学的相关经验。此外，许多大学和实习学校鼓励准教师尝试不同类型的教学，将准教师的个人专长、兴趣等作为教育资源充分开发出来，提升实习对准教师和学生的潜在价值。

第五章　德国高等师范大学教育实践研究

第一节　德国教师教育的历史与现状

德国师资教育水平相当高，德国人认为，在大约150年中，德国师范教育的发展为广大儿童接受超过国际水平的教育与教学创造了条件，联邦共和国的教师培养在国际比较中达到了明显发达的程度。

德国教育委员会肯定了当前德国教师教育，指出在培训期限、场所和行政管理的精干性等方面与外国相比，德国具有最高档次的教师教育制度。

德国的学者历来重视师资培训，每次重大教育改革都把教师培养的改革作为重要课题。教育实习是教师成长的必经阶段，德国自从建立师范教育以来就很重视教育实习工作。1696年，弗兰克创设了教师研习班，选择优秀的学生施以5年的课程，其中包括见习、试教及每周定期的教学问题讨论。1826年，普鲁士皇家"通谕"首次在法令上诏告设立实习教师见习研习班，并正式确立取得教师资格须经过两次考试，在两次考试中须经3年的实习。①

当前德国的各级各类教师都由学术性高等学校培养。20世纪60年代，为了提高主体中学和实科中学教师的学术水平，德国提出了把中小学教师培养任务全部交给大学来承担的计划。黑森州于1966年开始着手把高等师范院校作为一个系并入大学，而其他各州也纷纷开始将高等师范院校改组成综合性大学或并入大学。今天德国各州，包括5个新州，各级各类学校教师已绝大多数由大学培养。只有巴登-符腾堡一个州还保留6所高等师范院校，仍把它们作为培养基础学校教师和主体中学教师的师范教育机构。

要成为一名中小学教师，不管是艺术教师还是体育教师，都必须先完全取得中学毕业资格。德国职前师资培养从1967年起，先由北威州和下萨克森州开始分两个阶段进行，目前各州都采取了两阶段训练形式。第一阶段为修业阶

① 成有信．十国师范教育和教师[M]．北京：人民教育出版社，1990：76－81.

段，第二阶段为见习阶段。见习阶段训练在地方见习师范机构进行，这些机构有的称为“见习师范学校”(Studienseminar)，有的称为“见习师范学院”(Institut)。第二阶段以第二次国家考试告终，通过者获得教师资格证书，成为正式教师，并作为国家公务员，享受公务员待遇。

1990 年开始，各州见习阶段期限统一为 2 年，而且不管是哪级哪类学校的见习教师，见习期一律定为 2 年。师范生在修业阶段主要进行理论学习，他们必须学习 2 门执教学科和相关的学科教学论，同时必须学习教育科学和社会科学方面的教育学科课程，此外还必须进行一定时间的实习，但修业阶段中的实习时间累计较短。见习阶段主要进行实践训练，包括听课、试教和心理学及教育学方面的探讨等，这个阶段的实习时间很长，对师范生的培养也更加全面。

第二节　德国教师教育课程与教育实习

德国教育实习的时间可谓相当长，除了有 2 年的专门的见习期外，在本科修业阶段还有一定量的教育实习要求，足以体现德国对于教育实习的重视。

在修业阶段，各州对于教师教育课程都制定了自己的具体实施条例。通常，课程设置大体上分 4 个组成部分：教育科学核心；学科教学论部分；2 门执教学科；学校实习。各部分比重各州不尽一致。

如巴伐利亚州规定，在基础学校教师培训中，教育科学占 16%、学科教学论占 28%、执教学科占 16%、学校实习占 40%；在主体中学教师培训中，教育科学占 16%、学科教学论占 28%、执教科学占 16%、学校实习占 40%，与基础学校教师培训要求相同；在实科中学教师培训中，教育科学占 16%、学科教学论占 12%、执教学科占 31%、学校实习占 41%；在完全中学教师培训中，教育科学占 5%、学科教学论占 5%、执教学科占 80%、学校实习占 10%。

萨克森州规定，在基础学校教师培训中，教育科学为 26 周时，基础学校教学论为 54 周时，执教学科为 40 周时；在中间学校(相当于初级中学)教师培训中，教育科学为 22 周时，2 门执教学科各为 60 周时；在完全中学教师培训中，教育科学为 18 周时，2 门执教学科各为 80 周时。同时在各级学校教师的第一阶段培训中都将组织 3 次集中教育实习，每次为期 3 周。

师范生在完成规定修读课程及教育实习之后，方能参加师范生毕业考试，即第一次国家考试。

第三节 德国教育实习模式

德国实行的教师资格证书制度是世界公认的严格而且非常有效的举措，它不仅是保证德国中小学师资质量的标杆，同时也是德国教师提高执教理论与实践水平的推动器。德国在20世纪70年代末期进行了教师培养体制改革，取消了独立建制的师范院校，中小学教师培养被纳入德国高校系统之中。如果大学生要想成为教师，必须经过两个阶段的学习，并通过两次考试，取得教师资格证书，才能成为正式教师，同时也具有了国家正式公务员身份，享受较高的待遇。

在进行第一次国家教师资格考试之前，须先在大学进行第一阶段的理论学习，学习内容主要是执教学科和相关的教学理论，另外还必须学习教育科学和社会科学方面的课程。此外还有若干周的教育见习和社会实践，主要是听教师讲课，看教师如何组织教学，如何批改作业，如何管理学生等，了解学校教育运行的全过程，但不允许上讲台讲课。第一次考试侧重理论，主要由毕业论文、书面考试与口试构成。

第一次考试合格者，取得国家见习公务员资格，随后转入第二阶段的实习。此阶段主要采用德国传统的“双元制”职前培训方式进行，为期2年左右。第一年为引导和试教期，实习开始4周后，在实习学校教师的指导下试教，通常上午见习或试教，下午在教育部直属的教师培训中心集中学习讨论，主要学习讨论的内容有教育法律法规、教学法、教学技能和个别指导技能。一般到第二年，才开始独立承担一个班的教学，并参加学校的所有活动。此实习阶段结束后，由教师培训中心、实习所在的学校分别对实习教师给予评价。评价相当严格，也非常慎重，只有合格的实习教师，才能参加第二次国家考试，考试内容包括：面对评委上两节公开课；在4小时内，当场撰写一篇有关教育理论的文章；参加包括主修专业、辅修专业以及政治法则的3次口头考试。考试合格者，获得教师资格证书，成为正式教师。

从德国教师资格证制度的实施来看，一个显著的特点就是非常重视教师教育的实践教学环节和教师执教能力的培养。首先是大学的教育见习，从听课到评课，从课程设计到作业批改，进行了具体细致的全程式学习，不仅初步实践了大学所学的教育理论知识，同时也获得了接触现场教学的感性经验。其次是时间较长、内容具体的实习，使得实习教师有充分的时间进行教学反思和专业研讨，让理论与实践进行充分的碰撞与交合，使得每一个教师在成为正式教师之前就成为行家里手。

当然德国教育实习也有被批评的地方，例如，负责师范生见习的教师教育机构与中小学之间缺乏合作，中小学缺乏训练见习生的总体计划，而负责见习的教师也缺乏应有的训练和准备，在实习中隐性课程影响很大，有学者强调师范生在实习阶段的学习必须带有研究性，应当鼓励他们独立自主的钻研精神，去尝试形成他们自己的教育和教学理念与试验他们自己的设想和方法。

还有研究认为两个阶段的教育以及教师的持续专业发展严重脱节。在德国，负责职前教师教育、教师专业发展、入职培训以及职后培训的机构之间是彼此孤立的。负责第二阶段学徒制的教师培训机构由教育部直属，而第一阶段的教师教育则由自治的大学来承担，这些大学一般是由科学部和高等教育部所管理的。这就使得两种机构难以合作，从而也成为大学教育脱离实际的借口，因为他们认为教学实践是其他机构的职责。①

第四节　德国教师教育实践阶段的标准

2004 年底，德国出台了首部全联邦性的教师教育标准。② 这部标准重新界定了职业教师应该承担的 5 大任务，同时提出为完成这些任务应该拥有的能力标准，并且强调应在大学学习阶段以及实践学习阶段共同完成对教师的这些能力的培养与培训。

德国的教师教育包含 3 个阶段：第一阶段以理论学习为主，包含有教学实践的师范教育阶段(大学学习阶段)；第二阶段是以实践与理论引导的反思为主的实践学习阶段；第三阶段为教师的继续教育阶段。

德国教师教育实践阶段的标准主要包括：

1. 教学能力领域，强调教师是教与学的专业人员

能力一：教师要会设计在专业理论与实践上合理的教学，并且正确地实施这些设计。

(1)结合学科科学与学科教学特点，设计具体教学。

(2)会选择适当内容、方法、活动和交往形式。

(3)能有意义地将现代信息技术与教学整合起来，反思使用媒体的得与失。

(4)会检验自己教学的质量。

---

① 雷小波．德国中小学教师职前教育及资格认证制度[J]．教师教育研究，2007，19(4)．

② 顾珏．德国教师教育标准简介[J]．全球教育展望，2007，(S1)．

能力二：教师要能够利用学习情境的设计支持学生的学习。能激发学生，使他们认识到所学内容之间的相互联系，并会利用这种相互联系，利用所学内容。

(1)激发学生使用各种不同的学习方式，并加以鼓励。

(2)结合学生的知识与能力获得的特点，设计教与学的过程。

(3)唤醒并强化学生学习的成就感。

(4)指导学生进行小组活动。

2. 教育能力领域，强调教师要从事教育工作

能力一：教师要了解学生的社会与文化生活条件，以便在学校内部去影响其个人发展。

(1)认清学生所受的歧视或挫折，并从教育学角度施以帮助与预防措施。

(2)学会对学生进行个性化的支持。

(3)关注各个学习小组的文化与社会多样性。

能力二：教师要向学生传授一定的价值观与人生准则，并帮助学生形成自主判断和自主行为能力。

(1)能够反思相应的价值态度和行为。

(2)训练学生逐步形成有自我负责意识的判断和行为能力。

3. 评价能力领域，强调教师要合理而负责地从事评价与咨询活动

能力一：教师会诊断学生的学习条件与学习过程，从而有目的地鼓励学生并为他们及其家长提供咨询。

(1)应了解学生的发展状况、学习潜能、学习障碍。

(2)了解天才儿童的特质，以及促进他们发展的各种支持性措施。

(3)能够合理使用各种不同的咨询模式，区分咨询与评价的不同作用。

(4)学会与同事合作开展咨询，与其他机构合作实施相应的咨询活动。

能力二：教师能够依据明确的评价标准去领会学生的表现。

(1)要会按照标准设计相应的评价问题，且能依据被试的特点叙述相应的问题。

(2)会根据教学情境合理选择并使用评价模式与评价措施。

(3)能与同事共同梳理评价的基本原则。

(4)会用评价成绩反思各自的教学活动，并加以完善。

4. 创新能力领域，强调教师要不断提升自己的能力

能力一：教师要认识对教师职业的特殊要求，能将职业理解为是负有特别责任与义务的公职。

(1)学会坦然面对压力，有目标并且合理地使用工作时间与工作资源。

(2)应用同伴的互助咨询模式以缓解工作压力，从而完善规定的教学设计任务。

能力二：认识教师重要的职业任务，需要终身学习。

(1)能够反思各自的职业经验与能力，反思各自的职业发展历程，从中获得启发。

(2)会结合自己的教学活动经验，有效地利用教育研究成果。

(3)学会向自己以及他人倾诉各自的工作状况及结果。

(4)会给出反馈并利用他人的反馈，以优化自己的教育工作。

(5)了解并利用给予教师的各种可能的支持手段。

(6)充分利用正式与非正式的、个性化的与集体的培训机会。

第五节　案例研究——黑森州卡塞尔大学

2001年11月29日，德国联邦政府颁布了《教师论坛建议书》，其中指出，师资专业素质的提升是教育改革成功的关键，建议应该强化教育学科、专门学科以及教育理论和实践经验，强化专业发展机制，以适应时代的需求。①

德国黑森州卡塞尔大学是一所教育专业学生人数居德国第二的综合性大学。我们可以从它的教育实习组织安排来进一步了解德国的教师教育现状。

准备从事基础学校教育工作的学生要修学3类学科，一般由学生自己选择，如选科学为第一学科，语言为第二学科，美术为第三学科。小学教育中课程大多为综合化的，所以虽然选了第一学科的学生可能侧重于这一学科的教学，但他要有能力教包含不同学科内容的综合性学科。

准备从事中等教育工作的学生要学习两类学科，两者须为相近学科，如地理教育专业的学生第一学科为地理学的各门课程，第二学科则为化学或物理学学科的各门课程，学生今后将在中学任教这两门课或其中的一门。对于包含了第一和第二阶段中等教育的完全中学和部分综合中学的教师，以及属第二阶段的职业教育机构普通学科教师而言，他们需要有更多的学科知识以满足学生的需要，因此相应的教师教育中，学科的学分要求也增加了。

3类学生所学的教育类学科内容大致相同，主要包括教育基本理论、欧洲教育史、课程开发、教学论、执教学科的教学方法、心理学等，还包括一些相

① 顾明远，等．教师教育[M]．长春：吉林教育出版社，1998.

关的社会科学学科，如社会学、哲学等。就课程实施的形式而言可分为两类：一类为讲座，学生可以自由选听，也可以自学；另一类为研讨班(seminar)，学生必须出席，每个学生都要准备发言。教育类专业的学生在校期间，要到中小学参加教学见习活动。

学生的见习一般安排在第三个学期，为期5周，主要任务是在带队教师的指导下听课、评课。在见习即将结束时，学生可以有10分钟的试讲，但对试讲不做硬性要求。负责见习工作的带队教师分别从中学和小学中选拔，因此他们具有双重身份，既是某中小学的教师(承担学校的一半教学任务)，又是大学教育类专业的讲师，相应地负责中小学教师教育过程中的听课、评课指导及相关的研讨。①

除了正常的5周见习外，卡塞尔大学还利用假期来增加学生的见习机会。学校在6月放假，一直到10月中旬才开学，这一假期被称为课程假，即课程停止了，但并不意味着其他活动的中止。因为这一段时间中，中小学有相当时间仍在教学，因而一般均利用假期来安排一些中小学的见习活动。

在学生通过第一次国家考试之后，进入专门的教师培训机构学习教学理论与实践。这类机构被称为研修班。研修班的指导教师分为学科指导教师和带教教师两类。② 前者由中小学教师自由申请，成为研修班的指导教师；后者由实习生到学校后自己选定，指导实习生的课堂教学。因此研修班的理论学习不同于大学的学术性学习，它更偏重于学科的教学方法。

在教育实习的具体要求上，各州又会有所差异。如在巴伐利亚州，学生(即实习教师)在实习培训阶段的第一年，每周3天工作，2天在研修班接受理论培训。而在黑森州，则每周1天在研修班学习理论，4天在中小学实习。在这期间，实习教师从每周上6节课，逐渐加大到11节课，其中6节课要求独立完成，其余的课会有人进行指导；同时这些实习新教师还须听课，并与有经验的教师积极沟通交流。第二年，实习教师每周增加到15节课，并且自己带一个班，这时具体的指导减少了，但实习教师要把自己选定的5节课的内容详细记载下来，撰写成一篇论文。第二年的2月至5月间，是德国各州进行第二次国家考试的时期，即将完成学业的实习教师都必须参加这次考试，如果考试

---

① Milotich U E. Teachers and Teaching Profession in Germany[M]. //Ashwill M A E. The Educational System in Germany: Case Study Findings. Washington D C: U. S. Department of Education, 1999: 187－197.

② 祝怀新，潘慧萍．德国教师教育专业化发展探析[J]. 比较教育研究，2004，(10).

不合格，则必须重修相关课程。考试的内容包括：(1)面对评委和考核委员会，上2节公开课；(2)用4小时的时间，当堂撰写一篇有关教育理论的文章；(3)参加包括主修专业、辅修专业以及政治法则的3次口头考试。

因此，在德国要获得教师资格是非常不容易的。当然，在获得教师资格之后，待遇也是非常可观的。

第六章　日本高等师范大学教育实践研究

第一节　日本教师教育的历史与现状

日本在20世纪80年代进行的教育改革被称为日本教育史上自明治维新、战后改革以来的第三次教育大改革。1988年5月，文部省宣布中小学新任教师录用后必须从事为期一年的研修，促进新任教师研修制度化。

20世纪90年代以来，日本一直致力于教育实习改革。

1993年，日本开始实施小组辅导的政策，为开展适应每个学生个性发展的教育，通过两名以上教师的协调合作，一边制订指导计划，一边发挥各自专业和特长从事教学指导。

1997年，日本公布的“护理等体验特例法”，规定要取得中小学教师许可证，就有义务参加护理等社会实践性活动的体验。1997年7月日本教育职员养成审议会向文部大臣提交了一份咨询报告，提出改善大学师资培养教育课程的政策性措施：(1)在师资培养课程中采取选择履修的方式；(2)充实有关学生指导、教育商谈、出路指导的科目；(3)延长初中的教育实习；(4)充实有关教职的科目；(5)灵活采用社会有识之士，改善特别讲师制度和特别许可证制度。

1998年3月，日本大学毕业生约有13万人取得教师许可证，但其中只有13.5%的人当了教师，说明日本中小学教师市场的竞争相当激烈。

1999年12月，日本教育职员养成审议会向文部大臣提交了“关于培养、任用、研修的联携灵活化”的第三次咨询报告，报告中强调：任用教师，不能偏重于知识，而要从任用具有自己特长领域、富有个性及多样性教师的观点出发……对于新的大学毕业生的选考方法有必要多样化、重点化，学力考试是否达到一定标准可为一种测定方法，同时也要重视把大学的推荐、对教育实习等的评价、特长领域、社会志愿者活动的实绩等作为选考资料。大学和地方教育委员会需要进一步加强联携合作，通过一起规划和实行有关改善教师培养、任用、研修的具体政策措施使之关系更加密切。大学开设的教师培养课程要结合学校实际需要，除了定期举行大学、教委、中小学之间的协议会以外，还要整备各种条件(如开设相当数量的实验学校基地)让志愿当教师的学生经常能体验学校现场，等等。

历次教育实习改革一方面延长了教育实习的时间，另一方面也将教师职前培养阶段的一次性教育实习分散到大学4年之中进行，并对教育实习做了6点规定：(1)从大学一年级开始，分散、分阶段地在整个教育培养期间平行进行教育理论研究和教育实践研究，并使之互为补充；(2)重视学生直接从实习学校获得的教育经验；(3)从实习学校聘请有能力的教师到大学讲演，并强化教育实践方面的指导体制；(4)大学、院系与实习学校确立共同研究体制，并明确教育研究经常化的制度；(5)利用各种教育实践资源进行指导；(6)加强学科教学法和教材研究。①

迄今，日本严格地贯彻实施教师资格证书制度，被称为"严格的许可证主义"。中小学教师许可证分为普通许可证、特别许可证、临时许可证3种类型，以普通许可证为主的教师资格证书制度又分成专修许可证、一种许可证、二种许可证3种级别，即专修许可证以取得硕士学位为基本资格，一种许可证以取得学士学位为基本资格，二种许可证是以短期大学毕业取得准学士学位作为基本资格。

第二节　日本教师教育课程与教育实习

在日本，根据《教育职员许可法》的规定，教师教育的课程包括3大类：教养科目(包括体育保健、外国语等)、教职科目(教育专业科目)和专业基础科目(学科专业课程)。在《教育职员许可法》的施行规则中设置了这3门课程的相关标准和最低学分数，并规定了具体的履修方法。

教养科目包括了自然科学和社会科学两大基础学科，文理并重，提高学生的综合素质。社会科学包括法律、社会学、经济学、人文地理等课程；自然科学包括数学、物理、化学、生物以及地理科学等课程。

教职科目是师范性的集中体现，这类课程是将教师的教育、教学工作作为一门专业来看待而需要进行的一些基础训练。近年来，日本大幅度增加有关教职的科目(增加9%～35%)，并增加了教育实习的学分，同时在取得教师许可

① 李宜冰，等. 日本的教育实习制度及启示[J]. 太原师范学院学报(社会科学版)，2009，(1).

证最低的必要条件中，大幅度增加了教职科目的最低学分数(表 6-1)。①

表 6-1 《教育职员许可证法》中小学、初中、高中和幼儿园教师普通许可证场合的教职科目学分的履修方法

<table>
<tr><td rowspan="2">第一栏</td><td rowspan="2">许可证的种类
有关教职的科目</td><td colspan="3">小学教师</td><td colspan="3">初中教师</td><td colspan="2">高中教师</td><td colspan="3">幼儿园教师</td></tr>
<tr><td>专修许可证</td><td>一种许可证</td><td>二种许可证</td><td>专修许可证</td><td>一种许可证</td><td>二种许可证</td><td>专修许可证</td><td>一种许可证</td><td>专修许可证</td><td>一种许可证</td><td>二种许可证</td></tr>
<tr><td rowspan="4">最低必修学分数 第二栏</td><td>有关教育本质及目的的科目</td><td rowspan="4">12</td><td rowspan="4">22</td><td rowspan="4">6</td><td rowspan="4">8
(5)</td><td rowspan="4">8
(5)</td><td rowspan="4">8
(6)</td><td rowspan="4">8
(5)</td><td rowspan="4">8
(5)</td><td rowspan="4">12</td><td rowspan="4">12</td><td rowspan="4">6</td></tr>
<tr><td>有关儿童、学生的身心发展及学习过程的科目</td></tr>
<tr><td>有关教育的社会性、制度性及管理事项的科目</td></tr>
<tr><td>有关教育的方法及技术(含信息机器及教材的使用)的科目</td></tr>
<tr><td rowspan="3">最低必修学分数 第三栏</td><td>有关学科教育法的科目</td><td rowspan="3">22</td><td rowspan="3">22</td><td rowspan="3">14</td><td rowspan="3">6
(3)</td><td rowspan="3">6
(3)</td><td rowspan="3">4
(2)</td><td rowspan="3">4
(2)</td><td rowspan="3">4
(2)</td><td rowspan="3"></td><td rowspan="3"></td><td rowspan="3"></td></tr>
<tr><td>有关道德教育的科目</td></tr>
<tr><td>有关课外活动的科目</td></tr>
<tr><td rowspan="3">第四栏</td><td>有关教育课程的科目</td><td rowspan="3"></td><td rowspan="3"></td><td rowspan="3"></td><td rowspan="3"></td><td rowspan="3"></td><td rowspan="3"></td><td rowspan="3"></td><td rowspan="3"></td><td rowspan="3">18</td><td rowspan="3">18</td><td rowspan="3">12</td></tr>
<tr><td>有关保育内容的科目</td></tr>
<tr><td>有关指导方法的科目</td></tr>
<tr><td rowspan="2">第五栏</td><td>有关学生指导及教育商谈的科目</td><td rowspan="2">2</td><td rowspan="2">2</td><td rowspan="2">2</td><td rowspan="2">2</td><td rowspan="2">2</td><td rowspan="2">2</td><td rowspan="2">2</td><td rowspan="2">2</td><td rowspan="2"></td><td rowspan="2"></td><td rowspan="2"></td></tr>
<tr><td>有关学生指导、教育咨询及升学指导的科目</td></tr>
<tr><td>第六栏</td><td>教育实习</td><td>5</td><td>5</td><td>5</td><td>3
(1)</td><td>3
(1)</td><td>3</td><td>3
(1)</td><td>3
(1)</td><td>5</td><td>5</td><td>5</td></tr>
</table>

教职科目分为 5 大类，包括：教师职业意识、教育基础理论、教育课程及指导方法、综合演习和教育实习。教育实习一般包括：教职演习(事前事后指

① 陈永明．当代日本师范教育[M]．太原：山西教育出版社，1997：395.

导)、教育实习指导、教育实践研究、保育实习指导、教育实习学、儿童教育实习、幼稚园教育实习等。

关于专业基础科目，学科专业课程的设置一般与中小学或其他学校所开设的学科相对应，日本的中学师资培养，一般采取主副修制。

日本对教育内容的规定正逐步严格化，但具体的教学内容则由各师资培养机关自定，但都必须达到《教育职员许可法》规定的标准(表 6-2)。[①]

表 6-2 《教育职员许可法》规定的授予初中教师普通许可证场合的有关科目的学分履修方法(选摘)

第一栏	第二栏	第三栏	
许可学科	有关学科科目	必修最低学分数	
国语	国语(含音声言语作文)	8 或 6	计 20
	文学	8 或 6	
	汉文学	4 或 2	
	书道(以书写为中心)	计 2	
社会	日本史及外国史	6	计 20
	地理学	6	
	[法律学、政治学]	2	
	[社会学、经济学]	2	
	[哲学、伦理学、宗教学]	4	
数学	代数学	6 或 4	计 20
	几何学	6 或 4	
	解析学	4	
	[概率论、统计学]	4 或 2	
	计算机	2	
理科	物理学	3	计 20
	物理实验(含计算机利用)	2	
	化学	3	
	化学实验(含计算机利用)	2	
	生物学	3	
	生物实验(含计算机利用)	2	
	地学	3	
	地学实验(含计算机利用)	2	

① 陈永明．当代日本师范教育[M]．太原：山西教育出版社，1997：387—388.

续表

第一栏	第二栏	第三栏	
许可学科	有关学科科目	必修最低学分数	
音乐	乐谱练习 声乐(含合唱) 器乐(含合奏及伴奏) 指挥法 音乐理论、作风法编曲法及音乐史(含日本传统音乐及民族音乐)	2 6或4 8或4 2 4	计20
美术	绘画 雕刻 设计图案 工艺 美术理论及美术史	6或4 6或4 6或4 6或4 4或2	计20

第三节　日本教育实习的模式及特点

一、教育实习的基本模式

在日本，教育实习一般分为3个主要步骤，分别为观察、参与和实习。① 但随着教师教育和教育实习的改革与发展，不断有新的实习形式出现，事前指导和事后指导得到进一步重视，同时更注重教育实习的系统性和完整性，以适应社会对教师能力的更高要求。

观察实习主要在教师养成的早期阶段进行，一般安排在大学第1～3学年进行，或安排在整体实习的初期进行。观察实习的主要目的是促使师范生对教育现场有感官上的认识，了解实际的教学活动，养成基本的教育教职观念。

观察实习的内容主要包括参观和观察两项内容。参观是教育实习最基本的活动，在正式的教育实习之前，即大一及大二的阶段，让有志于从事教育工作的学生有机会接触学校的工作，以及对未来的教学对象有所了解。参观的安排，一般是从整体到局部，即先整体性地认识小学的系统及运作，再分项参观

① ［日］土屋基规．现代日本教师的养成［M］．鲍良，译．上海：上海教育出版社，2004：34.

各科教学及学校行政。此外，在参观前还要列举出具体的参观事项，举行座谈会；参观之后要求学生写出标准的参观记录作为作业。观察是对特定事项进行较深入的学习活动。在日本，除了在大三和大四的教育实习课程中安排这项活动之外，也有在正式实习展开之前，结合教育专业课程的教学实施，如初等教育、儿童发展、教学原理、辅导理论与技术、班级管理等学科的专业观察。观察的目的是深入了解教学因素对教学效果的影响，如教师解说教材的技巧、发问的技巧等。在观察结束后，大学的指导教师还要和学生共同研讨观察所得，并检讨不足。

基础实习处于教育实习的中核地位，是对其之前的观察实习进行总结得出成果之后，尝试在实际教学中进行检验的过程，也是为后期的应用实习积累更多的经验，以圆满完成教育实习的整个过程。在日本，基础实习一般安排在教育大学的附属学校，或是在综合性大学教育学部的附属和实验学校进行，实习期限为 3～4 周。见习是基础实习中最主要的实习方式，它是一种半参与式的学习活动。实习生在指导教师督导之下，协助处理教学工作或行政事务。教学的见习，是指实习生以担任教师助理的形式，协助准备教学资料、布置教学情境、共同组织教室外的教学活动、负责小组学习或讨论活动、批改考卷和作业，及处理其他事务。除了教学见习以外，也可以申请学校行政见习的机会。

应用实习是教育实习过程中实践性最强的一个环节，也是实习生锻炼最大、收获最多的过程。在日本，应用实习安排在基础实习之后，一般在公立的实习协作学校进行，实习期限为 1～2 周。在协作学校进行的应用实习，遵循一名实习生担任一门学科教学的原则，在实习指导教师的配合下，强调实习生的主体性和独立性。在这一阶段，要使实习生对儿童的学习习惯、生理心理特征、课堂教学能力、教案的编写、课堂教学的展开、教后反思等一系列问题有更深入的理解和掌握，从而不断改进其实际教学能力，为成为一名合格的教师做好准备。

临界实习是目前日本教育实习过程中非常重要的一个阶段，也是不可或缺的实习过程。临界实习是指在不同学校进行的教育实习。例如，小学实习生到初中实习，初中实习生到小学实习。通过这样的方式，帮助实习生了解儿童在不同发展阶段的特点，将所学到的理论知识和实践能力得到进一步的锻炼，包括在不同年级授课的经验、参与学校活动的经验等。这种实习方式，有利于实习生掌握学生身心发展的延续性和阶段性、稳定性和突变性，从而形成作为教师的基本素质和能力。

二、教育实习的重要特点

日本教育实习最典型的特点是在整个实习过程中伴随着细致的指导，并将其制度化。1988年，日本政府在对《教育职员许可法》进行改革的同时，对教育实习提出了新的要求，将教育实习过程中的事前指导和事后指导两项内容正式纳入教育实习的内容之中，规定事前指导和事后指导各占1学分。

事前指导作为进入学校现场进行实习活动的预备，是保证实习顺利进行的必要手段。包含的内容和标准有：自觉形成教师形象、提高教职意识、观赏实习历史录像、教材指导、微型教学、问题模拟教学等。各项内容均有完备的组织程序，如教材指导就分为5个部分，根据不同的要求分别设置不同的教学指导方式。

(1)教材、教学素材、教学信息的概况介绍(讲座)。

(2)电脑制作文档、图片、动画的基础技术(演习)。

(3)图片信息的合成与应用(讲座和演习)。

(4)视频、音乐的合成与应用(讲座和演习)。

(5)应用素材综合运用制作教案的技巧(讲座和演习)。

事后指导是教育实习过程中的总结指导阶段，即对一定时间内的实习工作进行总结并指导，从而为下一步的实习提供参考。因此，事后指导不是普通意义上在实习结束后进行总结和评价，它存在于实习的每一个阶段，是对实习中每一个环节进行总结指导的过程。

事后指导包括正式的和非正式的两种。非正式的事后指导一般是指在某一实习环节结束后，大学指导教师或实习学校指导教师针对该实习环节对实习生及时提出意见或建议，并督促实习生改进或变更，从而保证该环节的顺利进行。而正式的事后指导一般多采用研讨会或反省会的形式进行，每周聚会1～2次。

第四节　案例研究——东京学艺大学与爱知大学

一、东京学艺大学的教师教育课程研究

东京学艺大学(東京学芸大学，日文：とうきょうがくげいだいがく，英文：Tokyo Gakugei University)设立于1949年，是位于日本东京都小金井市的一所师范类的国立综合性大学。

至今，东京学艺大学为日本教育界输送了不少教育型人材。作为教育学的实践性研究以及学生的实习机构，东京学艺大学还拥有2个附属幼儿园，附属小学、中学各4所，2所附属高中以及1所附属养护(残障护理)学校等。

1. 教师教育的课程设置

东京学艺大学的理科课程分为A类——初等教育教员养成课程和B类——中等教育教员养成课程。制定课程的目标是要：

(1)培养能够在教育现场进行指导性的、实践性的理科教育的教师。

培养一个有广泛而深入的学术背景，不仅仅是能够对儿童和学生进行学校教育范围内的指导，更可以促进培养他们社会的认识和自然科学的认识的教师。

(2)开设能够触摸到自然科学的精髓的课程。

学生将在广泛地学习整个科学的基础上，从物理、化学、生物学、地球科学、科学教育(只限A类)中选择一个学科做集中的深入研究。在从事该领域的专门的毕业设计和研究，了解自然科学的本质的同时，体会学习方法。

(3)培养能够克服困难、于混沌当中找到条理的人物。

通过学习科学课程，形成对科学性事物的见解。掌握如何客观地观察对象，运用逻辑思维思考，验证假设，以及解决问题。通过这样的训练，培养拥有在实际的课堂上遇到各种各样的困难时，可以自行找到解决办法的基本能力的教师。

(4)充实的毕业研究的机会。

学生分属于物理、化学、生物学、地球科学、科学教育(只限A类)各个实验室，以毕业研究的资格，对具体的特定课题进行集中的研究。为此各实验室都提供了各种先进的科学设备。在教师适当的指导下，学生将能够理解科学的专门知识的本质。

开设的主要科目包括：理科学习指导论；理科教材开发基础Ⅰ、Ⅱ；理科(物理、化学、生物、地学)实验；量子科学特论；物理学实验；有机反应基础论；物理化学实验；生物科学方法论；临海实习；宇宙物理学；地球科学实验等。

通过选修A类理科课程可以获得小学教师资格证书的一种。当然根据修得学分的不同，可以获得不同的资格证，如幼儿园、中学、高中、特殊教育学校教师的一种证书、图书管理员资格、社会教育教导主任、博物馆研究员等，关于课程修习的方法都有明确的规定。

通过修读课程，学生可以担任东京和全国各地的公立以及私立小、初、高级学校的教师职务，可以继续攻读研究生，或进入民间的教育机关、博物馆、企业等。

东京学艺大学关于获得教师资格证书应修读的学分要求有明确的规定。要获得普通资格证所必需的学分要求，参照《教育职员许可法》(表 6-1、表 6-2)。

取得硕士级别的专攻资格证所必需的基础资格至少应符合以下一项：

(1)具有硕士学位。

(2)等效课程：大学的专修课程或由教育部部长指定的相当课程在学一年以上，且取得 30 个以上学分。

最低限度修得的必要学分数如表 6-3 所示。

表 6-3 东京学艺大学关于取得硕士级别专攻证书的修读学分要求

		与学科相关的科目	与教学相关的科目	与学科和教学相关的科目	与特殊教育相关的科目
小学教师	专攻(硕士)			24 学分	
	一类(本科)	8 学分	41 学分	10 学分	
初中教师	专攻(硕士)			24 学分	
	一类(本科)	20 学分	31 学分	8 学分	
高中教师	专攻(硕士)			24 学分	
	一类(本科)	20 学分	23 学分	16 学分	
幼儿园教师	专攻(硕士)			24 学分	
	一类(本科)	6 学分	35 学分	10 学分	
保健教师	专攻(硕士)			24 学分※1	
	一类(本科)	28 学分※2	21 学分	7 学分※1	
特殊教育学校教师	专攻(硕士)				24 学分
	一类(本科)				26 学分

※1 保健教师为“保健和教学相关的科目”；※2 保健教师为“保健相关的科目”。

要获得硕士级别的专攻证书的条件是已经取得了该许可证类型的本科程度许可证。

为了获得各专攻证书，相应的科目里必须获得不少于 24 个学分。

为了取得保健教师证书，该证书对应的课程里必须修满 24 个以上学分。

2. 教师养成计划

东京学艺大学于 2005—2009 年正式实施了“特别教育经费支持的教育改革项目”，促使新教师养成系统的开发和普适性教育实践的形成。

该计划以高度的专业能力、实践力和应对课题能力的教师养成为目标。开发此计划相对应的课程形态和学习方法的同时，构筑广泛向国内外发送教育实践和研究活动成果的信息系统。

具体而言，执行下列操作：

第一，在研究生教育中彻底地贯彻现场教育的方针，对课题研究工作的完成要有严格的标准。

第二，活用有教育经验者、热心社会人士等，提供强有力的学生指导。

第三，定位为区域合作项目，促进当地教育振兴。

此外，为了能够迅速利用教育实践和研究活动的成果，执行下列事项：

第一，建立网络课程平台，推行网上学习和网上教程。

第二，推进教材的电子化进程及永久档案系统的构筑。

第三，在互联网上提供讲义资料等课程相关的信息。

第四，建立一个系统，可以从任何地方在任何时间获得教育实践记录、教材等教育相关的丰富情报。

以 2007 年度的新教师养成计划为例，包括：

(1)连接本科生和研究生的教师培训机制的研讨及制度设计。

①准备阶段的项目：本科生特别计划的实施。

• 专题讲座，研讨会。

• 训练营(2007 年在奥多摩举行)。

• 国际培训(2007 年访问韩国公州大学)。

②新教师培训课程的制度化(根据 2007 年在总部的讨论和计划，2008 年由教育学研究科运营委员会下的“新教师培训课程管理委员会”负责)。

(2)与现场相链接的教师培训的合作工程。

①与公立学校的合作项目(2007 年 2 项)。

②和邻近 3 个城市的 IT 企业财团的活用计划。

③更新设施，在附属学校进行更有效的教学实践(引入了电子信息板等信息设备)。

④为与附属学校的合作计划而进行的调查。

⑤本校大学教育实习实习生的心理健康援助工作。

(3)调查活动。

①研究生院的教师培训和职业人员相关培训，与各教师培训课程计划相关的调查。

②2008 年 4 月开设的教学方面的研究生专业需要评估的调查。

(4)开放论坛。

①与教师培训相关的校园论坛(系列讲座6次，共7次)。

②全国论坛(全国教育高校参加，包括私立学校)。

通过该项目，东京学艺大学对于新教师培养的制度更加完善。

二、爱知大学的“四年实习制度”

20世纪90年代以来，日本将教师职前培养阶段的一次性教育实习分散到大学四年之中进行，从一年级至四年级安排6～7次，共14周的教育实习。

比较具有代表性的是日本爱知大学1999年制定的新“教学计划”，该计划提出了“四年实习制度”，即从1999年开始，由原来的在第三年进行为期5周的教育实习，改为在4年教学期间每一年都是内容不同的教育实习，以期增加学生的教育实践能力及在实践中运用理论的指导能力，提高教师专业化水平。

四年制教育实习的具体内容如表6-4所示。

表6-4 日本爱知大学的四年制教育实习内容

实施学年	课程名称	时数(周)	重点目标
一年级	实地教育Ⅰ(实地基础教育) 讲座 7次 实习 1日 交流实习	1	了解教育现状 强化教职意识 明确研究课题 理解学校教育的实际情况 了解学生及个人情况
二年级	实地教育Ⅱ(人权教育实习) 讲座 10次 实地实习 3～4日	2	深化、扩展对同和教育和障碍儿童教育观的理解
三年级	实地教育Ⅲ 讲座 5次 观察 2日教学观察 (在2年级实施)	1	确立教学观 准备进行实际的教育实习
	实地教育Ⅳ(合作教学、教材开发讨论) 讲座、演习(实验教学)	2	提高编写教案、课堂表现的能力 提升合作与交流的能力

续表

实施学年	课程名称	时数(周)	重点目标
三年级	实地教育Ⅴ(附属学校实习)	4	习得教育技巧 把握教育适应性 发现个人研究课题
	实地教育Ⅵ(专修实习与专业实地实习) (分散到3～4年级实施)	2	对附属校实习进行总结 对合作校实习进行准备 强化和提高分析教材、编写教案、指导作业、课题教学(提问、总结、提示等)、课堂分析、课业评价等各方面的能力
四年级	实地教育Ⅶ(合作校实习)	2	在专修实习和专业实地实习的基础上对实习成果进行实验与总结 了解具有不同地域特色学校教育的管理 深化对特别活动时间和就业指导课程的理解
	实地教育Ⅷ(临界实习)	2	了解不同阶段学校教育的特征

可见，爱知大学的实习生从一年级至四年级有计划、有目的地连续进行包括参观、见习和各个学科的试教，小组辅导和课外活动，以及特别活动等多种场面的实际教育训练，实际教学水平和理论研究水平都得到了充分的锻炼。

第七章　国内教师教育课程与教学实践概况

第一节　我国教育教学实践及其研究的概况

1897年清政府在上海创办了我国第一所师范学校——南洋公学师范院，特设有教育实习基地，并有计划地开展教育实习活动。1981年，教育部《关于修订高等师范院校四年制本科文科三个专业教学计划的说明》中，规定心理学、教育学、中学教材教法为公共必修科目，占总课时的5%，教育实习为6周。这一规定的贯彻落实形成了由教育学、心理学、学科教学论和教育实习四部分构成的教育专业课程设置，其课时不超过全部课程课时总数的10%。

目前，我国高等师范院校一般都在高年级安排了6～8周的集中式教育实习，在教师的指导下，到中小学直接参加一段时间的教学与思想教育工作的实践，运用已学过的知识，获得初步的教育教学能力和体验，为未来的工作奠定基础。我国高等师范院校教育实习的内容一般包括两个方面：教学工作实习和班主任工作实习。

教学工作是教育实习的主要内容，主要是围绕课堂教学，做好备课、上课、辅导、作业检查与批改等几项工作，并且要求实习生写出课时计划(即教案)，通过实习生的试讲、上课，对其进行评议。班主任工作实习是培养师范生进行思想品德教育工作能力的重要途径。此项一般要求实习生担任一个班的班主任，通过在这个班的教学实习，与学生接触、谈话，参与班集体各项活动，最后完成一次主题班会活动。

关于教育实习的研究一直是国内学者关注的热点问题。专门研究教育实习的专著或论文在20世纪80年代以前凤毛麟角，中国国家图书馆能够搜索到的最早的一本专著是由郑之纲编写的《乡村师范教育实习指导》(1934)。80年代中后期尤其是步入90年代，随着改革开放的不断深入，教育实习中出现了许多新问题，教育实习的科学研究日益受到人们的关注，从不同角度对教育实习展开论述的专著和科研论文如雨后春笋般出现。

对近15年(2000—2014)发表的学术论文以及出版的专著进行归纳分析，可以看出我国教育教学实践的概况。我们按研究视角的差别分为宏观、中观、微观3个层次，主要涉及以下内容项(表7-1)：宏观层次包括课程改革、历史发展研究、比较研究、目的意义等方面；中观层次包括组织形式、规章制度建设、综合改革、实习基地建设等；微观层次涉及的内容包括学科教学、实习生心理研究、指导教师、班主任工作、实践的内容形式、评价评定、经验体会等。因此可以看出，目前我国对于教育实习的相关研究已经非常丰富。也可以看出，我国的教育教学实践已进入从理论层面的探讨到实践领域的探索阶段，并且已呈现出系统化、规范化、国际化的趋势。

表7-1 关于教育实习研究的内容分析(2000—2014)

研究视角	内容项
宏观	课程改革、历史发展研究、比较研究、目的意义等
中观	组织形式、规章制度建设、综合改革、实习基地建设等
微观	学科教学、实习生心理研究、指导教师、班主任工作、实践的内容形式、评价评定、经验体会等

第二节　我国教师教育课程及存在的问题

备受关注的《国家中长期教育改革和发展规划纲要(2010—2020年)》(以下简称《纲要》)于2010年7月29日向社会正式发布。其中提出“到2020年，基本实现教育现代化，基本形成学习型社会，进入人力资源强国行列”的战略目标。要实现这一目标，培养高素质的教师人才队伍，完善教师培养培训体系，提高教师专业水平和教学能力成为至关重要的一环。《纲要》中也明确提出了要“加强教师教育……深化教师教育改革，创新培养模式，增强实习实践环节，强化师德修养和教学能力训练，提高教师培养质量”的中长期目标。

在我国，教师的培养大体上分为两个阶段，一个是教师的职前培养阶段，即学生在中等师范学校、师专、师范学院(大专)接受教育的阶段，为毕业后从事教师工作储备知识和能力；另一个阶段是在职师资培训阶段。

就目前我国教师教育的机构来看，已经形成了两大系统、3个层次的教师教育网络。两大系统是指以培养新教师为主的师范院校系统和以培训、提高在职教师为主的教育学院(教师进修学校)系统。在师范院校系统内，3个层次是中等师范教育、高等师范专科教育和高等师范本科教育；在教育学院系统内，全国各地均已形成了省级教育学院培训高中教师、市地级教育学院培训初中教师、县区教师进修学校培训小学幼儿园教师的3级培训网络。①

就我国目前通行的教师教育课程模式来看，日益国际化的教师教育模式正成为我国教育的主流模式。其中包括专门师范院校培养定向教师的封闭模式以及综合性大学、文理学院和其他专门学院附属的教育学院，或教育学科培养的非定向教师的开放模式。②

高等师范院校是我国培养中小学、幼儿园教师的主要场所，在长期的发展进程中形成了一套较为典型的教师教育课程体系。从课程内容与专业的相关程度来看，目前我国高等师范院校的教师教育课程结构为：(1)为学生学习综合性文化知识而开设的公共基础课程，以外语、体育、计算机等作为主要的教学内容；(2)为从事专门学科教学而开设的学科专业课程，如中文、数学、物理等专业课程教学；(3)为学习教师职业所必需的教育理论与技能而开设的教育专业课程，以教育学、心理学、学科教学法等作为基本的教学内容。③

这3类课程在结构比例上并非三分天下，国家对此有统一的明文规定，但允许各校根据自己的实际情况略作变化。在教育部1981年颁布的《高等师范院校四年制本科文科三个专业教学计划(试行草案)》中规定，公共基础课(外语、政治、体育)占教学总时数的20%，专业课占教学总时数的65%，教育类课程占5%。师范专科的情况也类似，但各校可自行制订教学计划。据国内权威学者统计，这3类课程所占总课时的比重如下。

研究结论一：在我国高等师范院校课程计划中，普通教育课占总课时的21%，学科专业课占70%，教育专业课占9%。④

研究结论二：在我国高等师范院校课程中，公共基础课程占21%，学科专业课程占72%，教育专业课程占总课时的7%左右。⑤

研究结论三：我国教师职前培养的课程比例为，普通与专业教育课程占90～92%，教育理论占5%～6%，教育实践占3%～4%(此处将公共基础课程

---

① 李其龙，陈永明．教师教育课程的国际比较[M]．北京：教育科学出版社，2002：172.

② 艾述华．我国教师教育课程结构存在的问题及对策[J]．中国电力教育，2010，(4).

③ 沈有禄．试论我国教师教育模式变革的路径与政策[J]．黑龙江高教研究，2007，(1).

④ 吴文侃，杨汉清．比较教育学[M]．北京：人民教育出版社，1989.

⑤ 李盛兵．我国高师课程体系的缺失——人文性和师范性研究[J]．课程·教材·教法，1998，(5).

和学科专业课程放在一起统计)。①

长期以来，我国高等师范院校的教育科学课程内容一直是教育学、心理学和学科教学法3门科目外加教育实习。多年来，我国教育结构表现出重学科专业课程、轻教育专业课程的特点。

高师院校标志性的课程——教育专业课程为提高师范教育专业化水平和教师职业专门化程度提供了有力支持。但是，我国的教育专业课程在整个教师教育课程体系中所占比例明显偏低，比例失衡，这严重影响了师范生教师职业素养的发展，不利于提高教师专业化水平。早在1989年，全国各省市对师范毕业生的普遍跟踪调查结果就表明：师范毕业生知识面狭窄，兴趣单调，组织管理能力差，难以胜任班主任工作，不能有效地组织和指导学生的课外活动；不善于口头表达，不善于板书，不会制作教具，不会运用现代化教学手段；专业思想不稳定，不热爱教育工作等。②

就目前关于教师教育课程的大量研究表明，我国高等师范院校的课程设置的确存在一些问题。通过对文献的比较和概括，现将这些问题归纳如下。

1. 人才培养观的偏离

邵守义认为，我国高等师范院校在课程设置上受到三种观念的影响，因而现有的课程设置偏离了培养中学教师的基本目标，造成了偏差和失误。第一，重学术性，轻师范性。一些高等师范院校盲目向综合大学看齐，忘记了自己应具有的特点，除了教育学、心理学、教学法等几门课程外，高等师范院校的课程几乎与综合大学一模一样。第二，重理论性，轻现实性。不少高等师范院校脱离中学实际，表现在抽象的、深奥的理论课过多，而培养实际所需能力的课太少。第三，重传统文化，轻现代科学知识。文科教学，在课程设置上把古代的知识放在重要位置；理科教学，往往局限在传统的知识体系内，现代科技知识进入课程的速度总是很慢。

2. 课程内容呆板，教学形式乏味

我国教师教育课程在教学内容方面陈旧落后，与社会实际脱节，知识转化率低，呈现“旧、窄、杂、空”的状况，一系列不良后果随之产生。改革教师教育课程的同时，应加强课程内容与学生生活以及现代社会和科技发展的联系，关注学生的学习兴趣和经验，因而选择必备的基础知识和基本技能是至关重要的。学校方面，应根据教育改革的发展不断创新教师教育课程内容；师范生本

① 苏真．比较师范教育[M]．北京：北京师范大学出版社，1991：384.

② 薛天祥，唐安国，等．论高师课程体系的重新构建[J]．教育研究，1989，(9).

身，应在基础知识、应用知识及当今世界前沿知识的基础上，主动学习新知识，善于转化知识，不断提高自身素质。当前我国教师教育教学，讲授的形式已经很落后，很难引起学生的兴趣、激发学习的热情，对师范生综合能力的提升产生了阻碍。因此可借鉴国外教学形式，采取以讲授法为主，多种教学方法相结合(小组讨论法、教育实验法、研究学习法、教育实践法等)，全面锻炼师范生解决问题能力、科研能力、合作学习能力的方法，促进高素质师范生的培养。这会对我国的教师教育改革产生深远影响。

3. 课程结构比例失衡，实践机会较少

这种失衡性主要表现在：学科专业课程比例过大，而教育专业课程比例偏低。学科专业课程是根据师范生将来所从事的教学方向所开设的，它对应于一般在中小学开设的学科课程。为加深其专业性，西方发达国家一般把培养师范生学科专业的课程安排到综合大学里面，以保证学科专业的教学质量。为了培养掌握或精通将来任教学科的知识，并且通晓教育学科各方面知识的执教教师，教师教育课程的设置应该是在学科课程与教育课程之间寻求到一种平衡。与国外相比，我国学科专业课程以65％～75％的比例独占鳌头，且分化过细、门类过多，过分注重学科的纵深发展，忽视了学科间的综合，影响了高素质师资的培养。

这种失衡状态下的课程方案导致“学术性”课程偏重，“师范性”课程不足的问题在我国逐渐凸显。

教师的教育教学能力来源于实践。通过教育实践，教师的学科知识和教育知识内化生成为教师的教育教学能力。所以，教育实践对于教师教育十分重要。相比较而言，发达国家有较长的教育实践时间，且实习方式多样化，分散见习与集中实习相结合，并要求学生在见习时针对问题从理论上找到解决办法。就教师职前教育来说，英国一般用15周时间在中小学的实际教学环境中进行观摩和实习教学，美国为半年，法国为27周，德国则多达72周(共18个月)。而我国高师本科师范生教育实习的时间一般为6周，扣除实习开始后一周的准备时间及结束前一周的总结时间，实际上实习时间仅为4周，占4年总学时的4％。

由此可以看出，我国教育实践课程单薄，实践机会较少，仅限于毕业前夕为期较短的教育见习和实习，这种实习只是教师角色的一种初步体验，与发达国家相比，对形成学生真正的教育教学能力只是杯水车薪。我们应借鉴发达国家的经验，将设计多样的教育实践课程贯穿于从入学到毕业的全程，保证教师教育的质量。

第三节 地理科学专业免费师范生课程相关性研究——以北京师范大学为例

自我国 2007 年免费师范生政策①实行以来，在国家和 6 所试点高校的大力推动下，超过 5 万名免费师范生在毕业后走向了一线教学岗位。我们通过走访调查发现，目前免费师范生普遍存在的问题是课程意识薄弱，有相当一部分免费师范生对自己所学课程不理解，认为一些课程设置得毫无意义，对他们今后走向教师岗位帮助甚少。正因为存在这样的现象，关于免费师范生课程设置和教师能力培养的研究也如雨后春笋，层出不穷，但是大多以原理和理论为出发点。

学科教学旨在传授学科知识，提高学生的身心发展能力，其中最突出的一点是培养学生的学科能力。学科能力是学科教学教育与学生智力发展有机结合的产物。学科教学内容并不随学科的分化而完全分化，而是在教学目标、学生身心发展特点和社会发展需要的制约下，通过知识结构、逻辑体系和能力需求来展开。各个学科的学科能力既有其自身的独特性，又有基于学生思维、认知和智力发展基础的相似性，因此学科能力的相通性是学科相关的一个表现方面。

基于以上学科能力与学科教学目的的理论关系，本节从免费师范生的成绩出发，来研究各个学科之间的相关性，明确各课程的学科能力，证明其对免费师范生未来教师能力培养的重要性，从而进一步证明这是一个认识误区，以纠正免费师范生的目前观念认知。

一、国内外研究现状

1. 学科成绩

在学科成绩的研究上，目前国外的研究范围主要集中在以低年级成绩预测高年级成绩、不同影响因素对学科成绩的影响、以及基础课程与专业课程的相关性方面。国外方面，Hamidreza Mahboobi 等(2010)②研究了医学基础课和

① 教育部直属师范大学师范生免费教育实施办法(试行)[EB/OL].[2009-5-30]http://www.gov.cn/zwgk/2007-05/14/content_614039.htm.

② Hamidreza M, Ebrahim K, Nazanin S, et al. Correlation between Grades in the Medical Basic Science Course and Scores on the Comprehensive Basic Sciences Exam in Iran[J]. Electronic Physician, 2010, 94(1): 127－133.

综合基础课之间的相关性，而 Pinckard R. Neal 等(2012)[①]通过研究发现简答题和公式得分会提高牙科学生的学业成绩。

国内研究主要在不同学科成绩的相关性和不同要素与学科成绩的相关性上。研究方法大多以不同学科为变量，采用相关系数矩阵分析、方差分析、独立样本检验等。陈晓云等(2007)[②]通过分析 959 名学生成绩指出高等护理自学考试考生的基础学科成绩与专业学科成绩之间存在显著相关。张黎等采用相关系数矩阵的研究方法研究了大学生各学科成绩相关性，他认为对于某些相关性高的课程，教师应该突出学科间的关联性，加强系统性教学。

2. 关于免费师范生课程的研究

课程研究在国内活跃了多年，随着免费师范生政策的颁布，也使针对免费师范生课程的研究渐渐兴起。免费师范生课程研究主要采用调查问卷、访谈等方法，对免费师范生各学科课程设置、课程体系等课程现状进行研究。

徐宝芳等(2003)[③]调查了高师院校地理教育学类课程的开设、地理教育学类课程教材建设以及地理教育学课程体系建设情况。张晶香等(2010)[④]探究了北京师范大学免费师范生地理科学专业课程设置的学科意义、结构体系及其体现的特点。杨光富等(2010)[⑤]运用问卷调查与文献分析相结合的方法，对华东师范大学教育研究与拓展课程的调查与分析，探究了免费师范生教师教育类课程设置的问题与对策。蔡小蔓等(2012)[⑥]从免费师范生职前化学实验教学能力培养出发，提出以提高从教技能为目标的实验一教学相结合的三阶段实验教学模式，并对这种教学模式的实施给出了建议。

在中学地理教师能力培养研究方面，有很多研究立足于课程意识和教师技

① Pinckard R N, McMahan C A, Prihoda T J, et al. Short-answer Questions and Formula Scoring Separately Enhance Dental Student Academic Performance [J]. Journal of Dental Education, 2012, 76(5): 620－634.

② 陈晓云，等．高等护理自学考试基础学科成绩与专业学科成绩关系的典型相关分析[J]. 数理医药学杂志，2007，(5).

③ 徐宝芳，张卫青．高师院校地理教育学类课程体系构建研究[J]. 内蒙古师范大学学报(教育科学版)，2003，(6).

④ 张晶香，杨胜天，朗杨．北京师范大学免费教育师范生地理科学专业课程设置研究[J]. 中国科教创新导刊，2010，(28).

⑤ 杨光富，孔小波．免费师范生教师教育类课程设置的问题与对策——基于华东师范大学教育研究与拓展课程的调查与分析[J]. 当代教师教育，2010，(3).

⑥ 蔡小蔓，张文华．中学化学实验研究课程的实验一教学相结合三阶段教学模式初探——基于免费师范生化学实验教学能力现状调查[J]. 大学化学，2012，(3).

能培养。王萍①论述了师范生课程意识的培养，指出随着新一轮基础教育的不断深入，具有科学的课程意识成为对新型教师的基本要求，也是教师专业成长的重要标志之一。

在中学地理教师能力培养研究中，课程占有重要地位。

二、研究方法

(一)研究方法

1. 利用SPSS软件对学科成绩进行相关性分析，使用Pearson简单相关系数进行计量，通过分析学科间显著性差异和相关系数矩阵等分析学科间相关性。

2. 对2014届免费师范生进行问卷调查和访谈，补充印证学科相关性问题，并在此基础上，选取重点案例进行研究。

(二)数据来源及处理

本次研究中学科成绩数据来自于北京师范大学地理学与遥感科学学院2011—2013届146位免费师范生(其中男生52人，女生94人)大学四年各学期的所有专业必修、专业选修和公共必修课程的期末成绩(北京师范大学地理学与遥感科学学院教务处)。

基于学院学生课程培养方案中的3大类课程(通识教育课程、专业教育课程、教师教育课程)以及研究需要，我们将所有课程划分为普适性基础课程、理科类基础课程、自然地理课程Ⅰ、自然地理课程Ⅱ、人文地理课程Ⅰ、人文地理课程Ⅱ、人文地理课程Ⅲ、地理信息类课程、学科技术类课程、区域地理课程、教师教育课程Ⅰ、教师教育课程Ⅱ，共12大类，取每一大类所有课程平均分为该类最终成绩(表7-2)。

表7-2 课程类别划分

课程类别	具体课程
普适性基础课程	计算机应用基础、大学美育、形体与健美、体育文化、军事理论、C++、思修、大学英语、中国近代史纲要、马克思主义基础原理、毛概1、毛概2
理科类基础课程	大学数学、基础物理1、基础物理2
自然地理课程Ⅰ	地质学与地貌学、气象学与气候学、地质学与地貌学实习、气象学与气候学实习

① 王萍．论师范生课程意识的培养[J]．教育探索，2006，(10)：26—27.

续表

课程类别	具体课程
自然地理课程Ⅱ	植物地理学、土壤地理学、植物土壤地理学实习、自然地理实验2
人文地理课程Ⅰ	人文地理学、人文地理野外实习
人文地理课程Ⅱ	经济地理学、区域分析与规划
人文地理课程Ⅲ	城市地理学、人口地理学、交通地理
地理信息类课程	遥感概论、地理信息系统、地表水热平衡
区域地理课程	世界地理、中国地理
学科技术类课程	测量与地图
教师教育课程Ⅰ	教育学、教育心理学
教师教育课程Ⅱ	地理学教学论、教学技能实训、教育见习、地理教材分析

除此之外，我们还对已参加过教育实习的2014届免费师范生进行了访谈和问卷调查，一共收到了有效问卷44份，有效访谈记录10份。

三、分析

(一)基于学科成绩的学科间相关性分析

由于各类学科间的显著性检验Sig.值(略)都小于显著性水平$\alpha(\alpha=0.01)$，因此各类学科成绩间存在显著性差异。为便于比较，我们划定相关系数$r>0.7$时，学科间表现出高度相关；相关系数$0.6<r<0.7$时，学科间表现出较强相关；相关系数$0.5<r<0.6$时，学科间表现出中度相关；相关系数$r<0.5$时，学科间表现出弱相关。

1. 基础课程与其他各类课程间的相关性

表7-3 2011—2013届免费师范生基础课程与其他各类课程间的成绩相关性系数

	自然地理Ⅰ	自然地理Ⅱ	人文地理Ⅰ	人文地理Ⅱ	人文地理Ⅲ	地理信息类	学科技术类	区域地理	教师教育Ⅰ	教师教育Ⅱ
普适性基础	0.676	0.709	0.392	0.583	0.695	0.649	0.516	0.648	0.630	0.539
理科类基础	0.663	0.615	0.437	0.459	0.563	0.698	0.633	0.450	0.607	0.384

如表7-3所示，除人文地理课程Ⅰ外，普适性基础课程与其他各类课程的相关性均能达到中度以上相关，其中与自然地理课程Ⅱ、人文地理课程Ⅲ、自然地理课程Ⅰ的相关性均达到0.65以上。这说明，普适性基础课程学习的好坏可以从侧面反映出学生专业课程学习的好坏，它们具有某些共同的学习效果，同时普适性课程的学习也可以为今后学生的学习打下基础。

理科类基础课程与地理信息类课程、自然地理课程Ⅰ、学科技术类课程、自然地理课程Ⅱ、教师教育课程Ⅰ保持了较高相关性，均在0.6以上，而与人文地理类课程的相关性弱于其他两大类课程。这些相关性高的课程基本属于理科类课程，它们都要求具有一定的抽象思维和逻辑分析的能力，因此在成绩上体现出较高相关。同时也说明，理科类基础课确实对学生学习自然地理和地理信息技术有很大帮助。

2. 地理专业课间的相关性

表 7-4　2011—2013 届免费师范生地理专业课间的成绩相关性系数

	自然地理Ⅰ	自然地理Ⅱ	人文地理Ⅰ	人文地理Ⅱ	人文地理Ⅲ	地理信息类	学科技术类	区域地理
自然地理Ⅰ	1	0.757	0.543	0.566	0.607	0.711	0.667	0.613
自然地理Ⅱ	0.757	1	0.475	0.573	0.685	0.743	0.617	0.582
人文地理Ⅰ	0.543	0.475	1	0.531	0.445	0.420	0.606	0.571
人文地理Ⅱ	0.566	0.573	0.531	1	0.600	0.485	0.491	0.560
人文地理Ⅲ	0.607	0.685	0.445	0.600	1	0.680	0.553	0.614
地理信息类	0.711	0.743	0.420	0.485	0.680	1	0.615	0.487
学科技术类	0.667	0.617	0.606	0.491	0.553	0.615	1	0.595
区域地理	0.613	0.582	0.571	0.560	0.614	0.487	0.595	1

如表7-4所示，两类自然地理课程相关系数高达0.757，表现出高度相关。除与人文地理课程Ⅰ相关性略低外，与其他专业课程相关性均达0.55以上，自然地理程Ⅱ与各类的相关性稍低于自然地理课程Ⅰ。

在人文地理学内部，人文地理课程Ⅱ与人文地理课程Ⅲ保持了较强相关，其原因主要为，人文地理课程Ⅲ(包括城市地理学、人口地理学、交通地理学)是对人文地理课程Ⅱ(包括经济地理学、区域分析与规划)的细化研究，课程本身联系较大。而人文地理课程Ⅰ与另两门人文课程相关性较弱。

值得注意的是，地理信息类课程与自然地理课程Ⅰ、自然地理课程Ⅱ高度相关，相关系数0.7以上，与人文地理课程Ⅲ较强相关，相关系数达到0.68。地理信息系统类课程偏向对地理知识的技术应用，因此与自然地理课程相关性极高，而人文地理课程Ⅲ的学习过程需借助地理信息类课程学习的技术方法，如专题图绘制等，因此也表现出较高相关。

学科技术类课程仅包括测量与地图，其与大多课程的相关性均能达到中度以上。地图作为地理学科最基本也是最有特色的一种表达语言，贯穿在每一类地理学科的学习中。地图能力对学生学习和进一步认识地理有着很大的帮助。

区域地理作为综合性学科，着重培养学生的地理思维，如看待问题的综合性、差异性等。在相关性问题上，它与人文地理课程Ⅲ、自然地理课程Ⅰ、学科技术应用相关性最高，与其他课程也能达到中度相关。

总体来看，自然地理学与其他各类专业课程的相关性水平高于其他学科，可见自然地理作为先修课，是其他各类课程的基础，其学习效果的好坏对后续其他专业课程的学习会产生一定影响。人文地理课程Ⅰ主要涉及社会文化方面，这类课程学习的好坏并不完全取决于课堂学习，课堂外的积累也相当重要，因此在相关性数据上，也表现出很大差异。

3. 教师教育课程与其他地理专业课程间的相关性

表 7-5　2011—2013 届免费师范生教师教育课程与其他地理专业课程间的成绩相关性系数

	自然地理Ⅰ	自然地理Ⅱ	人文地理Ⅰ	人文地理Ⅱ	人文地理Ⅲ	地理信息类	学科技术类	区域地理	教师教育Ⅰ	教师教育Ⅱ
教师教育Ⅰ	0.689	0.687	0.607	0.503	0.603	0.688	0.680	0.587	1	0.560
教师教育Ⅱ	0.587	0.513	0.596	0.522	0.555	0.437	0.471	0.595	0.560	1

教师教育课程Ⅰ包括教育学和教育心理学，属于学校平台文科性质的课程，除与人文地理课程Ⅱ，与大多数课程的相关性均较强(表 7-5)。

教师教育课程Ⅱ包括学院开设的地理教学论、教学技能实训等，是理论与实践的结合。与人文地理课程Ⅰ、区域地理课程以及自然地理课程Ⅰ的相关性达到 0.58 以上，与自然、人文地理其他课程也均能达到中度相关，说明地理专业综合素养对学生的地理教师知识体系的建设有着很大的帮助。而地理信息类课程、学科技术应用课程目前在这方面应用较少，相关性较弱。

教师教育Ⅰ与教师教育Ⅱ相关系数为 0.56，保持中度相关，说明理论课程的学习对学生地理教学实践有一定促进作用，但这种作用弱于地理专业课程。

(二)基于调查问卷的数据统计分析

为印证和补充 SPSS 成绩相关性结果，我们有针对性地对 2014 届参加过教育实习的免费师范生进行了问卷调查(附录一)。各项调查结果与 SPSS 成绩相关性结果较为吻合，对此我们挑出以下几点进行分析。

1. 自然地理类课程与其他专业课程的相关性

从自然地理类课程对人文地理课程学习帮助大小的问卷调查结果(图 7-1)来看，39%的师范生认为自然地理的学习对人文地理课程的学习帮助较大，另有 36%的师范生认为帮助程度中等，一定程度上印证了 SPSS 成绩相关性数据。

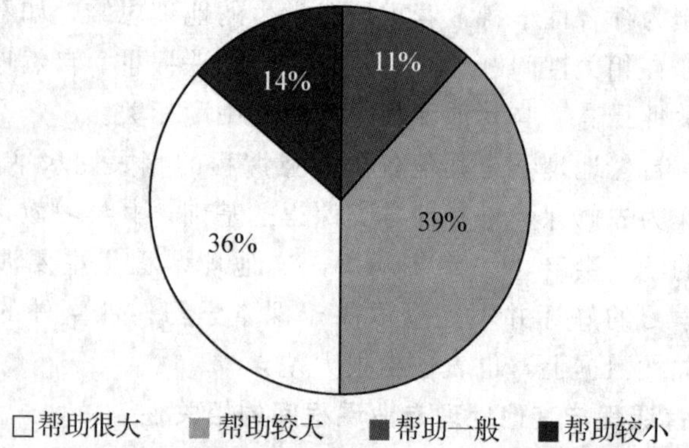

图 7-1 自然地理类课程对人文地理课程学习的帮助大小

关于自然地理课程对地理信息类课程学习帮助的大小，调查显示 41%的师范生认为帮助较大，另有 32%的师范生认为帮助程度中等(图 7-2)，同样很好地印证了二者成绩的相关性。

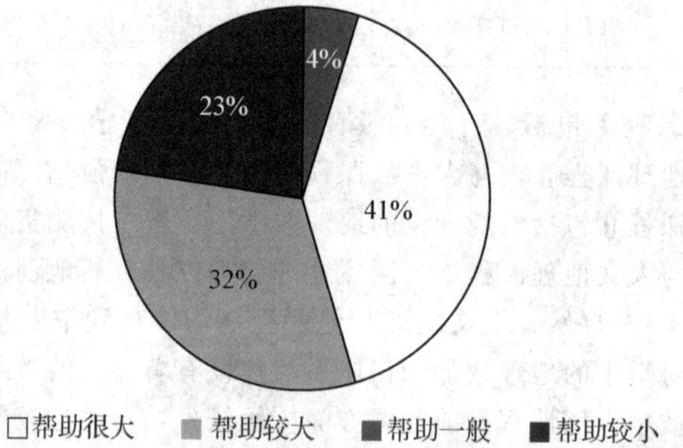

图 7-2 自然地理类课程对地理信息类课程学习帮助的大小

2. 其他课程间的相关性

表 7-6 关联最大的 5 门课程

课程	与之关联较大的前 5 门课程
区域地理课程	地质学与地貌学、气象学与气候学、经济地理学、人口地理学、城市地理学
地理信息系统	遥感概论、区域分析与规划、世界地理、中国地理、经济地理学
教师教育课程Ⅱ	中国地理、世界地理、气象学与气候学、经济地理学、文化地理学
教育实习	中国地理、教学技能实训、教育见习、地理教材分析、世界地理
地理教师	中国地理、世界地理、教学技能实训、地理教材分析、气象学与气候学

关于区域地理课程与其他课程的相关性，师范生普遍认为区域地理课程和地质学与地貌学等5门课程相关性最大。这5门课程分别属于自然地理课程Ⅰ、人文地理课程Ⅱ、人文地理课程Ⅲ(表7-6)。

关于地理信息系统对其他课程的帮助，问卷显示，师范生认为该课程对遥感概论、区域分析与规划、世界地理、中国地理、经济地理学的学习帮助较大。

对于与教育类课程以及教学实践关联最大的课程，我们统计了选择最多的5门课程，发现中国地理、世界地理出现的频次最多，说明师范生群体对该门课程较为重视。其次，师范生认为地理专业课气象学与气候学的学习与教师教育课程Ⅱ以及做一名地理老师关联性也较大。教师教育课程Ⅱ中的教学技能实训、地理教材分析与教育实习以及成为一名地理教师的关联度也较大。

四、结论与建议

(一)结论

师范教育有其特定的培养目标和教育对象，因而其课程必然要反映师范性特点。本研究使用相关性分析和问卷访谈结合的研究方法，从定性和定量两个角度研究师范学生学习活动的总体规划及其进程，得出以下结论。

第一，从学习成绩入手，定量地证明了学科之间的相关性。SPSS显示绝大部分有效学科间均能达到一般及以上相关性。表现突出的有：自然地理课程作为先修课程，与其他专业课程的相关性明显强于其他学科；教师教育理论能与大多数课程达到较强相关；教师教育实践课程与人文地理Ⅰ、区域地理课程以及自然地理课程保持较强相关；理科基础课程与要求抽象思维和逻辑分析的能力的课程在成绩上体现出较高相关。

第二，师范生对于各学科相关性的认知基本与数据分析吻合，但学生在学习中，并没有给予相关性高的科目同等的重视程度。70%以上的师范生认为自然地理与其他课程存在中等以上的相关性。对于区域地理、地理信息系统、教师教育等课程，师范生选出的与其相关性较好的课程与数据分析结果基本一致。

第三，师范生认为对教师培养最有帮助的课程有：中国地理、世界地理、教学技能实训、地理教材分析、气象学与气候学。在学习这几门课程时，师范生表现得更为认真和专注。区域地理课程与中学地理知识联系紧密，且良好地锻炼了师范生的逻辑思维和口头表达能力；教学技能实训、地理教材分析让师范生丰富了中学课堂教学的初步经验；气象学与气候学能够帮助师范生深层次地学习中学大气运动部分的重难点知识。

第四，在学习与中国地理、世界地理、教学技能实训、地理教材分析、气象学与气候学这几门课程相关性较高的其他理科性基础课、人文地理、地理信息系统等课程时，师范生并没有给予同等的认真程度。问卷调查和访谈中，只有少部分人认为这些课程对于教师培养是有用的。

(二)建议

第一，任课教师在教学中强调学科相关性，强化未来教师培养的目的性。理科性基础课程、GIS课程、教育学课程、教育心理学课程等与其他课程相关性高，但师范生的重视度不够。对于这些课程，高等教育任课教师在制定教学目标时，可以有针对性地强调学科与其他学科的相关性，指出本课程对于教师培养的帮助，引起师范生的重视。

第二，师范生在学习中厘清直接联系中学的课程，进行学科知识融合的练习。经历过教育实习的师范生认为区域地理课程、自然地理课程、地理教学课程等是与教师能力培养最相关的课程。师范生在学习这些课程时，不仅要专注于课程本身，还要有意识地进行与之相关性较高的人文地理课程、地图学课程、GIS课程、理科基础课程等的融合练习。

第三，注重课程规划，打好先修课程的基础。在大一、大二的理科类基础课程、自然地理课程中，教师可以在上课时引导学生认识这些基础课程与其他课程的联系，激发学生学习的动力。

第四节　地理教师教育的改革探索——以北京师范大学地理学与遥感科学学院为例

基于已有的研究，北京师范大学地理学与遥感科学学院在2015年对师范生的教学计划进行了新的修订，要求地理师范生“掌握现代地理科学和教育科学基本理论与基本知识、具备扎实的地理学实践与实验技能、了解地理学研究最新进展和地理教育最新研究成果、能够运用现代教育技术开展地理教学、热爱教学事业”。地理师范生的主干学科为地理学和教育学，其中不仅包括理论课程，还有实践性课程。实践性课程包括地理专业方向实践课程、教师教育实践教学课程以及教育见习和教育实习。如表7-7所示，师范生毕业需要修满155个学分，其中通识教育课程需要修读69个学分，专业教育课程需达到86个学分。专业教育课程含学科基础课程36个学分，专业方向课程13个学分，教师职业素养课程(教师教育基础、教师教育提升、教育实习)32个学分，实践与创新 5 个学分。其中除专业方向课程、教师教育提升课程外，其余均为必修课程。师范生需要修读的教育方向的课程加上教育实习共 32 个学分，占总学分的 20％。从该学院师范生的教师教育课程调整来看，比例由 9.75％提升到 19.2％(2007－2014 年)，又进一步提升到 20％。具体的教学计划如表 7-8 所示，包括课程的学分要求、开课学期、学时及考核方式等内容。

表 7-7　课程结构及学分要求

<table>
<tr><th>课程类别</th><th>课程模块</th><th colspan="2">要求及学分</th></tr>
<tr><td rowspan="7">通识教育课程</td><td>家国情怀与价值理想</td><td colspan="2">必修 22 学分：思想政治理论课 14 学分、教师职业信念与养成教育 2 学分、体育 4 学分、军事理论 2 学分</td></tr>
<tr><td>国际视野与文明对话</td><td colspan="2">必修 10 学分：大学外语 10 学分必修；修读 1 门全英文教学专业课程可免修大学外语 2 学分，最多免修 2 学分</td></tr>
<tr><td>经典研读与文化传承</td><td colspan="2">至少修读 6 学分</td></tr>
<tr><td>数理基础与科学素养</td><td colspan="2">必修 27 学分：
数学：必修《微积分》《概率论与数理统计》，共 9 学分
物理：必修《基础物理 C》，共 4 学分
化学：必修《普通化学》，共 3 学分
生物、天文、地理类：必修《天文学概论》2 学分，任意选修其他 4 学分；共 6 学分
大学计算机：必修《信息处理基础》《程序设计基础 C＋＋》,共 5 学分</td></tr>
<tr><td>艺术鉴赏与审美体验</td><td colspan="2">至少修读 2 学分</td></tr>
<tr><td>社会发展与公民责任</td><td colspan="2">至少修读 2 学分</td></tr>
<tr><td>小计</td><td colspan="2">69 学分</td></tr>
<tr><td rowspan="8">专业教育课程</td><td>学科基础课程</td><td colspan="2">必修 36 学分</td></tr>
<tr><td>专业选修课程</td><td colspan="2">至少选修 13 学分</td></tr>
<tr><td rowspan="3">教师职业素养课程</td><td>教师教育基础</td><td>必修 13 学分</td></tr>
<tr><td>教师教育提升</td><td>选修 9 学分</td></tr>
<tr><td>教育实习</td><td>必修 10 学分</td></tr>
<tr><td rowspan="2">实践与创新</td><td>毕业论文</td><td>必修 4 学分</td></tr>
<tr><td>社会实践与志愿服务/科研训练与创新创业</td><td>必修 1 学分</td></tr>
<tr><td>小计</td><td colspan="2">86 学分</td></tr>
<tr><td colspan="2">总计</td><td colspan="2">155 学分</td></tr>
</table>

表 7-8　教学计划表

课程类别		课程编号	课程名称	学分	开课学期和周学时									总学时		成绩考核	
					第一学年		第二学年		第三学年		第四学年		小学期	讲课	实践	考查	考试
					一	二	三	四	五	六	七	八					
通识教育课程	家国情怀与价值理想		思想道德修养与法律基础	3		2								32	16		√
			中国近代史纲要	2	2									32			√
			马克思主义基本原理	3			2							32	16		√
			毛泽东思想和中国特色社会主义理论体系概论	3				2						32	16		√
				3					2					32	16		
			教师职业信念与养成教育	2	√	√	√	√	√	√	√	√	√	128		√	
			形体健美	1	√	√	√	√	√	√				32			√
			三自教学	3	√	√	√	√	√	√				96			√
			军事理论	2		2								32			√
	国际视野与文明对话		大学英语Ⅰ综合阅读	2	2									32			√
			大学英语Ⅰ听力(选修)	2	2									32			√
			大学英语Ⅰ听说	2		2								32			√
			大学英语Ⅰ实用英语表达	2			2							32			√
			大学英语Ⅰ学术英语读写	2				2						32			√
			大学英语Ⅰ综合学术提高(选修)	2			√	√	√					32			√
			大学英语Ⅰ(人文通识课程群)(选修)	2					2					32			√
	经典研读与文化传承		该模块课程	6			√	√	√	√	√	√	√				
	数理基础与科学素养		微积分	6	6									96			√
			概率论与数理统计	3			3							48			√

续表

课程类别		课程编号	课程名称	学分	开课学期和周学时 第一学年 一	第一学年 二	第二学年 三	第二学年 四	第三学年 五	第三学年 六	第四学年 七	第四学年 八	小学期	总学时 讲课	总学时 实践	成绩考核 考查	成绩考核 考试
通识教育课程	数理基础与科学素养		基础物理C	4			4							64			√
			普通化学	3	3									48			√
			天文学概论	2	2									32			√
			信息处理基础	2	2+2									32	32		√
			程序设计基础(C++)	3		2+2								32	32		√
			生物类、天文类、地理类任意课程	4	√	√	√	√	√	√	√	√	√				
	艺术创作与审美体验		该模块课程	2			√	√	√	√	√	√					
	社会发展与公民责任		该模块课程	2			√	√	√	√	√	√					
专业教育课程	学科基础课		地图学	3			2+2							32	32		√
			地质学与地貌学	3				3						48			√
			气象学与气候学	3				3						48			√
			植物地理学	3					3					48			√
			土壤地理学	3					3					48			√
			人文地理学	3				3						48			√
			经济地理学	3				3						48			√
			地理信息系统	3				2+2						32	32		√
			遥感概论	3				2+2						32	32		√
			中国地理	3					3					48			√
			世界地理	3					3					48			√
			地理统计分析	3						3				48			√
	专业方向课		气象与气候实习	1									1			√	
			植物土壤野外实习	2									2			√	
			人文地理综合实习	2									2		10天	√	

续表

课程类别			课程编号	课程名称	学分	开课学期和周学时									总学时		成绩考核	
						第一学年		第二学年		第三学年		第四学年		小学期	讲课	实践	考查	考试
						一	二	三	四	五	六	七	八					
专业教育课程	专业方向课			水文地理学	3					3					48			√
				环境学	3					3					48			√
				地理学思想史	2						√		√		32			√
				自然灾害与减灾	2						2				32			√
				乡土地理	2						2				32			√
				人口地理学	2				2						32			√
				政治地理学	2					2					32			√
				区域分析与规划	2				2						32			√
				城市地理学	2					2					32			√
				遥感地学分析	3						3				48			√
				地表水热平衡	3					3					48			√
	教师职业素养课程	教师教育基础		教育心理学	2				2						32			√
				教育学	2					2					32			√
				现代教育技术基础	2					1+2					16	32		√
				地理学教学论	3						3				48			√
				教学技能实训	1						√					32	√	
				地理教材分析与教学设计	2						2				32			√
				教育见习	1						√					32	√	
		教师教育提升		地理多媒体教学	3							2+2			32	32		√
				地理网络课程设计	2						2				32			√
				地理教育心理学	2					2					32			√
				环境与遗产解说	2						2				32			√
		教育实习		教育实习	10							√				320	√	
	实践与创新			毕业论文	4								√				√	
				社会实践与志愿服务/科研训练与创新创业	1			√	√	√	√	√	√				√	

第八章　国内现有教育实习模式综述

第一节　教育实习模式

“模式”在韩明安主编的《新语词大词典》中被定义为：“理论的一种简化形式。即对现实事件的内在机制和事件之间关系的直观、简洁的描述；能够向人们表明事物结构或过程的主要组成部分及其相互关系。”[①]因此，“教育实习模式”实质就是指在长期的实践过程中，教育实习的组织、实施、管理、评价等行为按照一定的固有规律组合到一起，形成一套可供模仿和参考的特定范式。

谢培松在《教育实习模式：类型、涵义与评价》一文中将教育实习模式归纳如下：“按照教育实习时间划分为集中教育实习和分段教育实习；按照教育实习地点划分为定点教育实习和分散教育实习；按照实习学科的数量划分为单科教育实习和多科教育实习；按照实习管理方式的不同划分为委托管理教育实习和自主管理教育实习；按照实习编队方式划分为单一编队教育实习和综合编队教育实习；按照实习真实程度划分为模拟教育实习和现场教育实习。”[②]

学科组合中的单科集中组队的教育实习模式，是目前高校使用较多的一种。该模式按实习生的专业或班级分为若干实习小组，由专业指导教师带队，相对集中在一个或几个实习基地学校进行教育实习。如北京师范大学地理学与遥感科学学院的教育实习即采取这种方式。这种模式有利于师范院校选派指导教师，充分发挥指导教师的作用，便于指导教师随时针对具体问题加以指导，使教育实习规范化，保证实习质量。但由于实习生来自同一专业，因此实习基地学校接纳实习生的数量有限，不能满足需求。由于各专业、各实习小组均需派指导教师，加重了师范院校人力、财力负担。

---

① 韩明安．新语词大词典[M]．哈尔滨：黑龙江人民出版社，1991：329.

② 谢培松．教育实习模式：类型、涵义与评价[J]．湖南第一师范学报，2005，(3).

此外，混合编队的教育实习模式也是较为常见的一种。该模式将各专业实习生按实习学校的需要进行合理搭配，多个专业的学生混合编排组队，派一名教师带队进行教育实习。如北京师范大学“4＋2”教育学硕士教育实习即采用了这种方式。该模式的优点在于实习基地学校接纳的实习生数量多，减轻了实习学校指导教师指导实习生人数过多的负担，对实习学校教学冲击少，易于接受学习。但是师范院校在选派带队指导教师时难度较大，缺少高校教师指导；而且由于专业不同，实习学生之间学习交流的机会减少；此外考核难度也比较大。

按实习地点安排的不同，我们将其分为集中定点实习、分散回乡实习和自主实习。集中定点是指按实习生的专业或班级分为若干实习小组，由专业指导教师带队，相对集中在若干个实习学校进行教育实习。单科集中组队和混合编队都属于集中定点实习。而分散回乡则是考虑到实习生(毕业生)与实习学校(用人单位)间的“双向选择”，让用人单位实地了解考查实习生的教育教学能力和组织管理能力，同时也有助于实习生了解实习学校的教育思想与教学条件。因此，实习生独立工作的锻炼机会较多。教学上有可能涉及各种类型、各个年级的课程，实习班主任的工作内容丰富、工作量大，有利于实习生独立工作能力的培养、锻炼和提高。但是不便于师范院校的统一管理和实习指导。此外，为了激发实习生的主动性、积极性和创造性，同时减轻师范院校的人力、财力负担，一些院校还提倡自主实习，即由学生自己联系确定实习学校，学校同意接受，实习生单独进行实习的模式。如北京师范大学和华东师范大学都接受这样的实习方式。但要注意的是可能出现弄虚作假的情况，影响教育实习的质量，影响师范院校的声誉。

此外按主体性发展的需求，可以分为以实习学校为主体的模式、以高师院校为主体的模式，以及以师范生为主体的模式等。

近年来，国内对于教育实习的新模式也在进行积极的探索和总结。如“定岗顶岗支教实习”模式，即师范生在师范院校的组织和教师的指导下，依据教学大纲和教学计划，在实习学校，主要通过顶岗任课的方式来完成实习任务的教育教学实践活动。①

这里的实习学校一般是指边远地区师资力量相对薄弱的农村学校，被定岗顶岗下来的基层学校老师则到当地的教师进修学校参加培训，从而提高教学水

① 高月春．高等师范院校教育实习改革理论与实践研究——以河北师范大学“顶岗实习”为例[D]. 河北师范大学，2008.

平。此外，还有“委托实习”模式①、“QFD 教育实习”模式②、“以‘校外导师制’为主的教育实习”模式③、“‘三段四模块’教育实习”模式④等。这些模式极大丰富了教育实习模式研究的内容，不过有学者认为有些模式勾勒的轮廓较粗较大，缺少更微观、更细致的流程设计。⑤

第二节 教育实习实施的现状及存在的问题

教育实习作为培养合格基础教育师资的重要组成部分，无论是在师范教育时期还是教师教育时期，都占有相当重要的地位，现今世界各国教师培养机构都将教育实习作为一门实践性、综合性的课程来认识，对教学实践重新发现并予以高度重视，是当代教师教育改革的一个重要走向。

高师教育实习一般包括如下内容：教育实习前的见习，校内模拟实习，课堂教学实习，以及班主任工作实习，学校行政管理实习和课外、校外教育实习等。其中，课堂教学实习是高师教育实习的主要内容。从目前我国高师教育实习现状来看，普遍存在下列问题。

一、高师教育实习时间短、内容形式单一

就目前我国高师本科院校教育理论课程开设的情况来看：教育实习在各校教学计划中一般为 6～8 周，一般安排在第七、八学期。在当前重视教育实习的呼声越来越高，各高师院校普遍增加教育实习任务，延长教育实习时间的形势下，本科教育实习时间一般为 8～10 周，专科为 4～6 周，最多有的高师院校将教育实习时间延长至一个学期。⑥

这远远不能保证教育实习的良好效果。教育实习的内容、形式单一，从我国高师教育实习现状来看，大部分高师院校仅重视课堂教学实习，或以见习、模拟实习代替教育实习，且忽视班主任工作实习、学校行政管理实习和课外、

---

① 尚国营．高师院校实行委托教育实习的模式探索[J]．黑龙江高教研究，2007，(3)．

② 卢建立，杨明波．QFD 教育实习新模式的实践与研究[J]．中国科技信息，2007，(9)．

③ 陈昌奇．以“校外导师制”为主的高职师范生教育实习模式研究[J]．长春教育学院学报，2009，25(1)．

④ 廖红．“三段四模块”教育实习模式探索[J]．中国成人教育，2009，(6)．

⑤ 段作章，程均锴．教师专业化理念下的教育实习模式探索[J]．高校教育管理，2009，3(3)．

⑥ 王文静．关于我国高师教育实习的理性思考[J]．高等师范教育研究，2001，13(5)．

校外的教育实习等；在实习安排上形式单一，以集中实习为主，缺少分散实习。

二、高师院校与中学缺少有效的沟通

目前，我国高等师范院校对教育实习要求较为宽松，缺乏相应、严格的管理、考核、评价机制。一般来讲，各高师院校独揽高师教育实习大权。[①] 高师院校的培养方案、课程设置、教学内容都是高校的单边运作，基础教育教学改革的新动态也不能为高校及时了解，同时实习学校对实习生的指导和管理也存在无目的、不系统、松散化的问题，学校的管理者和学科指导教师都对接受实习生无思想上的准备，无管理、指导工作计划，随意性较大。虽然实习学校从始至终都能与高校保持友好合作关系，但实际指导普遍没有落到实处，实习结束后学生受益不大。

三、高师教育实习基地缺乏

迄今为止，我国高等师范院校所培养的人才是以中小学教师为主。从我国高师教育实习现状来看，大多数高等师范院校缺乏教育实习基地，这一方面是由于高等师范院校观念落后、主动性不强、指导不力、经费紧缺等，另一方面则由于附近实习学校对教育实习的排斥态度，怕接受实习影响正常的教育教学效果，影响学生的升学率等。从而导致高等师范院校联系实习学校难，教育实习主要以“学院为基地(campus-based)”，而不是以“学校现场为基地(school-based 或 field-based)”[②]，与中小学关系疏远，难以与其建立一种“共生的关系，并结为平等的伙伴”[③]，教育理论缺乏生长成熟的土壤，高师学生更难以在真实的教育、教学环境中体验教育教学理论，提高教育、教学水平。

第三节　教育实习对指导教师的要求

教育实习是教师入职的重要组成部分，是实习教师专业成长的关键时期。教育实习效果的取得很大程度上取决于教育实习指导教师的指导质量。师范生在教育实习前的教法指导、技能培训、试讲、赴实习学校实习、实习后的总结

① 胡欣．关于我国高师院校教育实习课程建设的思考[J]．天中学刊，2008，23(5).

② 成有信．十国师范教育和教师[M]．北京：人民教育出版社，1990.

③ 苏智欣．美国师范教育改革中反复争议的问题[J]．外国教育动态，1987，(1).

等环节都离不开实习指导教师的指导和帮助。虽然近年来，我国对于教师专业化和教育实习理论的研究已经达到一定水准，但关于教育实习当中指导教师的标准却凤毛麟角。

在教育实习过程中，涉及的指导教师一般有3位，包括师范学校的小组带队教师(简称带队教师)、实习学校的教学实习指导教师和班主任工作指导教师。有时候教学实习指导教师和班主任工作指导教师由同一人担任。三者在具体的工作当中任务有所差别，但就对实习生的培养、教育、促进这一目标来讲具有共性。

尚继武、刘燕、张广杰把实习指导教师的主要职责归纳为5个方面：(1)教谕职责，指在思想政治、职业道德、职业情感和人格修养等方面通过以身作则、正面教育、反面警示等方式对师范生进行熏陶；(2)管理职责，指检查督促师范生对教育教学常规遵守情况，检查督促师范生各种教育实习材料准备、整理建档等情况，检查督促师范生工作纪律情况和行为规范情况；(3)指导职责，包括指导师范生开展教育教学活动、教育教学研究活动，熟悉中小学教育教学全程。了解中小学科研工作基本情况，初步规划将来的专业发展等；(4)评价职责，对师范生的具体教育教学活动给予评价和反馈，对师范生的教育实习整体水平给予评价和鉴定；(5)促进职责，即受教育行政部门或者高校委托，对聘任高校的教师教育专业建设提出建议或意见。①

概括来讲，指导教师工作职责可以分为思想指导和业务指导两个方面：思想指导解决的是实习生在实习期间的思想情绪波动，如因实习进展顺利而产生骄傲情绪，或因为遇到挫折心情低落等问题；业务指导的内容包括纲领性文件的学习指导，备课、试教、课堂教学评价的指导，班主任工作包括家访的指导，调查研究活动及其文字写作的指导等。

指导教师与实习生之间的关系亦师亦友，“亦师”是因为实习生作为刚刚走上讲台的教师，在教学技能和教学经验方面都很欠缺，需要指导教师答疑解惑；“亦友”是因为可能在不久的将来，现在的实习生也会活跃在教学的舞台上，成为我国庞大的教师队伍中的一员，成为自己的工作伙伴。因此，指导教师要做到两点：一是理解实习生，实习生有特殊的内心感受，他们有强烈的进取心和获得好成绩的强烈愿望，因此要理解他们的这种心理；二是尊重实习生，在指导的过程中树立尊重的观念，不可轻视或辱骂，还要体现尊重的态度，鼓励他们积极面对困难。

① 尚继武，刘燕，张广杰．合力打造教师教育实习新体制[J]．现代教育科学，2007，(2)．

具体来讲，在教育实习过程中指导教师要完成5项主要任务：一是要有针对性地给实习生做好思想、安全、纪律教育，保障实习工作顺利进行；二要妥善解决实习生的工作、生活困难；三要有针对性地做好实习生的心理辅导工作；四要着力培养和锻炼实习生的综合师范技能，包括教育教学能力、教育研究能力、组织管理能力3个方面；五要客观公正地给实习生的教育教学活动做出评价和鉴定，做好实习总结。①

① 薛继旺．谈教育实习中指导教师的职责和任务[J]．当代教育论坛(宏观教育研究)，2008，(11)．

第九章　国内几所高等师范大学地理教育专业实习案例研究

第一节　华东师范大学地理教育专业实习案例研究

一、教师教育专业课程设置及培养方案

地理系在华东师范大学属于资源与环境科学学院的 3 大系(城市与区域经济系、环境科学系、地理系)之一，地理系又细分为 3 个专业方向，分别是基地、师范和 GIS。以 2006 级为例，所有地理系的学生按大类招生进入，到大一下学期进行专业选择，即确定所读专业方向是基地、师范或 GIS。基地是地理科学基地班的意思，进入基地有专业成绩的要求；基地的培养目标是要培养具有较强科研能力和创新能力的地理科学研究与教育工作者。师范，即地理科学师范班，培养目标即为中学地理教师。该专业一般每年有 25～28 人，毕业后一般有 10～12 人会进入中学从事教师职业。

地理科学师范班的学生从大二开始接受较为系统的专业训练，在课程设置上也比较规范。但据了解，每届师范班上的教师教育类课程都不是完全一样的，课程设置变化的基本趋势是数量增加、内容更加细化，并增加了国外地理教育、中学地理双语教学等应地理教育发展要求而设置的课程。所有教师教育专业课程对于师范班的同学而言都是必修课，其中的少数课程是面向地理系其他专业同学的选修课(如教师口语、心理学、教育学等)。

为了详细了解地理科学师范班的教师教育专业课程，本文特对 2006 级师范班五位同学做了访谈，综合其表述将他们所上过的教师教育专业课程及概况归纳如下。

《地理教学技能与教学方法》，开设于大二上学期，2 学分，共计 36 学时。该门课程旨在让学生较全面地认识中学地理课堂的各个环节，从而提高其教学技能。

《地理新课程研究性学习》，开设于大二下学期，2 学分，共计 36 学时。

该门课程介绍了课改的方方面面以及对地理教学的影响，还有研究性学习开展的背景、要求、注意事项等。此外还观看了一些学生研究性学习成果汇报的视频，教师指导研究性学习的视频，然后进行分析。期中作业要求介绍一个熟悉的学校研究性学习的开展情况并进行评价。学生认为："通过这门课的学习，对于如何实施研究性学习有了一个初步的了解，了解了课改的历史和现在的情况，另外还了解了一些新兴的学习理论(如多元智能学习理论，人本主义学习理论等)。"

《国外地理教育》在大三上学期开设，是2学分，36学时的课。该课程介绍了国际地理教育宪章。此外，还通过国外有关中学教育的新闻，让学生了解国外中学的一些现状(当然主要是和中国相比不同的)，然后通过分析现状和理念，达到启示的作用。该课程还介绍了国外地理教学的历史沿革，且以美国的地理教学为主。学生认为，该课程对于教育实习的帮助，主要是在于介绍了一些国外地理教学的理念、方法，拓宽了知识面。

在大三下学期开设了3门课程：《中学地理双语教学》《现代地理教学技术(微格)》《地理课程论》。学生认为在《中学地理双语教学》课堂上"学到了国外的一些教学理念：要以学生为中心，要设定好教学目标"。《现代地理教学技术(微格)》主要提高了自己的讲课技能，在教态、语言、板书等方面都得到了切实的锻炼。《地理课程论》这门课程以教学视频和案例教学为主，通过案例评析和学生在课堂上的讨论，对中学课堂进行较为全面的了解。

在大四上学期还开设了《多媒体地理教学技术》，共计2学分，36课时。该学期安排教育实习。

此外，还有三门课程对师范班的学生是必修，对地理系其他专业方向的学生是选修，分别是大二上学期开设的《教师口语》，大三上学期开设的《心理学》和大三下学期的《教育学》。

因此，地理科学师范班的学生修读的教师教育专业课程一共有10门，贯穿于从大二上学期到大四上学期的教学当中。共计20个学分，占院系要求修读总学分的1/8(总共要求158学分)，比例适中。课程类型丰富，基本涵盖了师范生素养培养的各个方面。

除了课程培养之外，华东师范大学每年11月左右会举办"晨星杯"本科生教学技能比赛，也为师范生提供了一个展示自我的舞台。

每年的赛制大同小异，基本分为初赛—复赛—决赛3个阶段，初赛是每个学院独自进行的，选出3～4名同学参加全校范围内的复赛，复赛的优胜者在中学里上课并评奖。该比赛举行的时候各个学院的教育实习已经结束，大四的学生都已经经过 6 周在中学里的锻炼，所以基本上每个学院初赛后进入复赛的都是大四的同学。

除了校级“晨星杯”教学技能大赛，有的院系也会自己办一些教学技能大赛，大多在一个学年的第二学期。由于安排在实习前，对教育实习有预演的意义。

二、教育实习方案研究

华东师范大学地理系的教育实习方案被称为“教育见习、实习、研习(三习)制度”。教育见习是从 2006 级开始实行的新模式，分别安排在大二下学期和大三的上下两个学期，每次见习为期一周，含一个学分。如 2006 级师范班的学生第一次教育见习安排在 2008 年 5 月 19 日至 5 月 23 日，第二次在 2008 年 9 月22 日至 9 月 26 日，第三次是 2009 年 3 月 30 日至 4 月 3 日。

见习过程一般是，第一天上午由学校在中学聘请的兼职导师或上海市教委地理教研室的工作人员开设 1～2 个讲座，介绍中学地理教育的发展现状、改革情况，或谈自己的教学感想等；下午到一个中学参观，由中学的老师介绍学校或开讲座介绍教研的成果等。第二天到第五天见习的同学到与华东师大签署教育见习协议的中学进行见习，由中学兼职导师安排见习内容。基本上是听课、参加教研会议，有时会帮教师批改作业和试卷。由于见习的目的主要是感受中学的环境，而且见习从大二开始，很多教师教育类课程没有学习，所以基本上没有安排见习学生上课。

见习结束后填写教育见习手册，格式和实习手册差不多，包括中学见习导师填写的评价表，学生的见习日记、听课记录和教育见习总结，见习结束后两周内上交。对学生的考核主要是看兼职导师的评价和见习手册的质量评定成绩等级。

学生认为通过参加教育见习，在对中学课堂有了直接的体验之后，对于怎么安排自己接下来的学习有很明确的目标，这也使得实习之前就能体会到要走上中学讲台需要准备些什么，不至于在实习的时候才发现中学里的实际课堂和自己原本想象的相差很多。因此，学生收获很大。

在完成穿插于 3 个学期的教育见习之后，地理系师范班的学生会在大四上学期完成集中式教育实习。这段时间是实习生集中完成教学实习、班主任工作实习、课外活动实习等的关键阶段，对于提高实习生的教学技能、教育水平，以及作为一名教师必备的素养具有至关重要的作用。

1. 教育实习的组织与管理

以 2006 级为例，地理系成立由多名教师组成的实习指导小组，负责本届实习的全面组织和安排、落实实习中学、制订学习计划、做好实习前的动员工作、在实习中及时检查各实习学校的工作、组织经验交流、实习结束时布置实习小结、实习成绩评定等工作。

各实习中学的行政领导、地理教研组长、原班主任代表及带队教师、实习生队长组成中学的实习领导小组，负责开展指导实习工作。实习生以实习中学为单位成立实习队，设队长、副队长各一人，要求关心本队实习生的思想、业务，以顺利完成实习任务。

教育实习指导工作主要依靠各实习中学的教师具体指导，带队教师协助进行指导工作。原任课教师的指导工作包括：向实习生介绍地理教学经验及所教班级学生的情况；指导实习生备课、写教案及课前试教；审阅实习教案、听课及课后评价；评定实习生教学实习成绩。原班主任的指导工作包括：向实习生介绍班主任的教育工作经验，分析班级情况；指导实习生参加班级工作，指导1～2项实习班主任工作计划；了解、检查、评定实习生实习班主任工作的情况。

2. 教育实习的时间与内容

2006级教育实习，自2009年10月12日起至11月20日止，共6周，各周活动大致安排如下。

第一周(10月12日—10月16日)：见习、备课、试教。

完成的工作包括：(1)了解实习学校、实习班级及学生的基本情况，初步熟悉所教班级的学生；(2)逐步熟悉地理教研组的指导教师，随堂听原任课地理教师的课4～6节；(3)具体安排实习计划，写好第二周上课的教案初稿，并进行试讲；(4)参加所教班级各项活动，接受原班主任的工作计划，订出相应的实习班主任计划。

第二周至第六周(10月19日—11月20日)：上课、听课、实习班主任工作。

教学工作对实习生提出了具体的要求：(1)实习生在实习期间每人上课8～10节，互相听课12～20节，须做好听课笔记；(2)认真备课，划分好课时，写好每堂课的详细教案，教案在课前先交实习中学地理指导教师审阅，经指导教师签字同意后方能上课；(3)实习生在正式上课之前必须进行试讲，听取意见，以求改进；(4)每位实习生的第一堂课要在实习小组内进行评议与分析，先由执教的实习生自评这节课的优、缺点，然后由其他实习生、指导教师评议；(5)在实习的第三周至第五周，各实习中学组织1～2节由实习生执教的公开课，以便相互交流学习、取长补短，提高课堂教学质量；(6)认真批改所教班级学生的作业，有条件的学校要辅导学生积极开展地理课外活动；(7)如有需要，可请实习中学原任课教师上示范课或请他们介绍教学经验、班主任工作经验。

班主任工作要求：(1)熟悉所在班级学生的情况，虚心学习原班主任老师的教育工作方法和经验；(2)积极协助原班主任开展班级工作，当好原班主任的助手；在原班主任的指导、安排下，制订1～2项实习班主任工作计划(如家访，与个别学生谈心，调查分析学生学习情况，组织学生参观、访问，组织主题班会，开展团队活动等)，并做好班主任实习工作记录。

第六周下半周(11月19日—11月20日)：写好实习小结或调查报告，开好告别会。

3. 教育实习的评价

第一，教育实习结束时，每位实习生需递交实习手册，包括每次实习授课教案和书面实习小结等。有条件的实习生可以开展一些调查研究工作，写出调查报告或专题报告(如《当前中学地理教学改革之我见》《如何调动学生学习地理的积极性》《如何开展地理课外活动》《现代教学技术在地理课堂中的运用》《学生德、智、体、美、劳发展情况的分析专题》)。

第二，实习结束后，由实习学校指导教师给每一位实习生评定成绩；根据实习生的教学工作，综合评定教学成绩，分优、良、中、及格、不及格5等。实习班主任工作成绩由原班主任评定，允许只写评语不打分。

第三，要求实习生举办公开课也是对实习生进行考核的一种重要方式。实习生在实习期间一般会安排1～2节公开课，多在实习快结束的时候。上公开课时实习指导小组的教师一般都会去听课、摄像，并参与评课，同时一些在其他学校实习的同学也会参与听课。公开课相当于实习的最后一次展示，也是对实习生进行评价的一个方面。公开课评价包括实习生的自评、实习生之间互评，以及指导教师的评价与总结。

通过这种书面总结、教师评定、实习生公开课的评价方式，可以深入监控实习进程，起到促进实习生发展的作用。

三、2006级本科师范生教育实习调查研究

为了深入了解华东师范大学的师范生在教育实习当中的表现，包括实习前为教育实习所做的准备、实习生自我评价，实习后实习生的收获、对实习过程中自我表现的评价、意见建议等，特针对华东师范大学地理系师范班的实习生设计了问卷调查，并完成问卷分析。相关问卷见附录二、附录三。(与北京师范大学使用问卷相同。)

1. 实习前调查

(1)实习生基本情况

本届参与教育实习的实习生共有24人，此问卷调查对象为其中22人，不包括两名已回新疆自主实习的学生。调查对象中男生3人，女生19人，比例为1∶6.33；13人来自城镇，9人来自农村；党员2人，团员19人，群众1人。其中，表示自愿参加实习的有21人，非自愿的有1人。有10人已经有过学校教学经历，比例达45%。

实习生以1～3人为一小组，分布于上海市区11所中学，如表9-1所示。

表9-1　华东师范大学地理系2006级上海实习学校及人数分布

学校分布	长宁中学	东昌中学	复兴高级中学	格致中学	光明中学	交大附中	青浦高级中学	市西中学	仙霞高级中学	延安中学	上海中学东校
人数	3	2	1	2	2	3	1	2	3	2	1

关于对教师职业的看法(表9-2)，有45.46%的实习生认为教师是太阳底下最光辉的职业，是很好的就业选择；36.36%认为教师职业很稳定，但带给人的成就感不足。可见，大家对于教师职业的认同程度是很高的。而大家在做职业生涯规划的时候也有10人选择将在毕业后从事教师岗位，其余有选择在高校进一步深造，或者是尚未决定自己的就业动向。

表9-2　华东师范大学地理系2006级实习生职业规划

职业规划	人数	比例
教师岗位	10	45.46%
行政机关	2	9.09%
企、事业单位	2	9.09%
在高校进一步深造	4	18.18%
自主创业	0	0.00%
未定	4	18.18%
其他	0	0%
合计	22	100%

如图 9-1 所示，实习生参与教育实习的目的非常明确，有近 64%的实习生希望通过实习可以提高实际教学水平，培养教学能力；有近 23%的实习生希望充分体验并了解教师职业，坚定从教为师的决心。在实习期间，可能与实习活动造成冲突的事件主要有参加一些重要的会议或活动、考研、兼职、该学期要修读的课程、留学申请等。

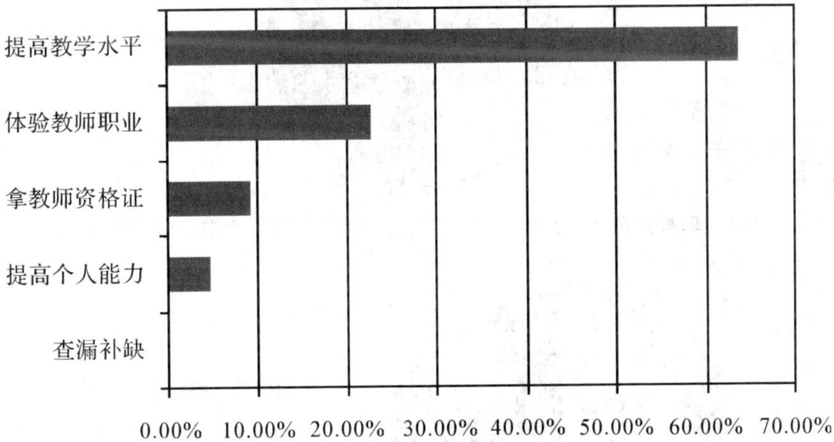

图 9-1　华东师范大学地理系 2006 级实习生教育实习目的调查

华东师范大学地理科学师范班的学生修读的教师教育专业课程一共有 10 门，贯穿于从大二上学期到大四上学期的教学当中。分别为《地理教学技能与教学方法》《地理新课程研究性学习》《国外地理教育》《中学地理双语教学》《地理课程论》《现代地理教学技术(微格)》《地理多媒体教学技术》《教师口语》《心理学》《教育学》，共计 20 个学分，占院系要求修读总学分的 1/8(总共要求 158 学分)。实习生认为其中对教育实习帮助最大的课程是《地理课程论》，因为这门课程“很实用，学到应用性的教学相关知识，如教学方法、引导学生的技巧、编写教案的方法等”。

每年在教育实习开始之前，学校和学院都会举办一些相关的活动，包括教师素质大赛、普通话考试、听课见习、课堂试讲、微格教学等。实习生参与最多的 3 项活动是微格教学、普通话考试、听课见习，除普通话考试外，另外两项都是课程规定需要完成的任务，具有强制性。有少部分同学参与过教师素质大赛，主要是在大三参加的(图 9-2)。

在参加教育实习之前个人所做的准备工作调查中，最多的是通过阅读教科书来进入状态。其次是与教师和同学交流实习经验，为自己在思想上做好准备。此外，还学习了关于中学生心理的知识，学习编写课件和教案的技巧等。可见，实习生所做的准备工作是很充分的，个人参与的态度比较积极(图 9-3)。

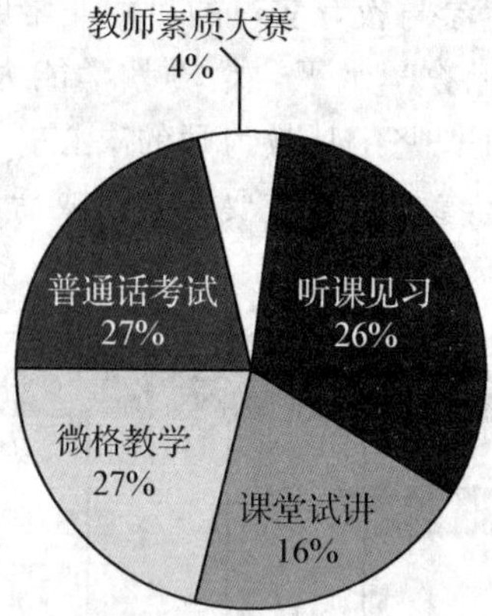

图 9-2　华东师范大学地理系 2006 级实习生教育实习之前所参加的活动

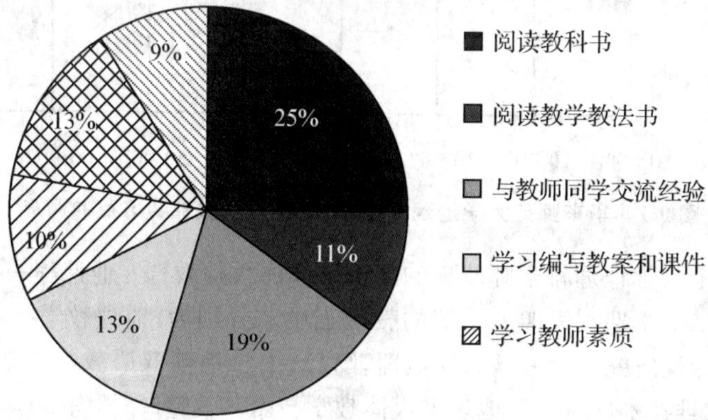

图 9-3　华东师范大学地理系 2006 级实习生教育实习之前的个人准备工作

(2)自我评价

实习生对于自我正确的认识和评价，既有利于自信心的塑造，也有利于在实习过程中更好地扬长避短、查漏补缺。此外，从大家的回答当中我们也能看出实习生在走向实习岗位之前自身普遍存在的一些问题。

关于实习生对于自己在实习中具备优势的调查结果(图 9-4)显示，实习生对于自身的基本能力和素质肯定度最高(此处肯定度，指单项选择人数占总选项人数的比例)，其各项内容肯定度均在 10%之上，总和占所有选项统计的比例高达 76.25%，具体内容包括：做事态度认真、善于自我学习、心理素质好以及善于与人交往。肯定自身良好的个人素质也体现了实习生自信心的增强。而对教育实习工作具有直接影响的如从教兴趣、表达能力、专业知识和教学经验等方面，实习生却表现出不确定和不自信，单项指标的肯定度仅为 1.25%～7.50%，5 项总和占所有选项统计的比例也只有 23.75%，情况不容乐观。

就目前作为一名教师最大不足的调查，有 27.27%的实习生认为自己专业知识不扎实，其次是教学能力不足以及缺乏教学经验等。因此，实习生也希望学院可以在教学过程的设计以及教学内容的理解等方面做重点指导(图 9-5)。可见，加强实习生对中学地理知识的了解，提高他们对中学地理教学的理解，仍然是目前教师教育工作的重点。

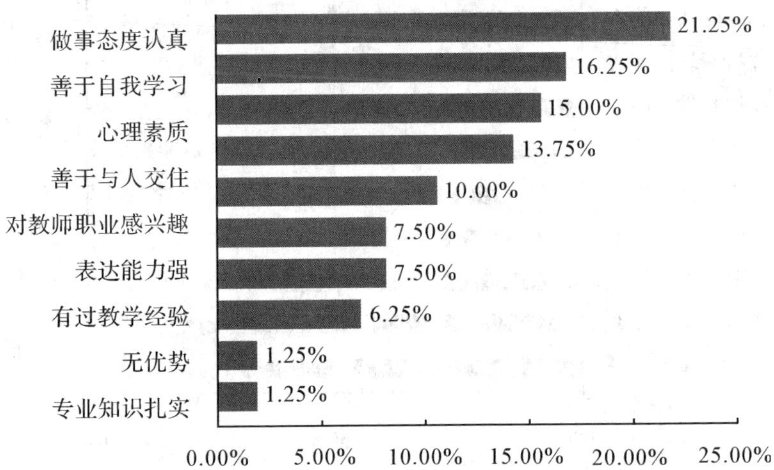

图 9-4　华东师范大学地理系 2006 级实习生自我优势评价

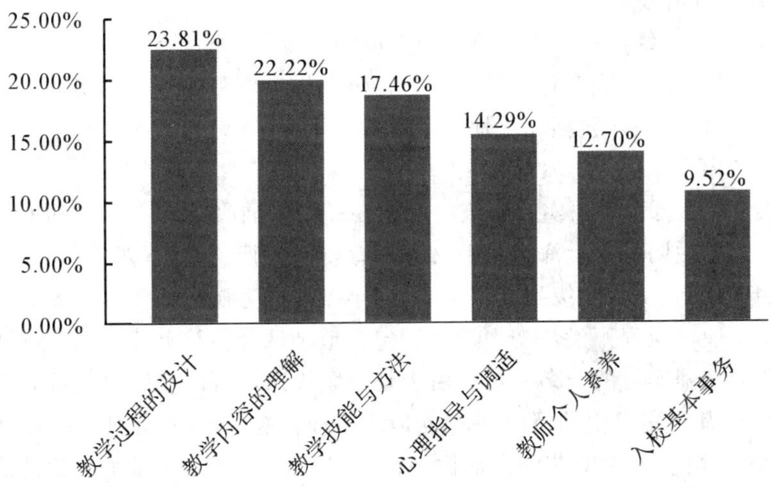

图 9-5　华东师范大学地理系 2006 级实习生期望学院给予的指导

教师基本能力是衡量一位教师合格与否的重要指标之一。从实习生对自己的评价结果中我们可以发现(图 9-6)，其制作课件的能力、钢笔字、黑板字是相对较差的(以选择“较差”的比例为准)；明显较好的是对自己心理承受能力的肯定，达到 100%，其次是组织课堂教学的能力、普通话水平、理解和沟通能力等(以选择“一般”“较好”“很好”的总比例为准)。因此学院需要着重加强对实习生板书能力、钢笔字、制作课件的能力进行培养。

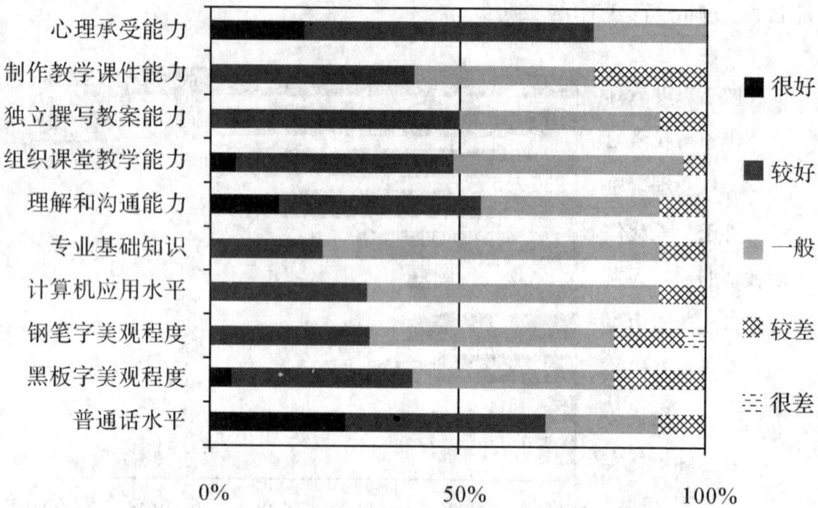

图 9-6　华东师范大学地理系 2006 级实习生教学基本能力自我评价

2. 实习后调查

地理系 2006 级师范生教育实习自 2009 年 10 月 12 日至 11 月 20 日，共持续 6 周，完成的工作主要包括教学实习、班主任工作和课外活动实习。本次调查的对象共有 22 人，包括在本地集中实习的学生 20 名和回新疆自主实习的学生 2 名。其中男生 2 人，女生 20 人。

从表 9-3 中可以看出实习年级主要是在高一，同时，在六年级和七年级也有分布。需要说明的是上海市目前义务教育阶段实行的是“五四学制”，即小学五年，初中四年(从六年级到九年级)。六年级被称为初中预备班，读完六年级才能小学毕业，课程开设与初中衔接，包含地理课。授课教案数量以 6 个和 4 个为主，回新疆实习的两名实习生由于是全职代课，所以授课教案数和课时数都大于 20。其余实习生的授课课时也是较多的，有 36%的实习生授课课时在 10～15 节，高达 16～20 节的人数比例也占到了近 23%。实习生得到的锻炼较为充分。

表 9-3　华东师范大学地理系 2006 级实习生教育实习基本情况

实习年级	人数比	授课教案	人数比	授课课时	人数比
高一	77.27%	3	9.09%	8～9	31.82%
六年级	9.09%	4	36.36%	10～15	36.36%
七年级	13.64%	6	45.45%	16～20	22.73%
		＞20	9.09%	＞20	9.09%

(1)实习收获

长达 6 周的集中式教育实习对于实习生而言，是一次提高自我教学水平和教育能力的难得机会。但作为个人而言，收获各不相同(图 9-7)。调查发现，实习生认为收获最大的是掌握了一定的教育教学方法，培养了一定的教育教学能力(27%)和看到了自身的薄弱环节，并有意识地在今后的学习和工作中加以弥补(27%)；其次是收获了一份个人成长(16%)。

具体到教学实习方面，实习生普遍认为自己在教学过程中的设计、师生之间的互动、教态以及对现代教学技术的运用等方面把握较好；而在板书、课堂调控的能力、对新课程理念的把握和运用等方面显得较弱。

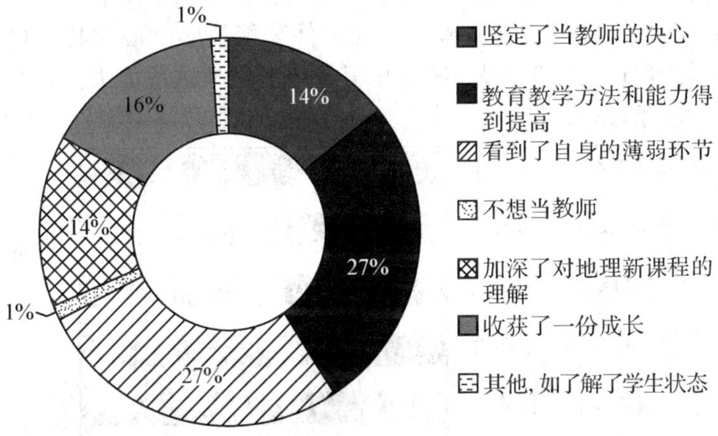

图 9-7　华东师范大学地理系 2006 级实习生实习收获

在教学实习期间，实习生完成了诸多教学行为，包括备课、写教案、制作教学课件等。从图 9-8 可以看出实习生在教学过程中的基本表现，符合程度最高的是表示“能够独立设计并完成一节课”以及进行“课后反思并改进教学”；而选择“不太符合”和“不符合”比例较高的是“上课前试讲不少于三遍”“能够灵活运用大学知识”。由此反映出实习生在实习期间需要特别辅导的方面。

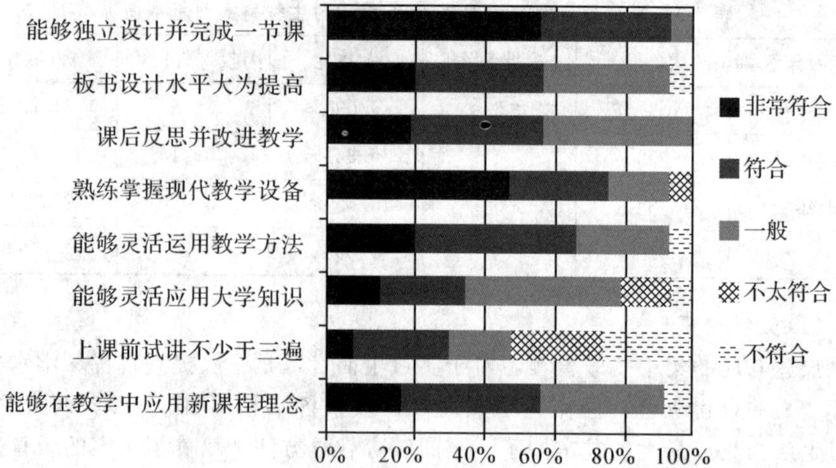

图 9-8　华东师范大学地理系 2006 级实习生教学行为自我评价

关于班主任实习收获方面，实习生认为最必需的能力是班级管理能力，其次是问题学生的个别指导能力、班级活动指导能力、突发事件处理能力。

在对实习生班主任工作期间的表现进行的调查(图 9-9)中，我们发现实习生最确信的是自己“能平等地对待班级中每个学生”，自己“有号召力、凝聚力、亲和力”。而对于“能有效处理班级突发事件”“能按学生心理特点进行个别教育”“能巧妙运用班主任工作艺术”等显得较弱。当然这些能力的提高需要一个长期经验的积累过程。

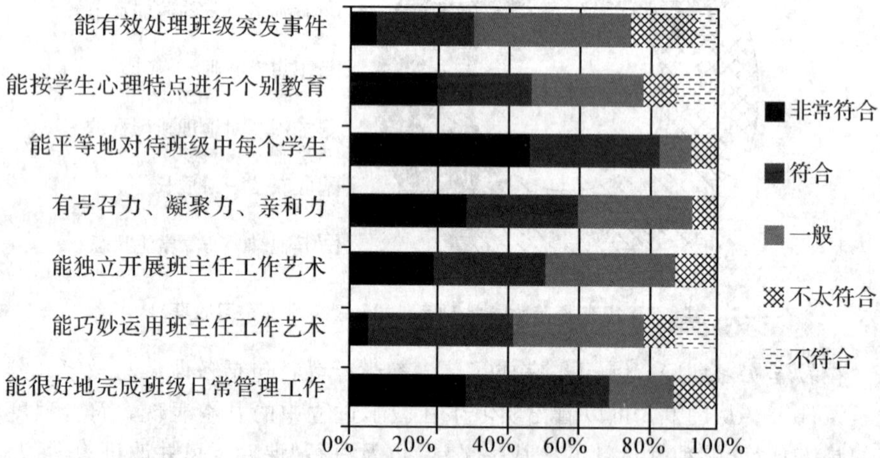

图 9-9　华东师范大学地理系 2006 级实习生对班主任工作的自我评价

(2)实习评价及建议

实习生是教育实习过程中的主体，是整个教育实习方案的承受者，也是最重要的践行者，因此他们的评价对改进教育实习方案具有重要的参考价值。

关于本次教育实习的时间安排，没有人认为“太长”，认为“过短”的人数比例却达到了45.45%，说明有近一半的实习生希望延长实习的时间，还有54.55%的实习生表示时间长短“适中”。

在实习生对教育实习的整体评价中，对“学科指导教师的教学水平”肯定度最高，其次是肯定了“教育实习对个人产生的影响”，最后是对“学科指导教师工作态度”的肯定。而就“师大/学院对实习的重视程度”“实习学校对实习的重视程度”“师大带队教师的工作态度”“班主任指导教师的工作态度”各项存在否定的态度。可见，我们制定相关规章制度的必要性(图9-10)。

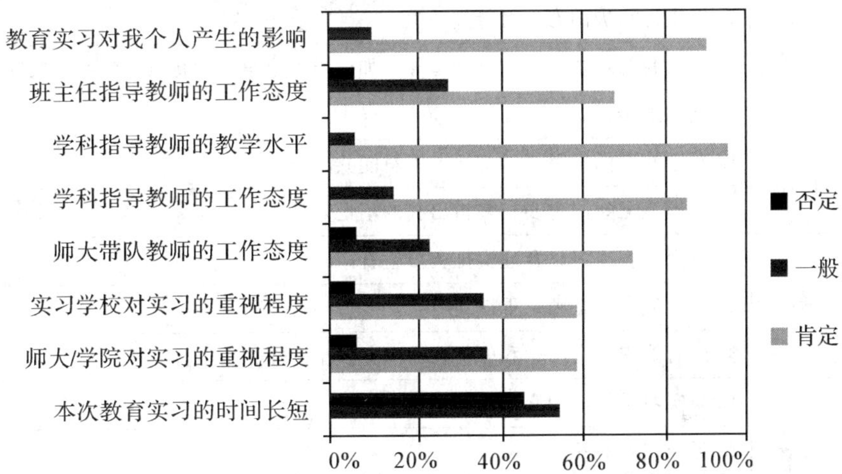

图9-10　华东师范大学地理系2006级实习生对教育实习的整体评价

实习生也针对师大带队教师、学科指导教师、班主任指导教师、实习同伴、实习学校、师大教育实习管理者提出了宝贵的意见和建议(表9-4)。

表9-4　华东师范大学地理系2006级实习生对教育实习的意见建议

对象	学生语录
带队教师	1. 与学科指导教师、学校进行沟通，安排好我们的课时
	2. 能够在经常来目标学校视察之余，对学生反映的信息(公开课日期)等及时反馈，帮助和体恤学生
	3. 多来查看，给出指导；多关心实习学生的实习情况

续表

对象	学生语录
学科指导教师	1. 对于我们教学活动的设计方面能多加指导
	2. 对于每一次讲课都能给出一些建议
	3. 能够尽量多地允许学生听课学习，这也能使自身借鉴和领略到更好的教学水平，教学相长
	4. 说出真实的想法及提出可取的解决办法
	5. 尽量把您的精彩一面向我们展示吧
	6. 不要老是拿过多的作业回来让实习生批改
班主任指导教师	1. 多放手，给予足够的锻炼空间
	2. 以更加积极的态度对待实习生
	3. 能对我的班主任工作进行指导，如介绍每个学生的特点、学习情况等
	4. 更多地传授我班主任工作经验
实习同伴	1. 对于教案的书写多做交流，资料能共同分享
	2. 多提意见共同进步；多指出我的不足之处
实习学校	1. 重视教育实习，合理安排实习生就岗
	2. 更欢迎实习教师；重视实习生，多关心
	3. 以后能安排实习生和教师在一个办公室以加强交流
师大教育实习管理者	1. 与实习学校增加交流
	2. 延长实习时间
	3. 选的实习时间不对，及时发放车费
	4. 时间安排能否更合理些，选择这个时间太不科学了

四、华东师范大学地理系教育实习方案评述

华东师范大学地理系的“教育见习、实习、研习(三习)制度”，是自2006级开始实施的新模式。这种模式的突出特点是，把传统的集中式教育实习延伸到实习生前3年的学期当中，起到了渐进式培养教学能力的作用。教育见习分为3个阶段，分布于大二下学期和大三的上下两个学期，每个阶段持续一周。见习内容包括去中学听课、参加教研会议、参加专家讲座等。尤其是进入中学见习的过程，实习生可以进入班级听课，与教学指导教师交流心得；个别学校

还允许实习生进入课堂讲课。3次教育见习不但缓解了实习生在进入集中式实习阶段对于学校的陌生感和不适应，还给了实习生一个充分的知识准备和自我规划时期，有利于集中式教育实习的顺利开展，也能让实习生更好地把握实习机会，提高自我。值得一提的是，华东师范大学与见习学校签订了协议，并聘请中学教师充当兼职导师，从而为实习生提供更到位的指导。

其次，该教育实习方案对实习进程的监控、实习生要完成的任务、实习评价等都有明确的规定。在授课课时方面要求实习生要完成8～10节，听课记录10～12节，数量较大。从对2006级实习生的调查中看到，最后实际完成的授课课时数大都超过了10节，可以说得到了充分的锻炼。在实习快要结束的时候还要求每个学校要组织1～2节公开课，邀请其他学校的实习生和带队教师来听课，并进行评议，这也是对实习生进行评价的一个重要方面。这种评价方式打破了实习学校之间的界限，也打破了实习小组之间的界限，是一次实习生、带队教师、实习指导教师密切交流的机会。

此外，地理系的教育实习方案的系统性还体现在前期充分的课程培养过程中。地理系师范班的教师教育专业课程一共有10门，贯穿于从大二上学期到大四上学期的教学当中。累计达到20个学分，占院系要求修读总学分的1/8(总共要求158学分)，比例明显高于其他师范大学(一般只有教育学、心理学、教学论3门课)。课程类型丰富，基本涵盖了师范生素养培养的各个方面。但从调查中发现，实习生普遍认为对自己参加实习帮助最大的一门课程是《地理课程论》，而对于其他实用性较强的如《现代地理教学技术(微格)》《地理教学技能与教学方法》等却很少有人提到。因此，开设的这些课程之间该如何衔接，教育内容该如何设置，从而真正起到提高师范生的教学技能，有利于他们教育实习工作的开展，成为一个明显的问题。

当然，从实习生对实习方案的评价中可以看出，关于教育实习时间，有较大部分的实习生希望可以延长，可见目前6周的集中教育实习仍然不能满足实习生提高教学水平、发展教育能力的需求。如何在实习学校和师大各种条件允许的前提下，延长教育实习的时间，是师大管理者和研究者仍然需要思考的问题。而如何对教育实习当中指导教师，尤其是师大带队教师的责任加以明确，并制定相应的约束和奖励政策，也是有待进一步商榷的问题。

第二节 天津师范大学地理教育专业实习方案研究

一、教师教育课程设置

为了适应高速发展的社会对教师的要求，天津师范大学提出了“全力打造教师教育特色”的工作目标，并且制订了“天津师范大学教师教育专业课程方案”。该方案充分发挥学分制的优势，实行学科专业教育与教师教育相分离的模式，最终达到“双高”的目的，即学科专业教育高水平，教师专业化培养高质量。在该模式下，学生的主要任务是接受学科专业教育，达到学科专业本科毕业水平并获得相应的学士学位；学有余力且志愿将来从事教育工作的优秀本科生，在本科专业学习期间可以选修教师教育专业课程，修满规定学分，完成教育教学顶岗实习任务，可以获得天津师范大学教师教育专业课程结业证书。

该课程模式由通识教育课程和学科教育课程两部分组成，每部分有学习模块和课程两个层次。根据本课程方案的培养目标，通过整合相关专业领域的学科教育知识，每部分设定 4 个学习模块，包括：模块一，教育理念；模块二，教师职业基础理论；模块三，教师职业基本技能；模块四，教师职业体验与能力养成。

在 4 个学习模块内设置精选的课程，课程设置分成必修、限制性选修和任意选修 3 类，必修课程体现的是必需的、核心的和基本的内容，限制性选修课程体现的是加深、拓展的内容，任意选修课程是满足学习者个性需求的内容。

课程的学习按照先通识后学科的顺序，必修课原则上按照模块从上到下的顺序，与必修课程同行并排的选修课程，与该必修课程同期进行。

教师教育专业课程结业要求修满 30 学分，其中必修课程 22 学分；限制性选修课程 6 学分(其中学科教育课程不低于 3 学分)；任意选修课程 2 学分。学生修满 30 学分以后，须在中学顶岗实习一个月(不计学分)，但该项实习成绩作为教师教育专业课程结业的一项依据。修满 30 学分以后，希望多学习一些课程的学生，多修不限。在表 9-5 中，标☆的课程为网络课程，学生利用网络进行学习；标★的为自主修读课程，不占课时，学习结束须参加学校或相关部门组织的考核，考核合格即可获得相应的学分。

表 9-5 天津师范大学教师教育专业课程设置总表(部分)

课程结构	模块	课程编号	课程名称	学分	课程性质	备注
通识教育课程	一	TEE11001L	教师与教育法规	1	必修	
		TEE11002L	基础教育改革研究	1	必修	
		TEE11003L	师德修养	1	必修	☆
		TEE11004L	教育与教师职业	1	限选	
		TEE11005L	素质教育研究	1	限选	
		TEE10000L	教师教育系列讲座(中外教育家思想述评,国际教育新理念评介,教育家型教师成长规律研究,教育与文化,教师礼仪规范等)	1	任选	
	二	TEE12201L	学与教的心理学基础	2	必修	
		TEE12202L	学与教的教育学基础	2	必修	
		TEE12003L	学校教育活动研究	1	限选	
		TEE12204L	社会性成长与心理健康指导	2	限选	
		TEE10000L	教师教育系列讲座(学校教育功能研究,学校教育模式研究,中学生职业指导与职业心理测评等)	1	任选	
	三	TEE13401L	中学教师职业基本技能	3	必修	
		TEE13002P	普通话与“三字一画”	1	必修	★
		TEE13003L	课程资源的开发与利用	1	限选	
		TEE13004L	综合实践活动研究	1	限选	
		TEE13005L	课堂教学评估	1	限选	
		TEE10000L	教师教育系列讲座(演讲艺术与欣赏,学校教研制度研究,教育调查,学生发展评估,团队活动的组织与设计等)	1	任选	
	四	TEE14601P	教育教学实践课程	4	必修	
		TEE14202P	教学能力训练	2	必修	★
		TEE14203P	教育教学顶岗实习	0	必修	
		TEE14004C	教育沟通案例分析	1	限选	
		TEE10000L	教师教育系列讲座(教师个体发展分析,优秀班主任工作经验研究,班级文化建设研究,优秀班集体个案研究等)	1	任选	

续表

课程结构		模块	课程编号	课程名称	学分	课程性质	备注
学科教育课程	政治	一	TEE41001L	中国德育史	1	限选	
		二	TEE42201L	思想政治课教学理论与学业评价	2	必修	
		三	TEE43201L	思想政治课教学设计与案例分析	2	必修	
			TEE43202C	信息技术在教学中的应用(政治)	2	限选	
		四	TEE44001C	政治微格教学	1	必修	
	语文	一	TEE41002L	中国语文教育史	1	限选	
		二	TEE42202L	中学语文教学论	2	必修	
			TEE42003L	语文教育研究方法论	1	限选	
			TEE42004L	审美教育导论	1	限选	
			TEE42005L	语文校本课程开发	1	限选	
			TEE42006L	语文课程解读学	1	限选	
			TEE42007L	语文教育评价研究	1	限选	
			TEE42008L	语文教学心理研究	1	限选	
			TEE42009L	中外母语教育比较研究	1	限选	
		三	TEE43203L	语文教学设计	2	必修	
			TEE43204C	信息技术在教学中的应用(语文)	2	限选	
			TEE43005L	教师语言艺术	1	限选	
		四	TEE44002C	语文微格教学	1	必修	
	地理	一	TEE41009L	地理学思想史	1	限选	
		二	TEE42219L	现代中学地理教学基本理论	2	必修	
		三	TEE43229L	中学地理教学设计与实践研究	2	必修	
			TEE43230C	信息技术在教学中的应用(地理)	2	限选	
			TEE43031L	地理教学艺术	1	任选	
		四	TEE44008C	地理微格教学	1	必修	

注：模块一代表教育理念；模块二代表教师职业基础理论；模块三代表教师职业基本技能；模块四代表教师职业体验与能力养成。

二、教育实习方案研究

从表 9-5 中可以看出，天津师范大学的地理教育实习被称为“教育教学顶岗实习”，在课程结构中属于通识教育课程的第四大模块，是师范生的必修课程，学分为 0，但该项实习成绩是教师教育专业课程结业的一项依据。在修读完成 30 个学分之后，实习生基本具备了进入学校，从事地理教学顶岗实习的初步能力。

1. 顶岗实习的培养目标与管理

教师的成长过程一般可以分为 4 个阶段，即职前的准备期，职后的适应期、发展期和成熟期。教育实习是教师职前培养的重要过程，学校就此提出了明确的培养目标：(1)通过教育教学顶岗实习，使学生了解教师角色的规范、要求，明确教育是出于职业责任的活动。树立献身教育事业的理想，体验教育教学实践活动。(2)使学生将所学的基础理论、基本知识，综合运用于教育和教学实践，锻炼从事中学教育教学工作的能力。(3)引导学生认真学习和研究教育科学，探索教育规律，为培养适应教育体制改革需要的新型教师进行初步训练。(4)全面检验我校教师教育的教学质量，及时获得反馈信息，不断改进教师教育工作，提高教学质量，为天津乃至全国培养出合格的基础教育师资。

各学科的教育实习工作由教育学院统一管理，具体操作中，由各学院统计要参加教育实习的学生名单，统一上报到教育学院，由教育学院具体分配带队教师，每个教师负责一个实习学校，通过混合编队的形式将实习生按不同学科组合，如数学、语文、英语、地理等，每个实习学校至少包括 3～4 个学科。每组有 2～4 人，设立一名小组长，负责实习过程中各项工作的上传下达。选派的带队教师一般是从事学科教学论研究方向的，但这样的问题是每位带队教师可能只对某一门学科教学非常精通，而对于其他学科则不甚了解，无法对其余学科的实习生在授课、教材、教法等方面给予细致的指导。

2. 顶岗实习的内容与实施

在顶岗实习之前，实习生会有一个进入实习学校见习的过程。教育见习安排在大三下学期，持续整整一个学期，一般根据实习学校指导教师的情况，每周去 1～2 天。以地理科学专业方向的学生教育为例，其见习内容主要是听学校教师讲课，确定自己要讲的章节，在学校里准备材料，组员一起试讲，由带队教师点评；将教案和教学设计和学校的地理教师点评，找出问题，再进一步地完善；在见习接近结束之时，实习生在实际的课堂上讲授；见习结束后，以带队教师和中学教师对其见习进行评价，实习生要写见习总结报告。见习过程中，因为面临找工作，大部分学生倾向于到中学任教，所以比较用心，取得的效果也不错。而存在的问题是指导教师工作太忙，实习生在讲台上讲课的次数比较少。

在大四上学期开展集中式实习，教育教学顶岗实习时间为6周，由从中学聘请的兼职教师与天津师范大学的教师共同担任指导教师。每个实习生都必须完成课堂教学、班主任工作及教育调查等。

(1)课堂教学实习

①每个实习生在双方教师的指导下，至少完成4个不同内容教案的课堂教学任务。若有涉及实验的理科专业学生，应进行一次“指导实验”实习。

②实习生在双方教师指导下，要认真学习所授科目的课程标准，根据要求，钻研教材、结合实际备好每一节课。教案至少应在试讲前两天写好，交双方教师审阅，并进行试讲，试讲合格经指导教师签字后方可正式上课。

③实习生讲完每节课后，要认真做好自我分析，在此基础上，双方指导教师应对实习生指出课堂教学中的优缺点和改进意见。对每个实习生的课堂教学至少召开一次评议会。

④实习期间，实习生应互相听课，取长补短，并相互进行评议。

(2)班主任工作实习

实习生应进行班主任实习工作，通过走访优秀班主任，了解班主任工作状况，熟悉班主任工作要点和方法，锻炼从事班主任工作的能力。

具体要求：每位实习生要访谈一位优秀班主任；制定一份班主任工作计划；设计并组织一项班级课外活动的实施方案(或主题班会)。

(3)教育调查

为进一步深入了解中学教育、教学现状，实习生要对中学的学生、教师、管理、教育教学改革以及中学对师大教育、教学工作的反馈信息等问题进行专题调查，写出调查报告，掌握调查研究的基本内容与方法手段，培养实际工作的能力，为从事教育研究打下基础。

据访谈了解，每位实习生都能按要求完成教学实习和班主任工作实习，而教育调查实习完成的较少。

3. 顶岗实习的考核方式

在教育教学顶岗实习工作结束后，由双方指导教师协商，综合考虑学生在实习期间的表现，实事求是地填写学生的实习评语并评定实习成绩。教育教学顶岗实习成绩分为优秀、良、及格、不及格4个等级。实习成绩评定原则上应呈正态分布，严格控制优秀率。各专业实习成绩优秀的学生比例一般应不高于30%。在进行教育实习之前，学校会发一本实习记录表，具体地记录参加实习过程中的听课记录、协助班主任工作的实习记录、自己的实际教学记录等，到学期末的时候带队教师要打分、写评语，作为自己教育实习的成绩。

实习生认为，在教育实习过程中，最大的收获是："亲身体验了教学实践，将具体的教学理论用于实践中，真正地参与到中学地理教学中去了，这些在学校的课堂里是学不到的。另外，对中学地理教师的具体教学实践有了初步的认识和了解，要成为一名出色的地理教师，扎实的地理课程知识和教学基本功很重要，但在课堂上如何让学生产生浓厚的地理学习兴趣，激发他们学习的热情，这方面对一个中学地理教师而言也同样重要。"

三、教育实习方案评述

天津师范大学的教育实习方案最大的特色在于教师教育专业课程体系的建立。这一课程设置不仅体现了校方对于教师教育的重视，也加强了对师范生的系统培养过程。丰富的通识教育课程提高了师范生必备的教师基本素养，而学科教育课程又进一步加深了师范生对执教科目的认识和理解。在修读课程之后，要求所有师范生参加教育实习，加强了其教育教学实践能力。

教育实习方案包括了前期的教育见习和顶岗实习两个环节，在时间上得到了延续，给予师范生更多了解中学课堂教学、中学教育管理等的机会。在教育实习管理上以教育学院为依托，加强了对于师范生的集中管理。但这其中的最大问题就是让一个教师负责一个学校，管理所有科目的学生。如果带队教师是物理学院课程论的教师，那么他对地理课程论方面的知识就不是很了解，可能不熟悉物理学科以外的其他学科的教学，所以有碍于对其他学科实习生的指导，在平时实习生试讲、交流的时候就会产生一些困难，这样就直接影响到实习生的实习效果。

此外，在教育实习过程中对实习生的授课教案数和课时数都没有明确的要求，主要是根据实习学校指导教师的需求来安排的。这样做的优点是加强了实习学校的自主性，有利于他们积极地参与到实习方案的制定与执行中来；但缺点是由于大部分的实习学校因为担心授课效果等原因，给实习生安排的授课机会很少，一般只有1个教案，2～4课时。实习生真正上台讲课的机会很少，从而在教学能力和教学经验的积累方面提高有限。

第三节　山西师范大学地理教育专业实习方案研究

一、山西师范大学地理教师教育专业课程设置

山西师范大学城市与环境科学学院(简称城环学院)包括3个专业：地理科学、资源环境与城乡规划管理、地理信息系统。地理科学专业的学生修读计划规定的课程，至少要取得164学分(表9-6)。其中通识教育课程50学分；专业教育课程92学分(专修66学分，专选26学分)；教师教育课程22学分。欲从事教师职业者，必须修满教师教育课程22学分，方可申请“教师资格证书”。修满以上学分者即符合毕业要求，准予毕业，颁发证书。

表9-6　山西师范大学城环学院课程设置及学时学分分配表

课程类别		学时数	占总学时(%)	学分数	占总学分(%)
通识教育课程	通修课程	762	28.04	42	24.71
	通选课程	136	5.00	8	4.71
专业教育课程	专修课程	1003	36.84	66	38.82
	专选课程	442	20.11	26	18.82
任意选修课程		274	10.01	22	12.94
合　计		2617	100	164	100

从表9-7可以看到，山西师范大学城环学院的教师教育专业课程包括了培养师范生教育理论水平、教育技能、教育实践能力3方面的内容，共计22个学分。即要获得“教师资格证书”必须修读上述所有课程并参与教育实践。课程内容丰富，占总学分要求的13.41%。

表9-7　山西师范大学城环学院教师教育课程设置一览

课程类别		课程名称	考核方式	总课时	学分	上课周数	讲授课时	实验课时
教师教育课程	教育理论	中学教育基础	考试	51	3	17	51	
		心理与道德教育	考试	51	3	17	51	
		中学学科教育	考试	51	2+1	17	34	17

续表

课程类别		课程名称	考核方式	总课时	学分	上课周数	讲授课时	实验课时
教师教育课程	教育技能	现代教育技术应用	考查	34	2	17	20	14
		中学课堂教学设计(含微格教学)	考查	51	3	17		
		普通话	考查	18	1	9	18	
		三笔字	考查	18	1	9	18	
	教育实践	教育实习	考查		6	17		

二、教育实习方案研究

根据《山西师范大学毕业生实习实施方案》的要求，师范生的教育实习采用顶岗支教实习、集中实习和个人自主实习相结合的方式进行。教育实习是教师教育的专业必修课程，是教师培养阶段教师专业发展的重要内容和基本形式，是培养合格教师的重要途径。学校成立实习工作领导组，由主管教学工作的副校长任领导组组长，教务处、教师教育学院、计财处、学生工作处(部)、团委、校医院和相关院(系)负责人参加，统一领导全校实习工作。

学生在实习前必须参加两周培训，培训实行合格证制度，培训不合格的不能参加实习。教育实习培训由教师教育学院统一安排和实施。学校划拨实习经费用于实习培训和学生管理，专款专用。

1. 顶岗支教实习

“顶岗支教实习”是高等师范院校为提高农村基础教育水平而进行的一种特殊的教育实习活动，高师院校选派师范生到农村中小学进行“顶岗支教实习”，并在农村学校建立长期稳定的实习基地。通过顶岗支教实习增强了实习学生的教育信念，提高了他们的教育教学能力，并在一定程度上改善了农村学校师资力量不足的局面。

山西师范大学希望通过“顶岗支教实习”，推动高等学校积极探索中学教师培养新模式，实现教育专业水平和学科水平同步提升。同时，形成一种农村学校积极为大学提供教育实习和教学改革实验基地，大学为农村学校提供培训、教研、咨询等多样化支持服务，大学与农村学校互相促进、共同发展的新机制。

具体实施方式是每学年分两个学期安排学生参加顶岗支教实习。在实地考察的基础上，选择太行山、吕梁山等基础教育薄弱、教师短缺的农村中学作为

“顶岗支教实习基地”。该工作由教师教育学院统一领导。按照自愿择优原则，每学期从三年级或四年级师范专业学生中选派优秀学生，建立多学科的综合实习小分队并进行专门训练，定期、定向、定量分派到“顶岗支教实习基地”。城环学院 2005 级有 38 名学生参加了顶岗支教实习，2006 级有 28 名学生参加了闻喜、安泽等县的顶岗支教。

具体实施步骤包括前期准备、实习过程及内容、总结与汇报 3 个阶段。前期准备包括：建立“顶岗支教实习基地”；按照自愿择优原则选拔“顶岗支教实习”学生；在教师教育学院和具有中学教学经验的研究生中公开选拔“顶岗支教实习”指导教师；对“顶岗支教实习”的学生进行思想动员和岗前培训(表 9-8)。

表 9-8　山西师范大学第七批“顶岗支教实习”学生岗前培训总体安排

培训内容	培训学生
岗前培训动员大会	全体学生
专题报告	不考研学生
专题报告	全体学生
技能训练	全体学生
专题报告	全体学生
课标解读	全体学生
中学教材分析、示范课及学生实践	全体学生

实习过程持续一个学期，实习内容有：教学实习，包括备课、教学设计、听课、授课、评课、课后辅导、批改作业等环节；班主任工作实习，要求实习学生制订班主任工作计划，做好日常的班级管理工作，组织学生开展班团活动，主持班会，做学生思想转化工作，对学生进行个别教育等；教育调查和教育研究，实习生要结合专业特点和实习学校的实际进行教育调查和教育研究，并撰写调查报告或研究论文；实习期间鼓励实习生积极参与实习学校教育教学改革和其他工作，多为实习学校办实事、办好事。

实习结束后，各“顶岗支教实习”点要求认真做好实习总结工作，写出实习总结报告；各学科“顶岗支教实习”的学生要以适当形式进行实习成果交流与展示；学校应对“顶岗支教实习”学生进行表彰。

“顶岗支教实习”的顺利实施离不开政策的支持。学校会按参加“顶岗支教实习”学生人数的 30%左右评选校级“优秀实习生”予以表彰。对于在实习过程中表现突出的学生，学校在推荐免试硕士研究生时给予一定的政策倾斜。此外，学校在发展党员或评选优秀毕业生时，在同等条件下都会优先考虑支教实习生。

学校还设立专项“顶岗支教实习”经费。经费由教师教育学院统一管理，专款专用。“顶岗支教实习”学生按每月每人180元补助生活费。同时要求各学院重视“顶岗支教实习”学生回校后的补课工作，并向教务处提交补课计划。

2. 集中实习

集中实习由教师教育学院负责与实习基地（县区教育行政部门）联系，落实实习学校、学科、学生人数，组建实习小组，每组配一名管理教师。各学院密切配合教师教育学院开展相关工作。城环学院的教育实习在第七或第八学期进行。以2006级为例，城环学院地理科学类专业毕业班部分学生，教育实习安排在第七学期，根据教学计划，教育实习时间为一个学期，具体时间为2009年下半年开学至12月15日。

(1)岗前培训

根据学校教育实习岗前教学技能培训绿色通行证制度的规定，参加教育实习的毕业生需要参加教育实习岗前培训工作。城环学院专门成立了教育实习岗前培训领导小组，细分为指导组和考评组。考评组根据《山西师范大学教育实习课堂教学评分细则》，评定成绩：优、良、合格、不合格。成绩合格者颁发教育实习培训合格证；考评不合格者，进一步试讲直至考评合格为止(表9-9)。

表9-9　城环学院2006级教育实习岗前培训总体安排

序号	培训内容	用时安排
1	实习动员大会	2个小时
2	中学课堂教学技能培训	2个小时
3	观看评析优秀教师教学录像	4个小时
4	课标解读	3个小时
5	中学教学名师讲解	4个小时
6	学生撰写教案 指导教师审阅 小组内试讲	5天
7	小组试讲	1天
8	考评	1天

(2)组织与实施

为保证教育实习质量，确保教育实习工作顺利进行，城环学院成立了院教育实习领导小组，负责教育实习的组织和管理工作。小组构成包括：组长、副组长、指导小组和考评小组成员、教学秘书等。

除考研之外的所有地理科学专业的学生都要参加教育实习，所有参加实习的学生在实习期间请假累计超过一个月，实习成绩无效，不请假擅自离开实习地点或不参加，按旷课处理；旷课累计一周以上按成绩无效处理，并根据《山西师范大学学生违纪处理办法》进行处理。成绩不及格者，必须重新进行实习。

师范生在教育实习期间要完成的实习任务包括：教学实习、班主任工作实习和教育调查等。地理教育专业的实习学校由城环学院联系解决，以 2006 级教育实习为例，经学院教师积极努力联系，闻喜中学、洪洞一中等学校与学院签订了协议，共接收 26 名实习生。实习生由教师教育学院统一编队进入实习学校，学院选派一名管理教师与教师教育学院共同负责实习生的管理工作。管理教师的工作具体包括：负责实习学生的到岗和返校；对实习生日常工作和生活进行指导和管理；与当地教育行政部门和实习学校定期联系，定期向教师教育学院、教务处、学生所在院(系)反馈学生实习情况。

集中实习学生的成绩评定：校内培训成绩 30%；实习学校成绩 30%；返校汇报讲课及教案材料等成绩 40%。

3. 自主实习

每年参与自主实习的人数较少，一般要求个人提出申请、学院审查、教务处审批。学院要与自主实习的学生、家长和实习单位签定实习协议书。

分散实习学生的成绩评定办法：校内培训 30%；实习学校 20%；汇报讲课及教案等材料 50%。

三、山西师范大学地理教育专业实习方案评述

山西师范大学在教育实习的组织、管理和实施方面都有明确的规定和制度，从而保证了整个教育实习工作的顺利开展。城环学院在组织集中式教育实习的时候，也对实习的目的、指导教师的职责、实习生的任务以及组织考评等做出了明文规定，保证了地理教育专业实习的良好效果。

该地理教育专业实习方案的突出特色是，在前期对实习生进行岗前教学技能培训，培训工作持续整整一周，并组织考评，颁发合格证，并计入实习总成绩。考评不合格者，需要继续试讲，直到合格为止。通过这样的培训与考核制度，实习生在正式进入实习学校之前，已初步具备了备课、讲课的基本能力，有利于实习过程中教学质量的保障。此外，由于这一考核制度的实施，师范生对于前 3 年的课程学习，也会更积极地投入进去，避免了各门课程流于形式。

山西师范大学积极组织的“顶岗支教实习”模式，是一种缓解由于实习生人数过大给实习学校带来较大压力的有效方式，同时也促进了师范大学充足的智

力资源优势与农村相对落后的师资水平之间的整合。这种模式由于充分的制度保障，在校内也得到了实习生的积极响应。

山西师范大学立足校内，积极开拓新的教育实习模式的做法值得提倡和学习。

第四节　河南大学地理教育专业实习方案研究

一、教育实习的理念和目的

河南大学环境与规划学院是以地理科学为主体，涵盖地学、经济学、管理学、环境学及工学等多学科的综合性学院。

学院提出，在实习的全过程中，主要依靠校、院和所在实习学校党政领导，用“四有”“五爱”“两个文明”的思想教育中学生和实习生本人。坚持理论联系实际、努力培养分析问题、解决问题的能力，团结一致地搞好教育实习。使每个学习生都得到锻炼和提高，努力使教育实习成为培养合格中学师资和检查教学改革成果的重要手段。增强全体实习生献身人民教育事业的责任感和事业心。

环境与规划学院组织教育实习的目的是：通过实习、检查和巩固实习生所掌握的地理专业知识和技能，锻炼和提高实习生从事中等学校教育、地理教学和做班主任工作的能力，培养学生更加热爱教育事业热爱教师这一职业的思想，牢固地树立忠于人民的教育事业的决心。

此外，通过教育实习可以检查学院教育、教学改革的工作与质量，了解中学教育、教学的现状与要求。同时有利于加强学院同中学的联系，以便更好地培养出合格的中学地理教师。

二、教育实习的要求

环境与规划学院的教育实习方案对指导教师提出了明确的要求：(1)对实习生的思想、业务、组织纪律等方面全面加强管理，认真负责地指导他们搞好教育实习，本着教书育人的精神，对实习生既热情关怀，又严格要求。(2)做好组织工作，合格安排好编写教案、试讲、相互听课、观摩、评议等教学环节，合理分配教学和班主任见习工作，安排好实习生试教及听课人员顺序名单，使教育实习有条不紊地进行。(3)认真审批实习生教案，倾听实习生试讲，并结合教学实际提出指导性意见，对每个实习生的实习教学要认真进行评议，从教育学、心理学、教学法角度给予指导，以帮助实习生学会教书育人，提高教学质量，全面完成实习任务。(4)实习结束前，对每个实习生，从编写教案到课堂试教、见习班主任及思想、纪律等方面，写出评语，按要求评定出教育实习成绩。(5)院实习领导组，在实习中到各实习学校巡回检查、指导。

对实习生的要求更为细致，列举如下：(1)按照教育实习计划，在实习中，每个实习生必须明确实习目的。(2)在实习期间，每个实习生必须认真备课和批改作业，经受地理教学工作全过程的锻炼，认真讲课，开展相互听课，并认真开好评论会，上课前必须按照规定格式及内容要求，编写好教案，经指导教师审阅、批准后，熟悉教案，准备好教具，经过试讲，方能上课，试讲与上课均努力运用普通话。要求每节课都获得成功。准备较差，不能保证一定教学质量者，指导教师有权改派其他实习生上课。(3)每个实习生在原班主任领导下，进行班主任见习工作，了解班主任工作的全部内容、过程及工作方法(如了解学生思想状况、召开干部会、筹备班会、组织课外活动等)。(4)每个实习生要高度重视实习中的各项工作，做好实习日记，不断总结经验、教训，在实习结束时，交出实习总结(包括教学、班主任工作体会与认识、优缺点与努力方向)，最后进行小组鉴定。(5)每个实习生必须参加教育实习。因特殊情况确实不能参加者。经院实习领导组同意，报请校实习领导组批准后，方可离校。教育实习不及格者，经实习领导组研究，根据情况再给一次实习机会，达到及格后，方能颁发毕业证。(6)实习期间，实习生以队(组)为单位，进行政治学习和教研活动(也可随实习学校活动)，每周召开一次生活会，小结本周工作。

三、教育实习的实施

在教育实习开始前，由学院成立教育实习领导组，并选派小组带队教师。教育实习在大四上学期开展，持续时间为6周，一般从10月上旬至11月中旬。

准备阶段(前2周)的工作主要包括：听学院实习领导组动员报告；观摩原任课教师示范教学；根据需要准备教具、挂图、指图杆、小黑板等；在实习队落实任务的前提下，认真钻研教材，考虑教学原则与方法，按要求编写出课时计划；在指导教师指导下，进行试讲，教案必须经指导教师审批、签名、听过试讲后，方能上课试教。

试教阶段(第3周至第6周前期)：一般实习生的同一个教案在不同班级试教重复1～2次，以不断提高教学质量；进行见习班主任工作；实习队可根据实际情况举行1～2次公开教学(观摩课)，除特殊情况外，实习队全体成员应一律参加，并邀请学院教师和其他实习队参加，课后开好评议会。

总结阶段(第6周后期)：要求每人上交一份教案、一篇总结报告(全面的或专题均可)、一篇调研报告和听课记录，作为评定成绩的依据之一，由实习组长收齐后，交指导教师评分并转交院实习领导组。院实习领导组和指导教师进行最后总结。

第五节　河北师范大学地理教育专业实习方案研究

一、顶岗实习支教的理念

根据《河北师范大学顶岗实习支教管理办法》①，河北师范大学教育实习采取顶岗支教的形式(顶岗支教的实习形式是由河北师范大学于2006年率先推行)。河北师范大学组织师范类专业高年级学生在经过系统培训并达到中学教师的基本要求后，到农村中学进行“全职”教师岗位锻炼。同时，在实习生顶岗支教的学校中，被顶岗中学教师将接受置换培训。让学生参加顶岗实习支教，不仅有利于加强师范生教师养成教育，提高师范生的教育教学技能和思想道德素质；同时，密切高师院校与中学的联系，服务于基础教育，提高基础教育的教育质量。

二、顶岗实习支教的管理与实习基地的选择

顶岗实习支教工作由学校党委和行政部门统一领导开展。学校主管领导牵头，顶岗支教指导中心和教师教育中心具体负责，各相关部门、相关单位积极配合，各相关学院、附属单位具体落实。各学院要成立顶岗实习支教工作领导小组，明确具体负责人。河北师范大学还对以上各单位的职责做出明确要求。

顶岗实习支教期间的学生管理工作由顶岗支教指导中心、驻县管理教师、所在学院和实习学校共同负责。驻县管理教师需要经常深入各实习学校，与实习学校主管领导及指导教师沟通，经常与实习生所在学院联系，加强对实习生的思想教育、心理健康辅导和日常管理，遇到重大问题，第一时间向实习生所在学院和顶岗支教指导中心汇报，并启动顶岗实习支教重大问题与突发事件应急预案。各学院要保持与驻县管理教师和实习生经常联系，辅导员要全面了解和掌握实习生的思想、教学和生活情况，发现问题快速反应并及时处理。

河北师范大学实习基地覆盖到河北省内多个地市的学校。在进行实习支教基地的选择时，主要选择教学条件相对较好，具备教学指导能力，生活、安全有保障的县、乡示范初、高中作为顶岗实习学校，选择思想重视、条件适宜、保障

① 本节内容根据《河北师范大学顶岗实习手册》及编者参与河北师范大学顶岗实习支教经验整理。

有力、操作规范并具备广泛合作基础的实习县市作为实习支教基地。在选择实习学校的具体操作上，每次实习正式开始之前，河北师范大学都会派相关领导及各驻县教师到实习基地进行考察调研，遴选合适的学校作为顶岗实习学校。

三、顶岗实习支教的内容与要求

实习生的顶岗实习支教内容主要包括教学与班主任工作的教育教学实践活动，各种教育教学管理工作，教育调研活动等面向基础教育的多种服务工作。实习生教学实践活动的内容主要包括：

1. 教学实习，包括教学设计(或课件制作)、备课、编写教案、说课、试讲、课堂教学、评课、指导实验、课后辅导、作业批改与讲评、考试与成绩评定、组织课外学习活动、进行教学专题总结等环节，鼓励不同专业学生共同开展教研活动。

2. 班主任工作实习(见习)，在原班主任指导下，学习掌握班主任工作的基本内容、特点，包括了解班级情况，制订班主任工作计划，对学生进行思想品德教育，日常班级管理，组织主题班会，开展多样化、有实效的班级活动等。探究班主任工作方法和艺术，学会如何教育和引导学生成长。

3. 教育调研和科技创新，实习学生在教育教学实践中结合专业特点和当地顶岗实习支教的需要及个人的兴趣选题，进行教育调研和科技创新，并形成书面报告。

4. 教师职业技能训练，包括语言文字技能训练，学科教学技能、教学设计、课堂教学训练、现代教育技术、技能训练、班主任工作技能训练、综合实践活动指导技能训练。

四、顶岗实习支教的评价

河北师范大学顶岗实习支教总成绩合格者计 18 个学分。对参加顶岗实习支教的所有实习学生进行评价，要坚持客观、公正、公开、务实、简便、可操作的原则，坚持过程性评价与终结评价相结合的评价方法。评价主体实现多元化，评价者由驻县教师、实习学校指导教师与班主任指导教师、实习生任教班级学生、河北师大教学论教师和实习县市特聘名师指导组教师等多重角色分担。如表 9-10 所示，评价的内容由过程评价和终结评价两部分组成。其中，过程评价由教学实践与反思、见习班主任工作实践与反思、教育科研实践、其他实践 4 个评价方面组成，总体反映出实习生在课堂教学、课外活动、班主任工作和调研实践等方面的综合评价；终结评价由课堂教学和 6 项教师职业技能组成。

表 9-10　河北师范大学顶岗实习支教教育教学实践评价表

阶段	序号	评价方面	评价内容	评价指标	分数	权重
过程评价	一	教学实践与反思	表达与沟通	1. 自我介绍文稿 2. 告别与感谢文稿	5	65
			课堂管理	课堂管理记录	5	
			教学观摩与评价	听评课记录	6	
			教学设计与教案编号	1. 说课稿 2. 教案	10	
			课堂教学技能	指导教师评价实习生授课记录	12	
			教学反思	教学反思周记	10	
			参与教研活动	教研活动记录与反思	5	
			接受教学指导	1. 接受面对面教学指导报告单 2. 接受远程教学录像指导报告单	6	
			教学综合能力	实习生所带班级对师生的综合评价	6	
	二	见习班主任工作实践与反思	班主任工作设计	主题班会活动设计	5	20
			班主任工作实施与反思	主题班会活动记录与反思	5	
				课余活动记录与反思	5	
				学生问题处理案例	5	
	三	教育科研实践	教育调研	教育调研报告	10	10
	四	其他实践	服务当地教育教学	服务当地教育教学情况记录	5	5
终结评价	一	课堂教学	完整课堂教学	专业教学录像评价	60	60
	二	6 项教师职业技能	语言与文字表达技能	演讲稿	6	40
			教学设计技能	教案	6	
			课堂教学技能	学科教学技能总结	6	
			运用教学媒体技能	1. 自制教具说明 2. 课堂教学多媒体课件及其制作说明	10	
			班主任工作技能	班主任工作总结	6	
			组织与指导课余活动技能	组织和指导课余活动总结	6	

第十章　关于国内地理教育专业实习的建议

第一节　国内地理教育实习的基本特点

从前文对华东师范大学、天津师范大学、山西师范大学、河南大学、河北师范大学地理教育专业教育实习方案的研究案例中，可以总结出目前我国地理教育实习的一些共性特征及其发展趋势。

一、教育实习的形式依然以集中实习为主

集中型实习，因实习人员相对集中且实习场所相对固定，所以受到许多师范大学的青睐。

具体说来又包括两种形式，一是集中定点实习，即按照大纲的要求，在规定时间内经过校内试讲后，将实习生一次或分批相对集中地安排到若干中学实习。这种实习方式的好处包括：有利于师范院校直接控制实习生一次性完成实习任务；由于实习生相对集中，这样就便于师范院校派出专业指导教师参与实习的组织协调和指导；因实习生专业相同，彼此交流容易，可以共同讨论问题，教学能力提高较快等。

另一种是校内集中模拟实习，即在高校课堂上，模拟中小学的教育教学情景，进行教育教学技能的演练，一般分为校内试讲和微格训练的形式。如山西师范大学城环学院在教师教育专业课程里设置了微格教学的内容(《中学课堂教学设计》)，培养地理教育专业方向学生的教学能力。在实习生正式进入实习学校之前，还有学校组织的专门培训和考核，规定实习生要试讲合格之后才能获得进入中学的资格。华东师范大学、天津师范大学的教师教育专业课程当中也都涉及微格教学的内容。

二、教育实习的时间以不同形式得到延长

就目前关于教育实习的许多研究来看，比较具有共识的一个问题是认为我

国教育实习的时间过短(一般为 6～8 周)，实施形式单一，且缺乏系统连贯的职业训练。

为了解决这个问题，许多高等师范院校都在尝试采用一些新的实习方式，并结合校方实际情况，积极寻求政策、人力、财力等支持。华东师范大学资环学院地理系自 2006 级开始，实施“见习、实习、研习”三习制度。该制度是要将仅仅持续 6 周的集中教育实习，延伸到更加持续性的过程培养当中。即在师范生从大二到大三的学习阶段中，安排 3 次教育见习，每次见习持续一周。在一周的时间里通过参加讲座、赴中学听课、写教案、做课件、与指导老师交流等方式，层层深入地进入教育实习的状态。天津师范大学地理科学专业的学生在参加教育实习之前也有一个见习阶段，他们的见习安排在大三下学期，即教育实习的前一个学期，持续时间较长，为整整一个学期，只是每周去的次数较少，一般根据中学指导老师的课时安排去听课。北京师范大学“4＋2”教育硕士的教育实习方案与此类似，也是在教育实习之前的一个学期安排学生进入中学见习；不同的是由于采取混合编队的形式，每个实习学校只有一名地理学科的实习生。

此外，高师院校也积极采用多种教育实习方式相结合的形式，如“顶岗支教实习”“自主实习”等，给予实习生更多的实习机会。

当然，教育见习与实习的结合可以很好地延长教育实习的时间，解决大四学生由于工作、考研、出国等原因难以集中精力参与实习的问题。但在见习的具体实施策略上，如何保障见习的效果，如何做好见习与实习的内容衔接，仍是一个值得探讨的话题。

三、教育实习的管理趋于制度化

从已有研究来看，目前我国地理教育专业的教育实习方案主要是依托于师范院校的总体实习方案而建立。校方在实习过程中扮演着总导演和总指挥的角色，而院方是教育实习的实施者和管理者，实习生是教育实习方案的践行者。按照这样的角色定位，校方主要承担的职责包括：明确教育实习开展的时间、阶段要求、总结考核，提供经费保障和政策支持，统筹各个学院教育实习工作的顺利开展等。地理学院(此处将承担地理教育实习工作的院系统称为地理学院)承担的主要职责包括：实施实习动员工作，联系实习学校，选派院系指导老师，对实习生提出任务要求，召开总结大会等。

在责任明确的前提下，教育实习的监管机制也初见端倪。从实习前的岗前培训与考核、中期的检查汇报，到后期的总结、汇报课，已经形成一套比较有效的监管教育实习进程的机制。如山西师范大学的岗前培训（表 10-1）、“中期考核制度”等都起到了积极保证教育实习质量的作用。

表 10-1　山西师范大学岗前培训内容与程序

<table>
<tr><td rowspan="10">培训程序</td><td colspan="2">内容</td><td>学时</td></tr>
<tr><td colspan="2">1. 学院召开教育实习动员大会，宣读教育实习计划，进行教育实习</td><td>2</td></tr>
<tr><td rowspan="4">2. 专题讲座</td><td>①学科教学论教师解读课程标准</td><td>3</td></tr>
<tr><td>②中学名师介绍基础教育课程与教学改革现状及要求，讲解中学教学设计和课堂教学</td><td>4</td></tr>
<tr><td>③观看并评析优秀教师的课堂教学录像</td><td>4</td></tr>
<tr><td>④运用多媒体教学，讲解中学课堂教学基本技能</td><td>2</td></tr>
<tr><td colspan="2">3. 实习生搜集资料，钻研教材，撰写 2 份教案，送交指导教师审阅，学生在小组内自行试讲</td><td>4 天×6 学时＝24</td></tr>
<tr><td colspan="2">4. 指导教师组织学生在小组内试讲，并进行评析指导</td><td>3 天×6 学时＝18</td></tr>
<tr><td colspan="2">5. 各学院与教师教育学院共同成立若干校内培训考评组，每组不少于 3 人，根据《教育实习课堂教学评分细则》，对通过小组试讲的实习生进行考评。考评合格者颁发教育实习校内培训合格证；考评不合格者退回实习小组，进一步练习试讲</td><td>学生数×15 分钟</td></tr>
</table>

第二节　国外教育实习对我国地理教育实习的启示

一、进行教育实习模式创新

我国的地理教育实习主要有单科集中组队、混合编队、全委托、部分委托、集中定点、分散回乡、自主实习等模式。目前我国的地理教育实习存在模式单一、缺少组合使用或组合使用不合理的情况。依据教师教育的发展以及教育改革的进展要求，我们应对教育实习方式进行创新，并根据实际情况对教育实习的形式和组合方式进行合理的决策。

近年来，一些国家改变了过去那种单一的集中式实习形式。采取连续性、阶段性教育实习的方式。不管教育实习方式如何，各国均将分散实习和集中实习相结合。对教师教育都持重视的态度，他们的教育实习基本上目标比较明确，时间较为充裕，实习内容丰富。

如美国的教育实践可分为3种：模拟实习、早期实地经验和教学实习。英国采用以中小学为基地的教师培训模式，强调大学与中小学的合作，重视师范生实际教育能力的培养。德国实行两阶段教师培养模式：第一阶段是大学负责的修业阶段，包括"学校实践的3次(共12周)教育实习"；第二阶段是教育行政当局负责的实习阶段，实习阶段长短不一，一般是18～24个月。日本采用定向培养中小学教师的教育大学的全程实践法，在整个学习期间分期开展教育实践，一年级至四年级有阶段地连续进行，这种教育实习一般分为观察(包括参观和见习)、参与、在任课教师的指导下独立组织教育教学活动3个阶段。

以上的教育实习模式都可以在我国教学资源允许的前提下加以借鉴，并创造出适合我国地理教育实情的教育实习模式。

二、建设稳定而持续的地理教育实习基地

世界各国大都设有稳定的实习基地，且师范生选择的实习学校基本上都是毕业后就业的场所，这在一定程度上提高了实习生和实习学校的积极性。此外，国外的大学比较注重与中小学加强合作联系，并在师范生实习过程中选派优秀的教师指导实习生的实习。

美国许多从事师资培养的高等教育机构就十分重视广泛地开辟实习场所，以开展教育实习，它们都与附近中小学保持密切的联系并建立稳定的实习基地，对师范生教育实习进行双方的统一领导与管理。一部分高校还建立了一种新型的实习学校，即入门学校(Portal School)，这种学校多设在贫民区，易于与高等院校建立较为稳定的互惠互利关系；而且，师范生在入门学校实习，能得到更全面的锻炼。

英国的师资培养机构主要通过建立中小学实习基地，双方互惠互利，充分调动中小学参与教师培训的积极性。

德国建立了见习期训练学院和与之挂钩的训练学校(实习学校)，实习基地十分稳定。

日本高度重视教育实习基地的建立和培养，从法律上明确了各大学附属学校要承担的大学生教育实习任务，其实习机构比较完善，建有许多附属学校作为教育实习和研究基地，有些大学还成立了实习指导中心，下设研究、指导、实践、调查4个部门，推动教育实习研究，并对培养教师教育能力进行科学研究。

比较而言，我国的地理教育实习基地缺乏且不稳定，教育实习的延续性难以保证。

三、完善地理教育实习的管理和考评制度

尽管目前我国高等师范院校在开展地理教育实习的时候已经在制度上加以规定，但相对于西方各国而言，其科学性和完备性仍然有待进一步的考究。西方各国都比较重视对教育实习的管理，基本都实现了制度化与合作化。

在英美等国的教育实习管理中，每学期师范院校把实习生名单交给地方教育行政部门，一般由地方教育行政部门组织成立教育实习工作领导小组，统一领导教育实习工作。小组成员是由教育行政部门的官员、大学派出的专职教育实习指导教师和实习学校代表所组成的“三位一体”的教育实习领导联合体，共同负责教育实习计划的制定、组织与分配，并对教育实习进行督导、考核与评估等工作。通过这样的管理方式，地方教育行政部门、师范院校和实习学校共同参与到教育实习的管理工作中来，从而提高了教育实习的管理水平和教育实习的质量。

日本教育实习机构也比较完善，建有许多附属学校作为教育实习和研究基地。各个师资培养机构都设置有专门的教育实习指导委员会，实习学校有专门的实习辅导处，专门负责教育实习的具体事项的管理和监督。

法国的教育实习则由师范学校和有关分学区的省督学组织管理，并由师范学校的教师和有经验的在职教师协同指导。且实习学校与师范院校之间实现密切合作，把安排师范生实习纳入本校年度工作计划，使之成为学校活动的重要组成部分。

比较而言，我国高师院校对教育实习的管理则较为宽松，缺乏相应的、严格的、多元化的管理、考核与评价机制。一般来讲，地理学院对实习内容缺乏细化的考核标准，客观上给实习的组织、管理与评价带来诸多困难和不确定性，不利于实习环节中教师与学生双方的监督与管理。此外，大部分高师院校独揽教育实习大权，从教育实习的计划、组织、实施到督导、考核与评价等，教育行政部门、实习学校、用人单位等都没有参与到对高师教育实习的相关管理工作中来。这也是有待改进的地方。

第三节　关于我国地理教育实习的意见和建议

一、宏观层面上加强对地理教师教育专业课程的建设

从第三章的研究介绍中，我们已经可以找到我国高等师范院校地理学院教师教育专业课程设置的一些基本特点：课程数量上逐步增多，在原有的“老三

件”(教育学、心理学、课程教学论)基础上开辟了不少新的具有鲜明时代特色的课程，如华东师范大学的《地理新课程研究性学习》《现代地理教学技术(微格)》，天津师范大学的《信息技术在教学中的应用(地理)》，山西师范大学的《中学课堂教学设计(含微格教学)》，以及北京师范大学的《地理多媒体教学》等。这些课程结合现代中学地理课堂对地理教师的需求，着重于培养师范生的现代教学理念和教学技能。课程在学分上所占比例也逐渐增大，最多的如天津师范大学，结业要求修满 30 学分，占到毕业所需总学分的 18.29%(总学分按 164 分计)。

但具体来看，这些课程的设置在培养学生能力方面缺乏系统的内在联系，课程内容存在交叉的现象。以华东师范大学地理系师范班的教师教育专业课程为例(表 10-2)，关于教学技能的课程就有 3 门(《地理教学技能与教学方法》《现代地理教学技术(微格)》《多媒体地理教学技术》)，课程具有很强的相似性，在授课内容上需要明确的界定和说明。而在课程开设的时间分布来看，集中于大三下学期，在大二下学期仅开设了一门，且在大四上学期还有课程开设，这势必与集中教育实习造成冲突，也影响到授课的效果。再从课程结构上来看，现有的地理教师教育专业课程基本没有考虑师范生的心理认知规律和实际需求。我们认为可以将原理性较强且对师范生参与教育见习有指导作用的课程安排在大二阶段，如在现有的基础上于大二上学期增开《教育学》，大二下学期增开《心理学》和《多媒体地理教学技术》；在大三阶段开辟更为系统的有利于指导教育实习的《地理课程论》《现代地理教学技术(微格)》等。

总的来讲，高等师范院校在开设地理教师教育专业课程的时候，不能仅仅以数量来衡量，更要考虑的是课程之间的协调、课程对师范生能力培养的意义、课程内容的衔接等方面的问题。

表 10-2　华东师范大学地理教师教育专业课程时间分布

学期	开设课程
大二上学期	地理教学技能与教学方法、教师口语
大二下学期	地理新课程研究性学习、教育见习(一)
大三上学期	国外地理教育、心理学、教育见习(二)
大三下学期	中学地理双语教学、地理课程论、现代地理教学技术(微格)、教育学、教育见习(三)
大四上学期	多媒体地理教学技术、教育实习

注：表格中包括了 3 次教育见习和教育实习的安排。

二、中观层面上改进并完善地理教育实习的方案

就目前我国高等师范院校地理教育实习的基本现状来看，仍然以6～8周的集中式实习为主，形式比较单一。在实习内容上主要要求完成教学实习和班主任工作实习，教育调查实习和课外活动实习基本属于选做内容，不计入最后的成绩考评。地理课与其他课程最大的差别就在于其具有很强的地域性，可以组织丰富的地理课外活动或调查活动。因此地理课外活动是地理课堂教学的延续，可以作为地理教育实习的重要内容并加以规范。①

在教育实习实施的过程中，岗前培训与考核、中期检查、后期汇报的制度值得推广。我们应改变目前终结性评价的做法，推广对实习生具有更强约束作用的过程性评价，并且派专岗专员执行监督和考评工作。此外，还可以建立以高校、学院、实习学校为一体的地理教育实习管理和评价小组。

目前我国地理教育实习的实施大都缺乏实习生教学经验的积累、展示与交流平台。每一年参与教育实习的实习生对上一年实习的整体状况缺乏相应的、系统的了解，在实习过程中只是按部就班地做事，或等着学院里老师和小组长的通知，并不知道具体的实习流程。因此，我们建议可以通过建立实习生资源库，把历年实习生的实习概况、教学实习的视频、实习总结报告等，选择比较优秀的保存下来。在新的教育实习工作开始之前，对实习生开放资源库，还可以邀请优秀的实习生来做经验交流等。

当然，学院要努力为实习生建立稳定的地理教育实习基地。平时可以通过邀请中学地理教师参与研究课题、共同开展地理活动、给中学地理教师提供必要的学习和深造平台等方式，来加强彼此的交流互惠。

三、微观层面上要提高实习生的知识水平和教学技能

在对北京师范大学和华东师范大学地理教育专业的实习生调查中发现，实习生普遍认为自己的专业知识水平、板书能力较差，他们也希望学院在教学过程的设计、教学技能与方法等方面多做指导。

反思目前大部分的实习学校不愿意接纳实习生的原因，很大程度上是担心实习生的介入会打乱正常的教育教学秩序，不能胜任一节课的教学工作，影响班上学生的学习成绩。如果实习生在进入中学之前，已经对教材、教法、教学

① 邵秀英，王红，等．高等师范地理教育实习现状与规范性研究[J]．教育理论与实践，2005，25(7)．

等有了充分的把握，而且有着丰富的地理知识和教学基本功，实习学校的顾虑自然会被打消，当然对于实习生而言也会拥有一个更舒心的实习环境。

因此，从本质上来讲，学院在培养师范生的时候不仅要着眼于教学技能的训练，更要重视师范生在地理知识方面的积累。可以通过必要的地理知识测试、地理知识竞赛等方式来促进地理师范生自我知识水平的提高。

第三篇

北京师范大学地理教育教学实践

第十一章　北京师范大学教育教学实践概况

第一节　总体介绍

教育实习作为教师专业化发展的重要环节，在教师教育的过程中占有非常重要的地位。它是北京师范大学教师教育课程模块的核心课程。师范专业本科生在毕业前集中申办教师资格证书，必须参加教育实习并取得合格以上的成绩。

经过长期的探索和总结，北京师范大学在教育实习的目标、模式、内容、评价、管理等方面都积累了宝贵的经验和财富。

按照《北京师范大学本科生教育实习纲要》，学生经过教育实习，要达成的实习目标主要有4个：一是了解学校教育、教学及管理等工作的现状与进展。二是通过教学实践加深对基础教育国家课程标准的理解，能够依据基础教育国家课程标准开展教学工作。熟悉中学或小学某一课程的基本教学内容，通过实践了解教学工作的基本过程、基本规律和方法，具备独立从事这门课程教学的初步经验与基本技能。三是使实习生在某一课程的教学活动中初步了解中小学生的学习规律及心理活动特点。并能结合中小学学生的特点在教学工作中渗透思想教育。四是要了解中小学教育工作的基本要求与规律，能够根据实习学校的要求做好各项教育工作。

目前，在实习内容、模式上学校允许多种实习模式并存，由院系决定选用何种实习模式。在教学方面，实习的内容包括学科课程教学、综合实践活动课程教学、校本课程教学等；在教育方面，实习内容包括班主任工作、团队活动与社团活动指导等。某些专业还可开展教育管理工作实习。

为保证教师教育的培养质量，学校与实习学校指派指导教师对实习生的教育教学活动进行业务与思想方面的指导。学校特地制定了教育实习成绩评定指标体系《北京师范大学教育实习成绩评定表》，对实习生的实习态度、完成实习任务的质量等方面进行严格的考核。

在组织管理方面，学校加强了对教育实习的组织、领导与管理，建立学校与院系二级实习组织与管理机制，并制定相应的《北京师范大学教育实习组织与管理细则》，各级教育实习组织者、指导者与参加者都要按照其中的要求开展实习工作。此外，学校还组织实习工作经验交流，表扬实习工作开展得好的院系及指导工作出色的教师。

第二节　教育实习的实施策略

北京师范大学的教育实习由教务处统一组织与管理，各学院办公室由教务秘书配合执行。在学校层面上，为了切实保证教育实习的顺利开展和开展质量，学校从文本资料和网络平台两个方面进行了管理。

文本资料方面，学校教务处每年都会根据该年的实习生情况，制定《教育实习工作指南》(以下简称《指南》)，详细列出实习学校、实习人数、指导教师等名录，并将各院系教育实习负责人及联系电话一一列出，一方面明确了教育实习的责任分担、保障了教育实习的有效实施，另一方面也有助于学校与各院系的沟通、利于在实习过程当中对突发状况的处理。《指南》还特地对赴外地教育实习的师生进行了指导，包括对行程安排、注意事项、急诊报销等事务都做出了细致的说明。

教务处会给每位实习生发放一本《教育实习工作笔记》，便于实习生及时记录实习过程当中积累的经验和心得体会。

此外，教务处还印制了《本科生教育实习文件汇编》发给每位实习生和实习指导教师，内容包括"北京师范大学本科生教育实习纲要""北京师范大学本科生教育实习组织与管理细则""北京师范大学本科生教育实习经费使用管理细则""北京师范大学本科生教育实习实习生守则"等各项条例，以及教育实习过程中使用到的各类表格(共有 14 份)及使用方法和存档要求。这些条例和要求从理论上完善了教育实习的管理体系，使得教育实习得以有条不紊地开展。而完整的 14 份表格，涵盖了从教育实习工作预报、实习生情况、教育实习内容及进度、教育实习成绩评价到小组工作总结、经费支付情况、实习教案、班主任工作报告的各项内容，可以说，这些表格很好地督促了教育实习整个工作的执行效率。

在网络平台方面，学校教务处网站会及时发布关于教育实习各项工作的通知，提供各类表格和文件的电子版下载，规定相应文件上报的时间点。在2009年的教育实习中，学校首次创建了“北京师范大学实践教学网”，把教育实习成绩评定、实习教案等在网上完成，加强了实习过程当中各实习管理方的互动交流，提高了对实习进程的监控能力。对实习生而言，也可以及时了解实习动态，将自己的实习心得体验与他人分享，加强了实习生之间的互动交流。实习学校指导教师也可登录该网络对实习生成绩进行评价。

第三节　教育实习的进度安排

学校对教育实习的部署工作一般从大三下学期(春季学期)开始，要求各院系填报实习学生名单。在大四上学期第一周(秋季学期)要求各院系填报实习单位落实情况和实习生情况。

一般在实习前一周，学校教务处召开全校教育实习动员会，各个院系的教育实习带队教师到场。院系签到，领取相关表格(实习基地信息采集表)。大会对本次教育实习概况做出介绍，包括实习生数量、实习地的分布、本次实习的突发状况处理等。关于各个实习学校的特殊性也做出提醒，鼓励各位教师要多了解实习学校的状况。此外还邀请优秀带队教师分享带队心得与体会，与各位教师充分交流。强调带队教师在实习前的准备工作和实习期间的工作，如：进入实习学校的时间；教材版本、所教年级、课程、备课等；检查教案、听试讲、评课；学生纪律问题等。此外，还会对教育实习的经费与机制的建立做出说明。

集中式教育实习持续时间一般为6周，包括校内准备工作与总结工作1周，中小学实习5周。分散式教育实习持续时间约一个学期或更长，在此过程中实习小组长需要填报“教育实习内容及进度表”(表11-1)，在入校第2～5周之内每周填报一份，便于教务处和院系实时了解实习动态。

一般在实习生离校一周之内，院系开展教育实习总结工作；在两周之内，学校举办教育实习总结大会。学校总结大会要求全校各院系参加教育实习的同学参加，并由各院系优秀实习生代表发言。在搜集齐全各类表格，并完成归档工作之后，本次教育实习工作宣告圆满结束。

表 11-1　北京师范大学教育实习内容及进度表

(分散在一个学期以上的教育实习填写此表)

实习生所在院系：＿＿＿＿＿＿　实习起止时间：＿＿＿＿＿＿

实习学校：＿＿＿＿＿＿　实习年级班级：＿＿＿＿＿＿

实习学校指导教师：＿＿＿＿＿＿　我校指导教师：＿＿＿＿＿＿

实习小组组长：＿＿＿＿　联系方式：＿＿＿＿　实习小组成员：＿＿＿＿＿＿

课程名称及类别：＿＿＿＿＿＿　每周上课时间：＿＿＿＿＿＿

本学期每周教学内容及进度(请注明日期、节次、教学内容、教师活动、学生活动、所需条件等)

填表人：＿＿＿＿＿＿　(可另附纸)

实习学校指导教师评审意见： 签字：	院系学校指导教师评审意见： 签字：

填表说明：

实习生于实习第一个月内网上填写本表，打印后交给实习学校和院系指导教师评审。

本表一式 4 份，一份交我校教务处，一份交我校实习指导教师，一份交实习学校指导教师，一份自己保存。

第十二章　地理学与遥感科学学院本科生教育教学实践研究

第一节　教师教育课程设置及培养方案

北京师范大学地理学与遥感科学学院起源于京师大学堂师范馆史地类，从1902年开始招收学生，至今已有百年历史，为国家培养了大批优秀人才。1912年称史地系，1928年历史、地理分别独立设系，1993年改为资源与环境科学系，2003年更为现名。

学士4年制，设有地理科学、资源环境与城乡规划管理、地理信息系统3个专业。其中地理科学专业是传统的师范专业，修读该专业方向的本科生可以参加教育实习，同时只要选修教育学、教育心理学、课程教学论等课程并合格，参加普通话考试并达到二级乙等以上水平，就可以获得高中地理教师资格证。而其他两个专业方向的学生可以自由选修相关课程，但是不能参加教育实习，也不能直接获得教师资格证。目前，学院每年约招收90名本科生，是国家理科基础科学人才培养基地。

课程与教学论专业是硕士9个专业方向之一，该专业方向平均每年会接收一名有志于从事教师教育研究的本科保送生，使其接受进一步的学习深造。

学院设有地理教育中心，除本校教师外，还有德国维尔茨堡大学、德国乔治-埃格特国际教科书研究所、美国密苏里大学圣路易斯分校、美国国家地理学会等多位客座研究人员，每年春季学期都聘请世界各地地理教育、环境教育专家来校授课。该中心的基础理论研究领域集中在地理课程论、地理教学论，在基础理论研究的基础上开展环境教育和可持续发展教育。中心会不定期地邀请国内外专家、教授到师大举办教师教育讲座，既丰富了同学们的课余生活，又拓宽了同学们的国际视野。

本科师范生的教师教育课程主要有《地理教学论》《教学技能实训》《地理教材分析》和《多媒体辅助教学》等。

《地理教学论》作为本科生阶段最重要的教师教育课程，也是长期以来师范生培养的“铁三角”(教育学、教育心理学、课程教学论/教法)之一。在地理学与遥感科学学院本科生课程培养体系中属于选修课程，面向全体本科生，开设在第七个学期，即大三上学期，共有3个学分；但是对于想要参加教育实习，获得教师资格证的同学来说，又属于必修课程，因此可以说具有双重性质。

该课程主要介绍国内外中学地理教育；阐明中学地理教学的目的、任务、特点；说明中学地理教学原则的作用和产生依据；阐述《地理课程标准》的性质、作用、结构、内容；揭示中学地理教学实质，知识—能力—情感态度价值观形成过程等。

以2006级本科生为例，学生在接受《地理教学论》课程教育的过程中，组织观摩在北京师范大学第三附属中学、中国人民大学附属中学进行的中学地理研究性教学课。活动结束后，每位同学都针对教师们的授课提交一份作业《地理研究性教学课分析与评价》。

在《地理教学论》中，有一项作业是要求每个同学挑选中学地理中的任意课程，认真分析教材，备写教案，选择课程段落上讲台讲15分钟，由教师和其他同学针对学生的教学设计、教学过程、教态、教学语言以及板书等各方面进行综合评价，促进学生教学技能的提升。此外，本课程还会邀请北京市各区县地理教研员做报告，介绍目前中学地理教学改革情况。

《地理教学论》课程成绩主要由平时成绩和期末笔试成绩两部分组成，各占50%。平时成绩是由《地理研究性教学课分析与评价》作业和上台讲15分钟两部分组成。期末考试内容包括地理知识、地理教育以及画图技能的考核。

第二节　教育实习的实施方案

一、教育实习的管理方案

地理学与遥感科学学院作为北京师范大学历史最为悠久的院系之一，在师范生教育方面一直非常重视，长期以来也积累了丰富的管理经验。教育实习工作由教学院长统领，下设3位负责人，即分党委副书记、教学论方向教授、实习班级的班主任。学院的各项工作由教学秘书部署执行，所以教学秘书是整个实习过程的直接责任人，也是在管理过程中跟实习生交往最多的人员。

教学秘书在教育实习过程中主要起到了一个桥梁作用，一方面把学校教务处的相关通知传达下去，另一方面也根据学院自身的情况来部署各项工作。其负责的管理工作主要包括：前期发布教育实习的信息，明确参与教育实习的资格要求，统计要参与的人员名单；布置召开实习动员大会和总结大会，对教育实习过程中的各项事务做出说明；整理教育实习过程中的各类表格，如实习成绩评价表、优秀实习生登记表、教育实习教案等。

实习生一般会被分成以4～5人为单位的若干小组，每个小组由一位院系指导教师带队，由小组自行讨论确定小组长。因此，实习过程中的各项事务一般由小组长与教学秘书直接沟通，再传达给各位组员。小组长在实习管理工作中也扮演了非常重要的角色。

二、教育实习的实施过程

地理教育实习工作涉及高师院校地理系科和实习学校的各个方面，与平常的教学秩序有很大不同。为了加强教育实习的思想领导和组织领导，保证教育实习工作的顺利开展，必须对教育实习的准备、教育实习的进行、教育实习的组织形式及管理、教育实习基地的建设等诸方面工作，进行认真的探讨和研究。

概括起来，地理学与遥感科学学院教育实习的实施过程主要包括前期准备、具体实施、后期总结评价3个阶段。

在前期准备工作中，首先，学院重点配合教务处的工作，发布教育实习相关要求的通知，完成教育实习预报工作(此项要求在大三下学期第14周之前完成)，并联系和落实实习单位(此项于大四上学期第一周填报完成)；其次，在学院内部做好积极动员工作，鼓励有志于参加教师工作的同学参加教育实习，并组织召开地理学与遥感科学学院教育实习动员大会，要求全体实习生和实习指导教师务必参加。在动员大会上，学院会对各实习单位情况逐一介绍，明确实习单位对实习生的相关要求，指出在实习过程当中可能遇到的突发状况及应对措施，提出实习生在实习过程当中应当遵守的纪律。

地理学与遥感科学学院历来采用的是集中式教育实习的模式，在中学开展实习。从实习生进入实习学校到离开学校，总共持续5周的时间。实习内容包括教学实习和班主任工作实习。一般在第1～4周，所有实习生在学科指导教师的帮助下开展教学实习，第5周在班主任的帮助下开展班主任工作实习。在实习学校条件允许的情况下，实习生还可以结合中学教育实践开展调查研究，撰写小论文。学院对此不做硬性要求。在具体实施中，学院对院方指导教师提出了相应的要求，如要带领实习生与校方指导教师和班主任完成对接工作；要配合校方指导教师一起协助实习生完成备课、试讲、写教案、讲课、反思等工作，切实提高实习生的授课水平；协调好实习生与实习学校的关系，及时处理实习过程中可能遇到的问题以及突发状况。

后期总结评价主要包括教育实习成绩评定、小组工作总结、经费使用统计、优秀实习生和优秀教案推荐、相关表格归档、召开实习总结大会等工作。教育实习成绩评定由教学指导教师、班主任指导教师、院方指导教师、实习小组组员、院方领导小组共同完成。实习成绩由教学指导教师和班主任指导教师给定，其余各方填写实习鉴定意见作为参考。小组工作总结由实习小组长填写，每组一份。归档的各类表格有教育实习教案、班主任工作报告、小组工作总结、教育实习成绩评价表、教育实习成绩报告等。

最后，还会召开院级、校级的实习总结会议，对教师的指导和实习生的实习情况进行总结。

三、教育实习的评价方案

地理学与遥感科学学院采取的教育实习成绩评价方案与学校教务处基本要求一致，即通过表格设定一系列的评价指标，用五步量表和三步量表来给实习生打分。教学实习成绩评价表内容分为：态度与责任心、教学内容、教学设计、教学技能、自我评价、综合表现 6 个维度，合计满分为 100 分，可折算成优、良、中、合格、不合格 5 个等级。班主任工作评价表内容分为：班主任工作素质、班主任工作内容、班主任工作效果 3 个维度，合计满分为 65 分，可折算成优秀、中、不合格 3 个等级。院方指导教师针对实习生的表现、教学中存在的问题和需要改进的地方，填写总结。原则上，“优秀”的实习生人数不超过实习生总数的 30%(表 12-1)。

院系对于优秀实习生的选拔一般有两种方式。一是现场讲课，由教师和同学民主打分选举；二是由院方教学秘书、带队教师、实习小组长讨论决定。前一种方式一般是在召开总结大会的时候举行，每位参加评选的实习生准备 5 分钟的授课，由两位教师和 6～8 位不参加评选的学生组成评议小组，根据实习生的讲课情况打分评定。后一种方式则是综合考虑实习生在实习期间的表现，并结合实习生的毕业动向，如是否即刻要应聘教师岗位，来给予评定。因此，这两种方式各有优劣，前者主要是实事求是地考察实习生的授课技能，以此作为标准；而后者是以实习总体表现为参照，并结合未来的发展趋势给予评定，具有较大的灵活性。

表 12-1　北京师范大学本科生教学实习及班主任工作实习评价表

填表说明：

1. 本表由实习学校指导教师和实习生所在班的原班主任填写。

2. 为客观地评价实习生的成绩，请如实填写；并依据此表数据填写“教育实习成绩报告”。由实习学校负责人审核、盖章后交北师大指导教师或直接寄回北京师范大学教务处教育实习负责人。

实习生姓名：__________所在院系：____________________专业：__________________

一、教学实习成绩评价表(由实习学校指导教师填写，每项指标只能选择一个选项)

评价内容	评定指标	完全符合	比较符合	大致符合	较不符合	很不符合
		5 分	4 分	3 分	2 分	1 分
态度与责任心	遵守教师职业道德规范，按时、按要求完成任务					
	充分备课，工作认真					
	能及时调整教育教学行为，改进工作					
教学内容	认真贯彻课程标准					
	学科基础好，教学内容科学性强					
	注重科学性与思想性的统一					
	教学重点、难点突出，理论联系实际					
	重视学生个性差异和能力培养					
教学设计	教学目标定位合理，符合课标要求					
	教学任务具体，方案设计合理，时间分配合理					
	能以学生的发展为前提，调动学生学习积极性					
教学技能	授课条理清楚					
	教学语言规范、生动					
	恰当使用板书与现代教学手段					
	教学演示规范、恰当					
	有效地组织课堂教学					
	课堂中有效地与学生交流互动					
自我评价	能对教学过程、师生状态、教学效果等进行评价和反思					
综合表现	有一定的教学特色					
	教态自然大方，教学效果好					

合计得分：________________

等级：________________　　　　评价人签字：________________

等级评定说明：总分在 90 分以上为优，80～90 分为良，70～79 分为中，60～69 分为合格，低于 60 分为不合格。

续表

二、班主任工作评价表

（由原班主任填写，开展研究性综合性课程实习的学生不考虑班主任工作）

评价内容	评定标准	完全达到	基本达到	少量达到或未达到
		5 分	3 分	1 分
班主任工作素质	能根据实习学校要求，按时到岗			
	热爱学生，尊重学生，有耐心，工作认真负责			
	能及时进行班主任工作总结			
	以身作则、言传身教，教育行为符合教师职业道德规范			
班主任工作内容	能较快地掌握和熟悉班级及学生基本情况			
	能积极主动配合原班主任，深入细致开展班主任日常工作，认真完成原班主任布置的各项教育活动			
	认真组织开展主题班会及班级活动，内容丰富、有意义			
	有目的地了解个别学生情况，针对学生情况，正面教育，积极引导，并能提出好的教育意义			
班主任工作效果	班级活动效果好，能充分调动学生的积极性、参与性			
	促进班级发展，形成良好班风，使班级学习氛围浓厚，集体荣誉感增强			

评价标准：在上述 10 项指标中，总分在 40 分及以上为优秀，39～25 分为中，25 分以下为不合格。

合计得分：　　　　　　　　　　　　　　等级：

评价人签字：

总结：

你认为该实习生哪些方面有较好表现？

您认为该实习生在教学中存在的问题是什么？有哪些需要改进的地方？

填写说明：

1. 本表一式一份。由实习学校指导教师和我校指导教师分别填写、签名，交我校教务处存档。

2. 本表暂时采用纸质表格，网站完善后网上填写。

第三节　2006级本科生教育实习案例研究

一、概况介绍

本次教育实习共有14人参加，包括男生6人，女生8人，全部为地理科学专业学生。其中，7人有过担任学生干部的经历；6人来自城镇，8人来自农村。在实习过程当中分为3组，实习学校及人数分配情况分别为：北京师范大学第三附属中学4人、北京师范大学第二附属中学5人、北京师范大学实验中学5人。每个实习小组由一名学院指导教师带队。所有实习生于2009年10月12日入校，11月13日离校，持续时间为5周。

实习之前，学院会组织实习动员大会。在实习期间，实习生完成的工作主要包括教学实习和班主任工作实习两个部分。据调查，3个小组的同学在前4周集中完成了教学实习，包括听课、备课、撰写教案、试讲、正式讲课等工作，班主任工作实习贯穿于整个实习过程中，包括参与班集体活动，如篮球赛、两操，检查卫生，监督早自习等，在第五周组织主题班会。实习后期，学院组织教育实习总结会。

二、实习之前关于实习生的调查研究

在实习生进入实习学校前一周，对参与教育实习的人员开展了实习前调查。本次调查采用的是全员调查法，样本容量为14。问卷结构包括3个维度：个人实习基本情况、实习准备工作、自我评价，共计15道题目。相关调查问卷见附录二。（与北京师范大学使用问卷相同。）

1. 实习生基本情况调查分析

在实习态度方面，14名实习生当中，有7人回答是自愿参加教育实习的，另外7人的回答是非自愿参加。在本次实习之前，有2人已经有过学校教学的经历，具备了一定的教学经验。

关于对教师职业的看法，有6人认为教师是太阳底下最光辉的职业，是很好的就业选择；6人认为教师职业很稳定，但带给人的成就感不足；2人认为教师职业很辛苦，年复一年的重复劳动令人倦怠。可见，大家对于教师职业基本是持肯定态度的。而大家在选择职业生涯规划的时候仅有2人选择从事教师岗位，大部分人选择在高校进一步深造，或者是尚未决定自己的就业动向。

鉴于每年教育实习的时间正是大四学生面临毕业找工作、申请出国或考研的阶段，所以不可避免会造成一些冲突。对2006级实习生的调查结果显示，准备留学考试或申请出国的学生所占比例最高，达到35.71%；其次是要参加一些重要的会议或活动；再次是准备考研。最后还有14.29%的同学回答可能会有一些其他事情造成冲突，如不可控因素、亲人来访等。

在问到参与本次教育实习的目的时(图12-1)，有4位同学选择是为了看到自身的薄弱环节，并有意识地在今后的学习和工作中加以弥补，其次分别有3位同学选择为了掌握一定的教育教学方法，培养一定的教育教学能力和充分体验并了解教师职业，坚定从教为师的决心，有2位同学选择为了拿教师资格证，还分别有1位同学的目的是为了提高自己的语言表达能力和人际交往能力以及丰富人生经历。可见，大家参与教育实习的目的各不相同，最多的是为了查漏补缺，提高自身的教学水平和教育能力，这与学校组织教育实习的基本目的是相吻合的。

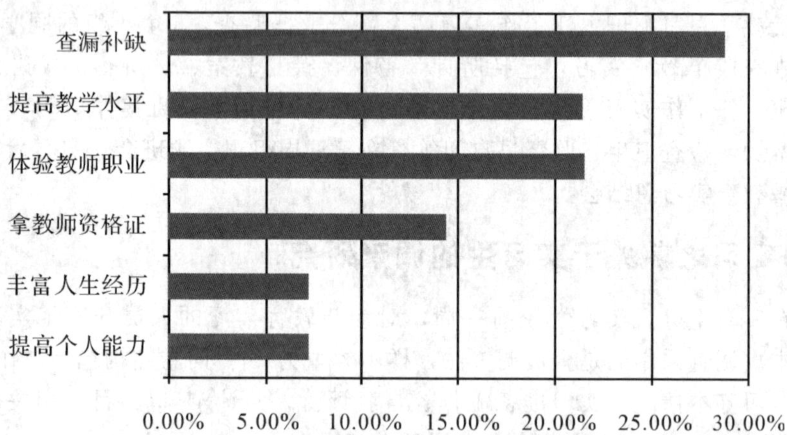

图12-1　地理学与遥感科学学院2006级实习生教育实习目的的调查

2. 实习准备工作调查分析

地理教育实习无论对于学校领导、带队教师还是实习生而言，都是一件十分重要，而且牵涉到方方面面的事情。因此前期准备工作做得是否充分，直接关系到实习能否顺利完成，实习效果是否能够达到预期目标。对于实习生而言，前期准备工作既包括了思想准备、知识和能力准备，还有各种物质材料的准备。本调查主要从思想准备和知识能力准备方面入手，并考察了大家对新课程的了解程度。

修读课程是重要的准备工作之一，调查结果显示，85.72%的实习生在参加实习前都选修了《教育学》《教育心理学》和《地理教学论》课程，有7.14%的同学只选修了《教育学》和《教育心理学》，还有 7.14％的同学只选修了《教育学》。而《地理多媒体教学》选修人数为 0，据了解是因为该课程开课人数没有达到基本要求，所以该门课程被取消。当被问及哪门课程帮助最大的时候，64.29％的实习生选择了《地理教学论》。原因是在这门课程中，实习生学习到了如何编写教案，掌握了一定的教学方法，并且在课程学习当中实际锻炼了自己的教学技能，是一种教学实践过程的课堂再现。当然也有同学认为《教育学》和《教育心理学》帮助最大，因为它们帮助实习生了解了学生心理以及教学基本原理。

每年在教育实习开始之前，学校和学院都会举办一些相关的活动，教师素质大赛就是有志于从事教师职业的学生们的盛会。此外还有普通话考试、听课见习、课堂试讲、微格教学等活动。通过调查(图 12-2)发现，参与听课见习和课堂试讲的比例最大，均为 30％，这两项主要是在《地理教学论》这一课程中进行的；其次有 27％的同学参加了普通话考试并获得等级证书，参加教师素质大赛和微格教学的同学较少，仅为 6％左右。

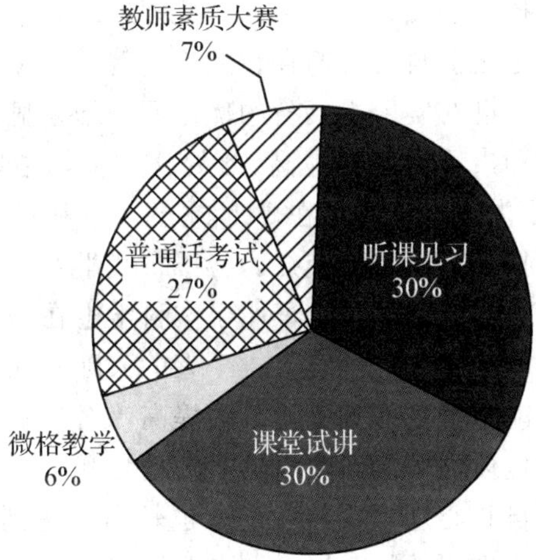

图 12-2　地理学与遥感科学学院 2006 级实习生教育实习之前所参加的活动

教育实习过程中取得怎样的成绩，或者说要收获多少技能，跟个人的行为密不可分。在教育实习之前，个人可做的准备工作包括：阅读实习期间可能涉及的初中、高中地理教科书，阅读关于教材教学教法的书籍，主动与具有教育实习经历的教师或同学交流，研究教案、课件的编写制作技巧，学习关于教师必备素养的知识，关注并了解中学生的心理特征，有意识地参加相关讲座、会议等。如图 12-3 所示，其中最多的是阅读相关教科书和与教师同学交流经验，还有同学说家教也是积累经验的重要方式。

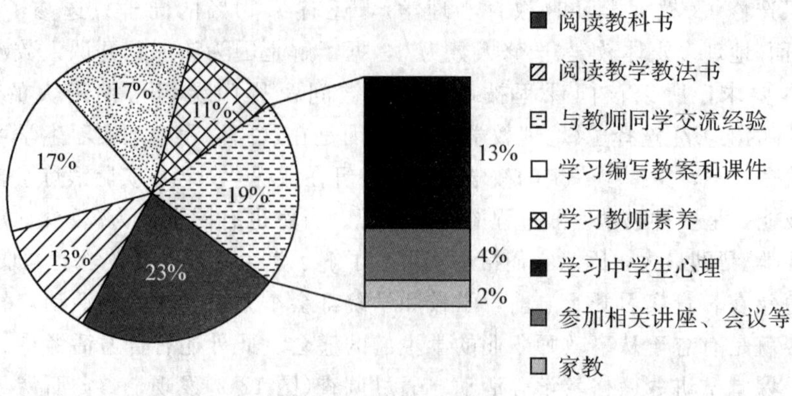

图 12-3　地理学与遥感科学学院 2006 级实习生教育实习之前的个人准备工作

3. 实习生自我评价

实习生对于自我正确的认识和评价，既有利于自信心的塑造，也有利于在实习过程当中更好地扬长避短、查漏补缺。此外，从大家的回答当中也能看出实习生在走向实习岗位之前自身普遍存在的一些问题。

关于实习生对于自己在实习中具备的优势调查结果显示(图 12-4)，实习生对于自身的基本能力和素质肯定度最高(此处肯定度，指单项选择人数占总选项人数的比例)，各项内容肯定度均在 14%之上，总和占所有选项的比例高达 73.7%，具体内容包括：善于与人交往、善于自我学习、做事态度认真、善于与人合作以及表达能力强。该结果也证明了本科学生在经过 3 年多的专业培养和各种社会活动、实践活动的历练之后，个人的人际交往能力、学习和工作能力、协作能力、表达能力等都得到了充分的提高，对自我的认识能力也得到增强，良好的个人素质也体现了实习生自信心的增强。

其次，实习生对自我心理素质的肯定度也较高，达到 12.27%。而对教育实习工作具有直接影响作用的从教兴趣、专业知识和教学经验等方面，实习生却表现出不确定和不自信。单项指标的肯定度仅为 3%～5%，3 项总和占所有选项的比例也只有 14.03%，情况不容乐观。

关于目前作为一名教师最大的不足(图 12-5)，有 28.57%的实习生认为自己专业知识不扎实，21.43%的实习生提到缺少实际教学经验，7.13%的实习生提到自己的教学基本功不过关，还有实习生提到心理素质不够好，以及自己的性格不适合当教师等。

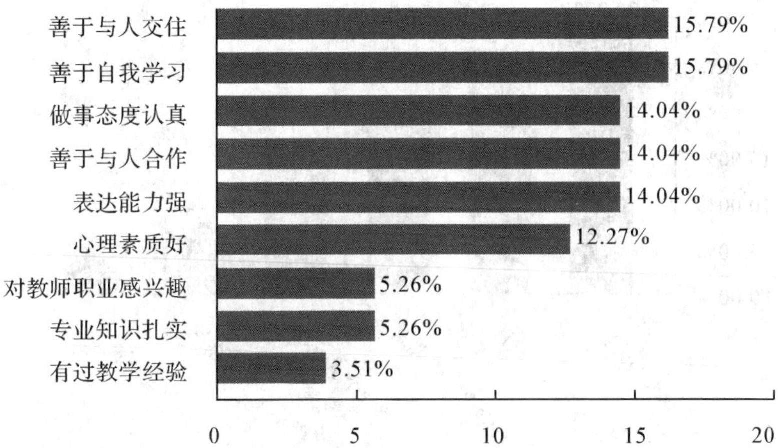

图 12-4 地理学与遥感科学学院 2006 级实习生自我优势评价

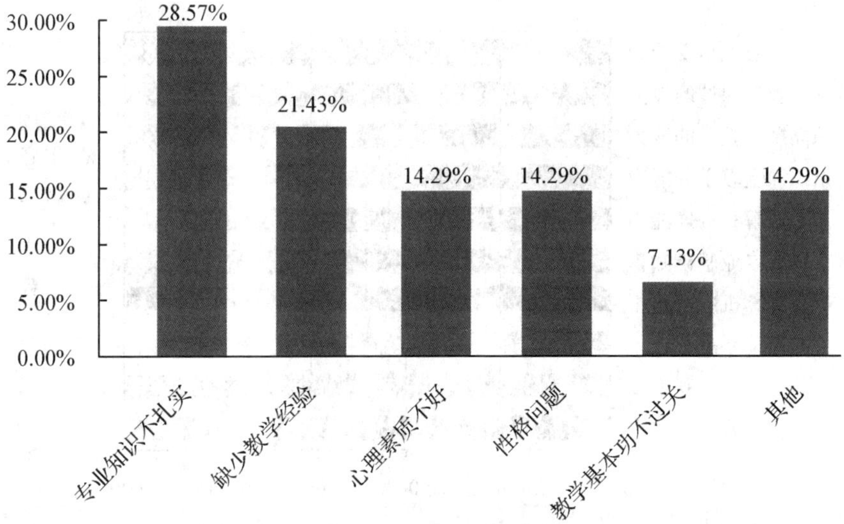

图 12-5 地理学与遥感科学学院 2006 级实习生自我不足的评价

学院作为实习生与实习学校之间的沟通桥梁，承担了在教育实习之前对实习生的培养、锻炼、动员等各项工作。尤其是把握着实习学校对实习生的需求动向，肩负着把实习生培养成为符合实习学校基本要求的人员的责任。根据目前实习生的个人状态和期望来看(图 12-6)，他们尤其希望学院在教学技能与方法、教学过程的设计方面加以重点指导，其次是加强对于教学内容的理解、教师个人素养方面的指导。

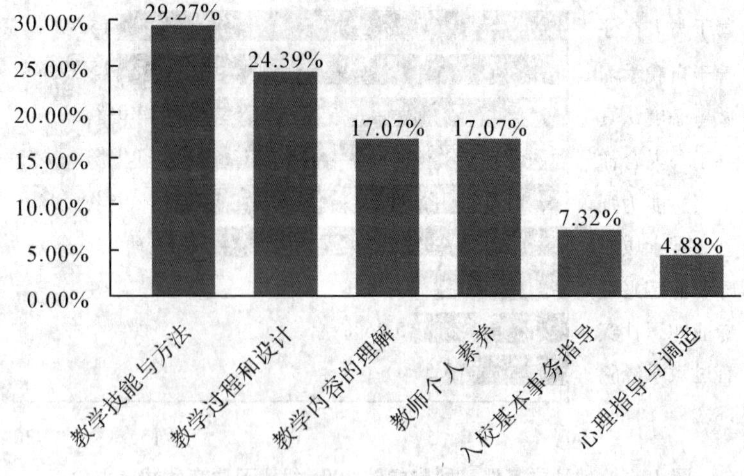

图 12-6　地理学与遥感科学学院 2006 级实习生期望学院给予的指导

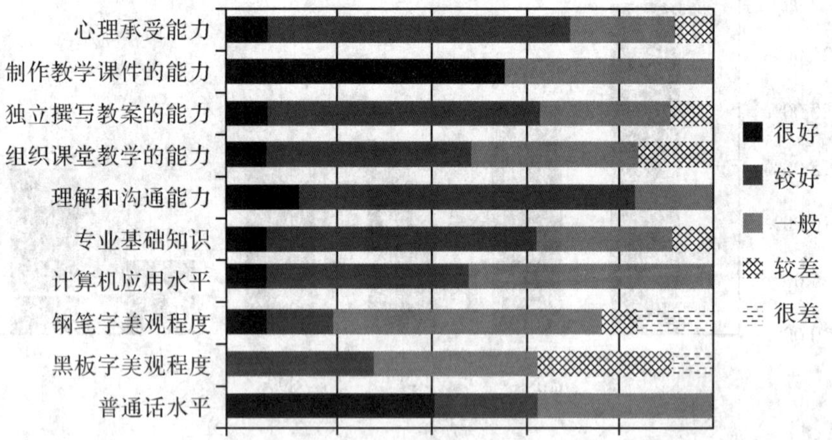

图 12-7　地理学与遥感科学学院 2006 级实习生教学基本功和基本能力自我评价

教学基本功和教学基本能力是衡量一位教师合格与否的重要指标之一，作为尚未正式进入课堂的实习生而言，了解自身的实际水平有利于在以后的教学过程当中有针对性地锻炼提高。该题目包含了普通话、板书、钢笔字、计算机、撰写教案、制作课件等 10 个维度的内容，评价等级分为"很好""较好""一般""较差""很差"5 个等级。从图 12-7 中可以看出，首先，实习生对于制作教学课件的能力、理解和沟通能力、计算机应用水平、普通话水平 4 项最为自信，选择“一般”“较好”“很好”的人数达到100%。其中又以普通话水平最为自信，有40%的人员选择“很好”。其次，我们可以看出实习生的黑板字美观程度、钢笔字美观程度和组织课堂教学的能力相对较差。这3项选择“较差”和“很差”的人数比例最大，其中“黑板字”和“钢笔字”水平明显较弱。最后，实习生的心理承受能力、独立撰写教案的能力和专业基础知识选择“较差”的人数也达到10%左右。由此，我们也能推断出学院需要着重对实习生板书能力、钢笔字、组织课堂教学的能力、独立撰写教案的能力进行培养。

三、实习之后关于实习生的调查研究

2006级实习生实习时间为5周，包括4周的教学实习和1周的班主任工作实习。本次调查的主要目的是了解实习生在参与教育实习之后，个人能力和素质的提高体现在哪些方面，以及对于实习的评价和建议。本次调查与实习前调查类似，采用的是全员调查法，样本容量为14。问卷结构包括两个维度：实习收获、实习评价和建议，共计13道题目，其中开放式问题1道，半封闭式问题2道。问卷回收14份，回收率为100%。相关调查问卷见附录三。（与北京师范大学使用问卷相同。）

1. 实习基本情况

2006级实习生共分为3组，由3名教师带队。实习年级以高一为主，高二、七年级、八年级也有人员分布，使用教材均为中图版地理教材。85.71%的实习生按实习要求在授课过程中使用了4个教案，但由于各个学校之间、年级之间，以及学科指导教师之间的授课进度存在差异，有14.29%的实习生只使用了2个教案，但最终提交给学院的是4个教案。在授课课时数方面也存在一定差异。有一半以上的实习生授课数目为4节，其次有近30%的实习生仅上了2节课，还有15%左右的实习生上了6～9节课。可见，在授课数目上以师大规定的4课时为主，但仍有部分实习生仅授课2课时，数目明显偏少，这将很难使实习生在实习期间得到一定的教学能力锻炼，也难以完成教育实习赋予实习生、实习学校和实习指导教师的责任和使命。

教育实习当中，教学实习、班主任工作实习、教育调查实习、课外活动实习都是实习生经常涉及的内容。对于地理学与遥感科学学院来讲，要求实习生在实习期间必须完成的工作是教学实习和班主任工作实习。但由于学校之间的差异，及实习生个人期待的不同，他们在整个过程中完成的工作也不同。经过调查发现，有近15%的实习生进行了课外活动实习，还有7%左右的实习生自己进行了教育调查实习。

2. 实习收获调查分析

教育实习通常被比喻成连接师范大学和实习学校之间的纽带，对于实习生而言，既是由学生转变成教师的重要过渡阶段，也是检验自己本科阶段所学到的科学知识、所具备的基本能力的一次关键机会。教育实习过后实习生在诸多方面都有所收获。

关于对参加完本次教育实习最大收获一题的调查(图 12-8)中，选择人数最多的前 3 项内容依次是：掌握了一定的教育教学方法，培养了一定的教育教学能力(32%)；看到了自身的薄弱环节，并有意识地在今后的学习和工作中加以弥补(28%)；更了解教师职业的崇高，更坚定了从教为师的决心(20%)。关于目前如火如荼推崇的地理新课程，有 10%的实习生认为自己加深了对地理新课程的理解，了解了中学的地理知识体系。当然，教育实习实际上也是检验自己从业理想的一次机会，实习过后有 2%的实习生表示知道了当教师的辛苦，毕业后不想再当教师了。因此，教育实习除了具备传统的一些作用以外，对实习生而言更是一次进行未来职业定位的机会。通过实习不但加深了对教师职业的认识和理解，而且也促进了对自我的认识。

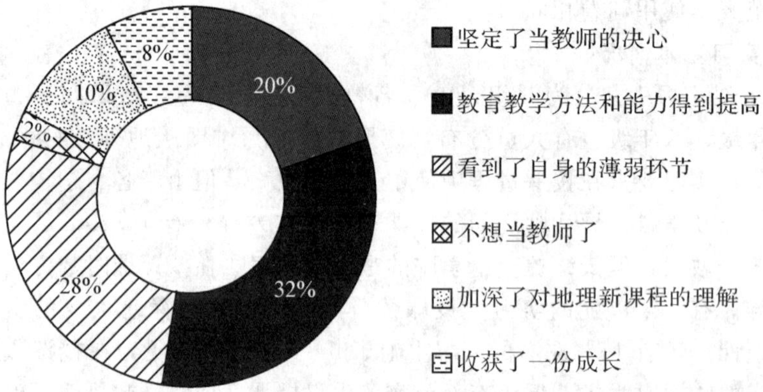

图 12-8　地理学与遥感科学学院 2006 级实习生实习收获

在教学实习方面，对实习生认为自己把握较好的能力进行了调查。统计(图 12-9)显示高达 33%的人认同自己在教学过程的设计方面把握最好，其次是师生之间的互动，选项比例为 21%，再次是对教态的把握。而把握较弱的 3 个方面依次是对新课程理念的把握和运用、课堂调控能力以及板书。因此，可以看到教育实习对于提高实习生过程性的实际教学水平，如教学设计、课堂讲授等有较为明显的作用，而对于需要长时期经验积累的能力，如课堂调控能力、板书设计与书写等则需要实习生自我长期的修炼才能生成。

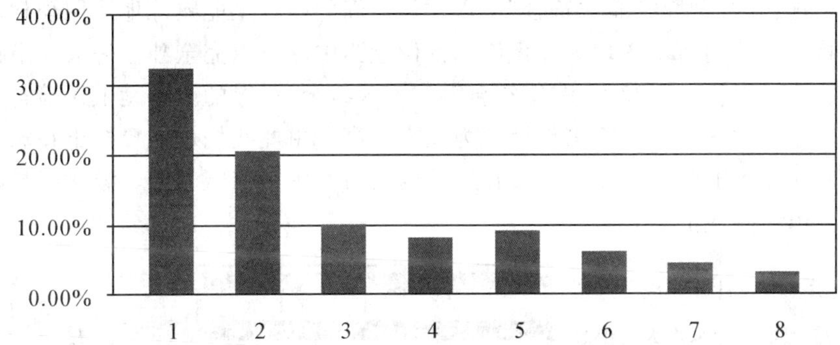

1—教学过程的设计 2—师生之间的互动 3—教态 4—教学语言的运用 5—现代教学技术的使用 6—板书 7—课堂调控能力 8—新课程理念的把握和运用

图 12-9　地理学与遥感科学学院 2006 级实习生课堂教学能力

实习是一个查漏补缺的过程，通过实习，实习生切身体会到自身与作为一名合格教师之间存在的差距(图 12-10)。实习生认为最需要提高的能力是对课堂的调控能力和分析教材的能力，当然作为仅仅担任过一个月的地理教师，其教学设计的能力和教学技能都需要在以后的工作、学习中加以锻炼。

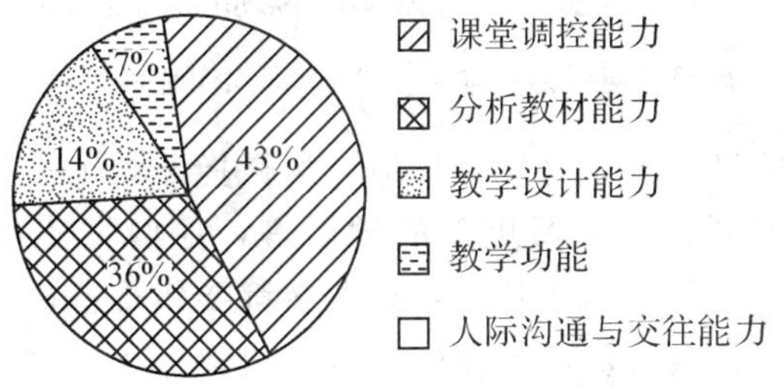

图 12-10　地理学与遥感科学学院 2006 级实习生待提高的教学能力

在实习过程中，写日记是一个良好的习惯，可以帮助自己及时反思总结在教学过程当中的得失，是完成教学反思的一个有效方式。北京师范大学也为此特地给实习生准备了实习日记本，鼓励大家在上面记录下实习过程中的点滴感悟。但经过调查发现，在 14 名实习生当中仅有 2 名表示有写日记的习惯，所占比例不到 15%。其中有 1 名实习生保持了每天写日记的习惯，这对她在整个实习过程当中及时改进工作、增进对工作的认识及学生的了解都起到了非常积极的作用。

在教学实习期间，实习生完成了诸多教学行为，包括备课、写教案、制作教学课件等。实习生根据自己的情况对自我的教学行为进行了评价(图 12-11)。

其中，选择“符合”和“非常符合”所占比例最高的内容是能熟练地运用现代教学设备将大学期间所学的理论知识应用到课堂当中、可以完全独立完成一节课的准备、实施工作。而尚存在“不符合”或“不太符合”情况的内容是上课前都要进行不少于三次的试讲、板书设计能力大大提高。由此我们也能窥探出在教学实习期间实习生的整体表现，以及在以后的实习当中，带队教师、教学指导教师要重点给以关注的问题。

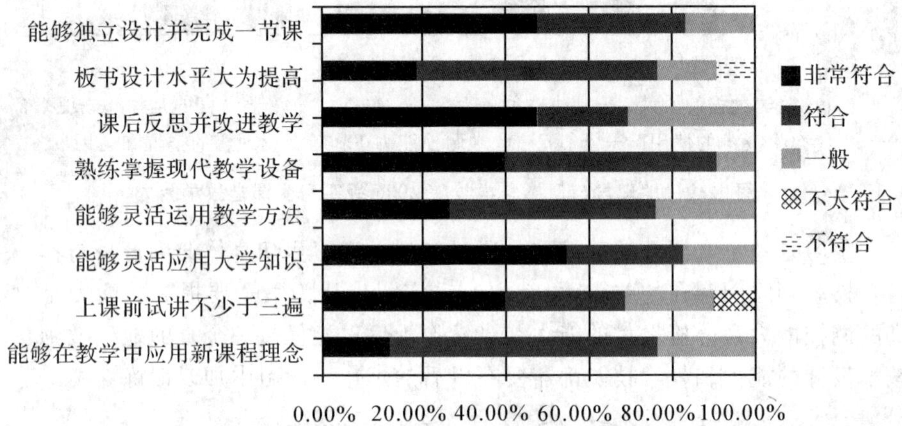

图 12-11　地理学与遥感科学学院 2006 级实习生教学行为自我评价

教育实习的过程涉及师大带队教师、学科指导教师、师大组织者、实习学校管理者、实习同伴、实习班上的学生等，他们在实习过程中的有机组合，就像是在做一道美味的菜肴，各种调料都要相得益彰。实习生是参与教育实习的实践者，其余人员都是在辅助其完成教育实习赋予的任务。实习生认为在实习过程当中，对他们帮助最大的人是学科指导教师，认同比例为 71.43％。主要原因是认为学科指导教师不仅耐心细致地指导教学工作，倾囊传授自己的教学经验，而且他们的工作态度和人生目标对自己有很大的启示作用。还有 28.57％的实习生选择了实习同伴，实习同伴作为每天与自己一起学习、生活、工作的人，相互之间听课、评课、说课，促进了教学的进步与提高。

在班主任工作实习方面，问卷首先对作为一名班主任最需要具备的能力和认为自己最需要提高的能力进行了调查。统计显示(图 12-12)，实习生认为最需要具备的能力往往也是自己最需要提高的能力，二者基本上吻合，但也存在差异。实习生认为最需要具备的能力依次是班级管理能力、对问题学生的个别教育能力、处理突发事件的能力、与学生建立良好关系的能力、班级活动指导能力，这些能力也基本是依次需要提高的。但我们也可以看出，有一些相对需求较低的能力却是实习生迫切需要提高的能力，如对问题学生的个别教育能力、处理突发事件的能力和班级活动指导能力。

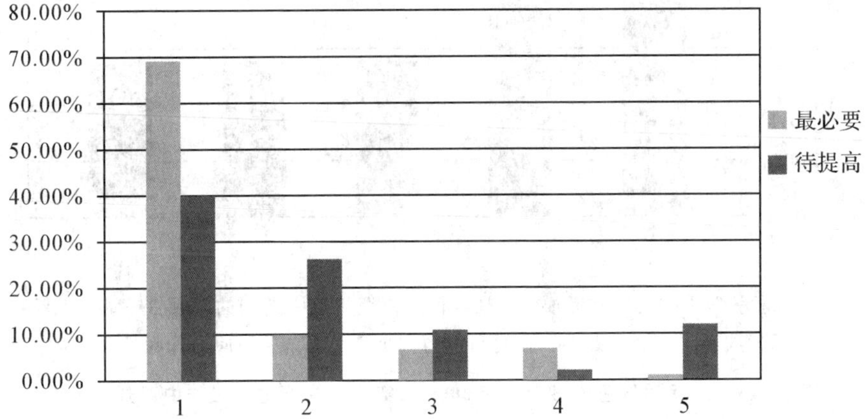

1—班级管理能力 2—问题学生的个别教育能力 3—处理突发事件的能力 4—与学生建立良好关系 5—班级活动指导能力

图 12-12　地理学与遥感科学学院 2006 级实习生对班主任工作所需能力的评价

如图 12-13 所示，在班主任工作实习的过程中，实习生觉得最大的问题是"不了解学生的心理和需要"，这就使得他们在最初进入班集体的时候，不知道该怎么融入学生的生活当中，对班集体也存在陌生感。其次是认为班级管理中遇到的问题难以处理，比如，学生消极抵抗、同学之间关系僵硬、有人参加班级活动不积极等。

实习生参与班主任工作实习是为了将来在教学工作之外，能够承担一个班级的管理工作。据调查(图 12-14)发现，实习生普遍认同(以选择"符合"和"非常符合"所占总比例为标准)自己能很好地完成班级日常管理工作、能平等地对待班级中每个学生。其次比较认同(以选择"符合""非常符合""一般"所占总比例为标准)自己能很好地完成班级日常管理工作、能有效处理班级突发事件。此外，分别有 10%的实习生认为自己不大能够独立开展班级主题活动，根据学生的性格和心理特点进行个别教育，以及巧妙地运用班主任工作方法和艺术。

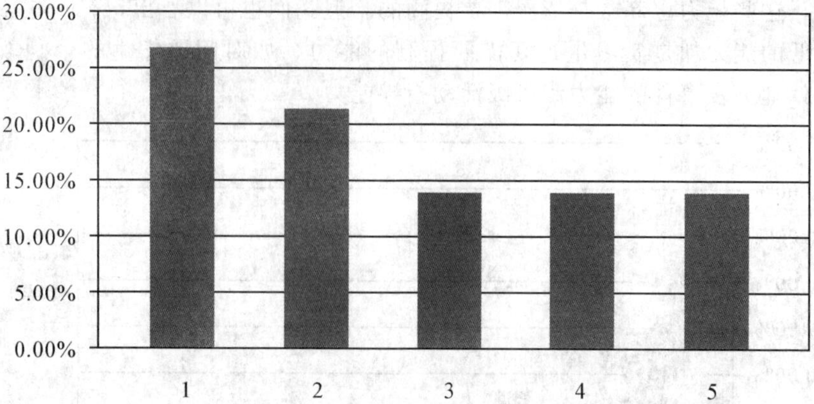

1—不了解学生的心理和需要 2—难以得理班级管理中遇到的问题 3—原班主任不肯放手 4—事情太多，时间和精力不足 5—不知道如何处理师生关系

图 12-13　地理学与遥感科学学院 2006 级实习生在班主任工作中遇到的困难

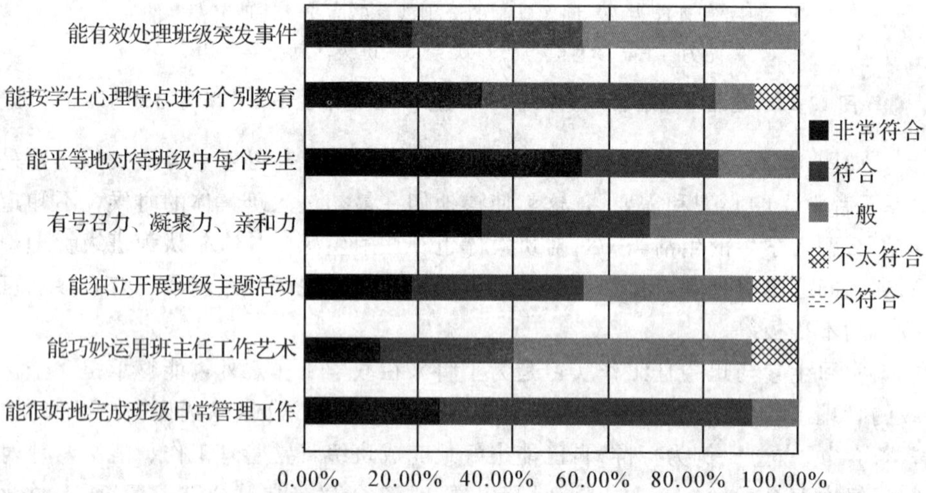

图 12-14　地理学与遥感科学学院 2006 级实习生对班主任工作中的自我行为评价

在班主任实习中，实习生认为对自己帮助最大的人是班主任指导教师和班上的学生，其次是师大带队教师和实习同伴(表 12-2)。

表 12-2 班主任工作中对实习生帮助最大的人

帮助最大的人	师大带队教师	班主任指导教师	实习同伴	班上学生
人数	14.29%	35.71%	14.29%	35.71%

3. 实习评价及建议

实习生作为教育实习最重要的实践者，在教育实习过程中投入了许多的时间、精力和心力，而且对于实习中各个环节都非常熟悉，对于实习也有切身的感受。因此，可以说他们的实习评价具有重要的参考价值。

关于本次教育实习的时间，有 78.57%的实习生认为长短刚好，21.43%的实习生认为实习时间较短，尚未得到充分锻炼。

关于教育实习的组织方(包括师大/学院和实习学校)对实习的重视程度(图 12-15)，有 50%实习生认为很重视，50%认为一般，可见其重视程度是不够的。关于学科指导教师的工作态度、学科指导教师的教学水平和班主任指导教师的工作态度，均有 85.71%的实习生持肯定态度，可见满意度是比较高的。相对评价较弱一点的是对师大带队教师工作态度的评价，71.43%的实习生认为态度认真，28.57%认为态度一般。

总结教育实习对实习生个人产生的影响，78.57%的实习生认同教育实习对自己产生了积极的影响，21.43%认为影响一般。

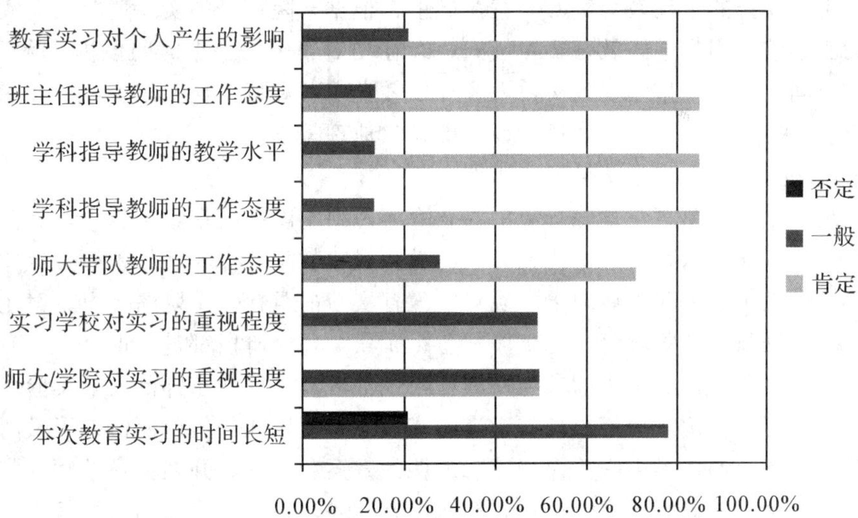

图 12-15 地理学与遥感科学学院 2006 级实习生对教育实习的整体评价

实习生针对带队教师、学科指导教师、班主任指导教师、实习同伴、实习学校以及师大管理者都提出了很好的意见和建议。针对带队教师，实习生提出较多的意见是希望带队教师能多与实习学校沟通，对于自己在课前的试讲也能多来听一听，提出相关改进意见。针对学科指导教师，实习生提出希望能够多给一些讲课的机会，同时给自己更多自由发挥的空间。针对班主任教师，实习生希望可以多分配一些任务给自己，可以更大胆一些，放手让自己去做，此外还希望可以公平地对待每位实习生。针对实习同伴，实习生希望相互之间保持互助，多提意见共同进步，并且都能认真对待每个细节。

实习学校给实习生提供了一个学习、实践与进步的重要场所。实习生一方面对此表示感谢，另一方面也希望可以提供一个更好的工作条件，并且能够更重视和关心实习生。师大教育实习管理者主要包括教务处相关负责人和学院教育实习管理人员，实习生希望其多与实习学校沟通，多关心实习生在各个阶段的境况从而提供必要的支持。此外，应该做到让实习生更加清晰地了解实习过程，以提高自觉性。当然，网络管理系统也需要进一步的完善。

第四节　实习方案整体评价

北京师范大学地理学与遥感科学学院的教育实习方案，主要是在北京师范大学统一安排的全校教育实习方案基础上，根据学院自身的实际情况来落实执行的。学院采用集中式教育实习模式，即在相对集中的一个时间段内，大致6周的时间，集中安排学生到实习学校开展教学实习和班主任工作实习。在参与教育实习之前，学院主要通过开设的课程(《地理教学论》)，带领部分有志于从事教师职业的学生到中学见习和听课。

地理学与遥感科学学院的集中式教育实习由学院办公室直接负责，带队教师都是学院从事课程教学论研究方向的教师或对教学工作非常热爱而且经验也很丰富的教师。由此也体现出学院对于教育实习的重视。学院的实习方案主要包括前期动员准备阶段、实施阶段和总结阶段，每个阶段都进行得有条不紊。

整个过程中，实习生的参与性和积极性都较高。以北京师范大学实验中学的5位实习生为例，他们入校前正逢国庆大假，所以在放假前便借来了教材和教学参考书，制作了第一节课和第二节课的教案和课件，并在指导教师的安排下在学院会议室进行了第一次正式的试讲。此后，在教学实习和班主任工作实习中，这5位实习生都表现得很积极，除了每天按时到校、查班、听课、讲课之外，还自行组成评议小组，在每节课上台之前，都要进行试讲，相互之间评课，学习气氛非常的融洽、浓厚。从指导教师那里，我们也了解到他们对实习生的表现非常满意，都给了90分以上的高分。

当然，在实习过程中也暴露出一些问题。比如，各方面的沟通不到位，学科指导教师不知道师范学校对实习生的相关要求，包括教案数、课时数、指导任务等。学院也不能及时了解实习生在实习过程中的表现。这种沟通可以由带队教师来完成，但学院对于实习带队教师并没有相关的规定和要求，所以整个过程就缺乏一套有效的反馈机制，很大程度上依赖于实习生和带队教师的自觉性来运行。其次，在实习评价方面，学院具有较强的随机性，并没有一套相对标准的评价指标存在。此外，学院的实习方案缺乏相应的前期培养方案，实习生在进入实习学校之前，对学校事务印象非常模糊，也缺乏相应的教学准备。所以实习生入校后未免显得信心不足，而且在本来就较短的实习时间内还需要一个适应过程。

第十三章　地理学与遥感科学学院免费师范生教育实习研究

第一节　地理免费师范生课程设置

2007 年北京师范大学地理学与遥感科学学院开始招收免费师范生。如表 13-1①② 所示，地理专业免费师范生的课程类型主要有通识教育课程、专业教育课程和教师教育课程。要求学生毕业前修够 167 学分，才可毕业。其中要求通识教育课程修够 44 学分，占总学分的 26.3%；专业教育课程修够 91 学分，占总学分的 54.5%；教师教育课程修够 32 学分，占总学分的 19.2%(低于世界发达国家平均水平的 25%)。课程设置基本体现了师范教育注重“师范性”与“学术性”的统一，但是在教师教育课程方面可适当提高比例，例如，可增加有关课堂管理的课程，因为绝大部分师范生在实习中有实习班主任的任务。

表 13-1　各类课程结构及比例

课程类别	课程模块	校/院开设课程学分	学生至少修够学分
通识教育课程	思想政治理论	14	14
	大学外语	10	10
	信息技术	5	5
	体育与健康	4	4
	军训与军事理论	2	2
	大学美育	2	2
	公共选修	7	7
	小　计	44	44

① 地理学与遥感科学学院．本科生培养方案[EB/OL].[2012-01-15]. http://geog.bnu.edu.cn/bks/?link=training.

② 有关 2015 年最新修订的北京师范大学地理师范生培养方案见第七章第一节。

续表

<table>
<tr><th>课程类别</th><th colspan="2">课程模块</th><th>校/院开设课程学分</th><th>学生至少修够学分</th></tr>
<tr><td rowspan="4">专业教育课程</td><td colspan="2">相关学科基础</td><td>24</td><td>24</td></tr>
<tr><td colspan="2">学科基础</td><td>48</td><td>48</td></tr>
<tr><td colspan="2">专业方向</td><td>64</td><td>19</td></tr>
<tr><td colspan="2">小　计</td><td>136</td><td>91</td></tr>
<tr><td rowspan="7">教师教育课程</td><td rowspan="3">教师教育基础</td><td>教师教育必修课程</td><td>11</td><td>11</td></tr>
<tr><td>教育研究与拓展</td><td>15</td><td>4</td></tr>
<tr><td>教育教学综合实践</td><td>11</td><td>11</td></tr>
<tr><td colspan="2">职业信念与养成教育</td><td>2</td><td>2</td></tr>
<tr><td colspan="2">科研训练与创新活动</td><td>0</td><td>0</td></tr>
<tr><td colspan="2">毕业论文</td><td>4</td><td>4</td></tr>
<tr><td colspan="2">小　计</td><td>43</td><td>32</td></tr>
<tr><td colspan="3">总计</td><td>223</td><td>167</td></tr>
</table>

通识教育课程大部分集中在第一学期和第二学期，专业教育课程中的相关学科基础课程和学科基础课程主要集中在第一、二、三、四学期，而教师教育课程集中在第五、六、七、八学期。师范生在接受专业学科教育之后再接受教师教育，有助于加深对地理教育的理解。

而在教师教育课程中，教育类课程《教育学》是在第五学期开设，地理学科教育类课程《地理学教学论》是在第六学期开设。教育类课程《教育心理学》是在第四学期开设，地理学科教育类课程《地理教育心理学》是在第五学期开设。该安排能够使公共教育类课程的学习为地理学科教育类课程的学习奠定基础。

各类课程的设置注重师范生的职业理想塑造，职业知识教育与职业技能训练相结合，体现了教师职业的要求。

第二节　教育实习实施方案

一、教育实习目标

《北京师范大学免费师范生教育实习管理办法(试行)》规定了免费师范生经

过教育实习，应达到以下两方面基本目标，一是知识技能目标，主要包括专业知识和技能、学生管理、研究教育教学问题及教学安全；另外还有情感态度目标，包括遵守法律法规、教师职业道德等。

教育实习的目标包括教育教学能力和职业道德素养两方面，通过教育实习具备教师基本素养，为将来尽快适应教师工作，成为“教育家”奠定扎实的基础。

二、教育实习组织与管理

北京师范大学免费师范生教育实习在北京、河北、内蒙古、山西、新疆、西藏、广西等省市自治区开展，其中新疆、西藏、广西、云南、贵州、青海生源的免费师范生回生源省份实习基地参加实习。

地理免费师范生的教育实习都由院系安排专门的指导教师和督导教师。教育实习期间，指导教师以督导的身份走访实习基地，开展督导工作。指导教师及督导教师的职责都有明确的规定。

三、教育实习时间安排、实习内容与评价

教育实习时间共16周，其中实习准备3周，入校实习10周，实习总结3周。第七学期进入实习学校，开展教育实习。

教育实习内容包括教学实习、班主任实习以及其他教育教学工作实习3项内容。对于教学实习，要求实习生授课不少于10学时。教育实习的评价除了根据要求对实习内容进行评价外，对实习生的实习态度和出勤率也要予以考核。评价方式采取评价主体多元化方式，包括学生自评、小组评价、实习学校指导教师评价，最终由院系指导教师进行综合评定。

第三节 2009级地理免费师范生教育实习案例研究

一、教育实习之前的教学技能调查与分析

教育实习之前的地理教育相关课程上，对2009级地理免费师范生(以下简称师范生)的教学设计技能和教学实施技能进行了调查。其中教学设计主要是教案的设计，要求设计的教案由师范生在中学地理教材中自主选择主题，有52人选择了高中地理必修部分，4人选择了初中地理部分，1人选择了选修5的第一课《自然灾害及其影响》。下面就师范生在教学目标、教学方法和媒体以及教学过程中表现出来的特点和问题进行分析。

(一)关于教学设计的调查分析

1. 教学目标设计

大部分师范生能够确定内容比较完整、难度比较适中的教学目标，并且教学目标的内容符合课程标准的要求。师范生教案中所表现出来的特点主要有以下几个方面。

(1)地理教学目标与所学内容息息相关，具有浓厚的地理性

对于一些比较抽象而难于理解的地理命题，比如学习“地球在太阳系中的位置”“锋面系统”“三圈环流”“自然界的水循环”等，注重结合示意图和分布图的阅读和分析，注重示意图的绘制，从而培养学生对地理信息的整理和分析的能力，帮助命题的理解；而对于“城市化”“农业的区位因素”“工业的区位因素”这些人文地理的命题，则通过提供图表、数据和文字的资料让学生进行分析，分析的结果多通过课堂讨论等形式表现出来。

(2)所写教学目标能较好地体现新课标的理念

首先，很多师范生都注意在教学目标中体现对学生发现地理问题、解决地理问题能力的培养，比如，在《人类面临的主要环境问题》的教学目标中提到“学会运用所学的知识，分析家乡地区面临的环境问题的成因，并尝试提出解决方案”；在《城市化》这一节中有师范生在教学目标中提到“通过上网查阅和调查身边的农民工，了解他们进城的动力并在课堂进行小组讨论”，以此来学习促进城市化的拉力因素。这些例子着眼于现实生活，是所学知识的实际运用，也将地理问题与学生的生活联系起来。其次，情感目标方面也都把握非常准确，从《宇宙中的地球》中“树立正确的宇宙观”，《气候及其在地理环境中的作用》中“树立地理环境各要素相互联系的辩证唯物主义观点和正确的环境观”，再到《人口迁移》中的“树立正确的人口观”，很好地落实了新课标理念。

但是，在对教学目标进行分析的过程中，也存在许多问题，现就出现的几个普遍问题进行分析如下：

(1)教学目标体系认识不清晰

教案中的教学目标在表述上基本都按照“知识与技能”“过程与方法”“情感、态度与价值观”3个方面进行表述，即便有的同学没有明确标明三维目标，教学目标中涵盖也较为全面。但是具体到教学内容时，有的同学对于三维目标所表示的内涵认识不够清楚，甚至望文生义，写出错误的“三维”来。

(2)教学目标表述中的行为动词不够具体

具体是指这一动词所对应的行为或动作是可观察的。在教案中，基本所有

的师范生都没有注意使用明确的动词，使用最频繁的是诸如“了解”“理解”“掌握”这样的动词，含糊笼统的行为动词不能够明确地描述行为主体通过何种途径和手段达成何种学习程度，可观察、可测量性不够。

2. 教学方法设计

师范生在教案中体现了多种教学方法，突破了传统教学上以教师讲授为主，学生在教学过程中被动接受的单向的教学模式，并且所选的教学方法也与教学目标、教学内容紧紧相关。例如，自然地理中比较复杂的地理现象的讲述多采用读图分析法和活动探究法，区域地理教学在讲述某一区域的特征时多采用比较法、案例探究法等。在学习“锋”等比较复杂的地理过程时使用Flash动画演示来突破教学难点；在学习内力作用造成的水平运动时，用“挤压书本”和“橡皮泥”来演示褶皱和断层现象等。

教案中的地理教学方法体现出以下几个特点。

(1)注重体现以学生为主的理念

地理新课程倡导的是以学生发展为本的理念，强调学生在地理教学过程中的主体地位。而教师在教学中积极发挥主导作用，要成为教学的组织者、指导者、参与者、合作者、促进者。

在师范生的教案中，有34人使用了小组合作学习和讨论的教学方法，占到总人数的一半以上，还有3人选择学生自主学习和探究的方式。在教学中，通过小组合作学习的教学组织形式，加上教师的有效引导，可以培养学生主动参与教学和主动学习的习惯，激发学生学习地理的兴趣。比如，《中国黄土高原水土流失的治理》一课的教学设计中，在讲“水土流失的危害及治理”环节时，以小组为单位发放《黄土高原水土流失危害》阅读材料，要求学生通过小组合作学习，归纳出材料反映的黄土高原水土流失的危害，并提出解决措施，然后在全班进行讨论。之后，教师展示“南方低山丘陵区的水土流失”相关图文资料，并提出问题：①南方地区水土流失的原因与黄土高原有何异同？②南方地区水土流失后对人类生活、生产活动有何危害？③请你设计一个针对南方水土流失问题的治理方案。要求学生进行分组讨论后回答问题。

(2)注重对学生进行启发式问题的引导

60名师范生中，有13人采用启发式教学法。比如学习《城市化》一节，要求学生在阅读图表“世界城市化水平的提高”后，教师设计了如下启发式问题(表13-2)。通过一步步的引导，使学生对图有深入地理解。

表 13-2　师范生教学设计案例

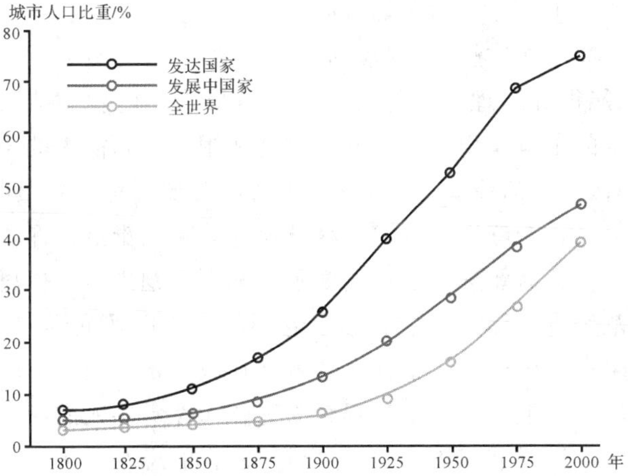

世界城市化水平的提高(1800—2000 年)

读图后回答问题：①两类国家城市化水平有什么差异？城市化快速发展的时间有什么不同？②1950 年前后，城市化发展速度有什么差异？③两类国家城市化分别处在城市化进程中的哪个阶段？④简单分析这些差异的原因。(填写如下表格)

项目	起步时间	二战前速度	目前速度	发展水平	城市人口比重	与经济发展关系	所处阶段	原因

另外还有 18 人采用案例教学法，8 人采用比较法，还有 1 人在讲授《中国的山脉》时采用了口诀记忆和知识竞赛的教学组织形式，这种教学方法符合初中生的认知水平。

总体而言，师范生在教学方法的形式上多样化，特别是注意突出学生在课堂中的主体地位而采用小组合作学习的方式，但是另外一些新课程理念提倡的教学法，如发现式教学法、探究式教学法、问题解决式教学法却鲜有人触及，而且在教学方法的运用中也出现了一些问题。

(二)教学实施过程的观察与评析

按照课程进度，师范生在地理教学方案设计完成之后，有 15 分钟的时间在课堂上进行试讲，将自己所设计的教学方案在课堂上进行展示，然后由中学地理教研员和骨干教师进行评价，师范生之间进行互评。每个师范生试讲结束后，评委老师针对师范生的教学设计思路、教学方法、教学的各个环节、教态、板书以及与学生的互动情况等方面给出评语。

例如，一位同学在讲解《大规模的海水运动》一节时有如下的评语："《大规模的海水运动》能很好地理解课标要求，语言导入与内容、结论紧密结合。教师的主导和学生的主体作用体现较好，体现运用知识和能力的培养。设问不太清楚。"再如，对《常见的锋面系统》一节的试讲有如下评述："课堂引入联系三国故事，很吸引人，能够用动画演示科学概念，突破难点；评价反馈好，语言流畅，有亲和力。还需要进一步利用演示对地理问题进一步探讨，内容稍多。"

通过对师范生进行课堂观察和结合老师的评语以及同学之间的互评情况，可以看出师范生在试讲中有以下几个特点：在教学设计内容上教学目标非常明确，能够进行较好的把握，教学过程较为完整，课堂导入的形式多样，能够将课堂上的重点内容进行准确讲解，而且讲解过程的思路非常清晰，有较强的逻辑性。

但是，同时也存在着一些问题。

首先，有的师范生教学的重难点不够突出，课堂的步调自始至终没有起伏，对于不是特别重要的内容花费了过多的精力，对于重点内容讲解不够细致。

其次，在一些启发式问题的设计上稍显简单，层次性较差，这是一个普遍存在的问题，表现在教学中，提问的问题概括性较强，让人无从回答。比如，一位在讲述《宇宙中的地球》的师范生回顾知识时提问同学："谁能说出地球在宇宙中的位置?"这个问题显得太大，还需要进一步拆分。

再次，对于地理图像的利用和引导上还需要进一步加强。比如，一名师范生在呈现出多幅图像之后没有分析和总结的步骤，使学生对图像的认识不够深入。图像的学习需要有逐步引导的过程。

最后，有些教学内容的选择不够准确。比如，一名师范生讲解《美国田纳西河流域治理》，为了讲解流域的概念而引入了一级支流、二级支流等概念，这对于高中生来讲是有难度的，超出了课标要求的范围。《城市化》的授课中，师范生在讲解推拉力因素的时候，加入了一些关于农村人和城市人社会地位的资料和自我的观点。有其他师范生针对这种教学处理方式提出意见，认为这些内容在课标要求范围之外，而且不利于调动学生积极的学习情绪。

师范生在试讲的过程中显得亲切自然，表现出很好的教态；互动性比较好；除少数外，都书写了板书，字迹工整。但是师范生个体之间在教学技能方面仍表现出较大差异。

二、实习后教学技能调查与分析

鉴于师范生在教学技能方面表现出较大的个体差异，因此，在师范生参与教育实习之后，对其进行教学技能实习效果的调查分为实习前期调查和实习后期的调查，并考察各项技能的提高程度。调查量表见附录四。

(一)教学设计技能

总体来看，如图 13-1 所示，无论是实习前期还是实习后期，教学设计技能得分由高到低依次是教学目标分析、教学过程设计、教材分析、学情分析。

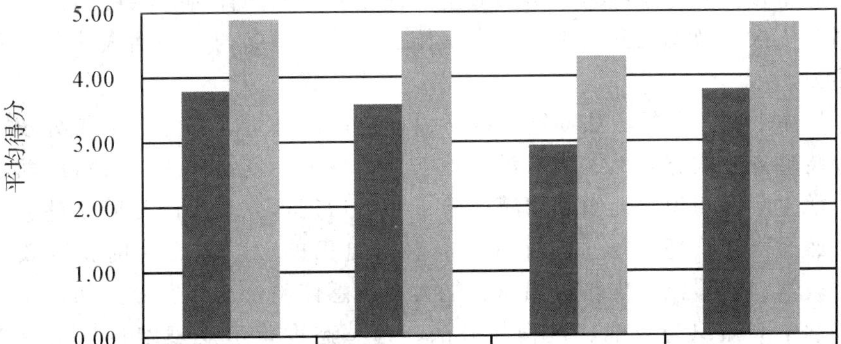

	教学目标分析	教材分析	学情分析	教学过程设计
■实习前期	3.79	3.56	2.90	3.74
■实习后期	4.86	4.70	4.27	4.79

图 13-1　教学设计技能实习效果

具体到对教学设计技能 4 方面的各个条目的考察，其中又有一些差别。考虑到实习地区之间的差异，因此对各个条目的数据分析时，一方面分析各个地区在各条目上的得分，选出大部分地区中得分最高和最低的条目；另一方面考虑总体在各条目上的平均得分。将两结果进行整合后，得到如下分析。

在实习前期，得分较高的是教学目标陈述完整，教学目标陈述恰当，教学过程设计完整；实习后期得分较高的是教学目标明确，教学目标陈述完整，教学目标陈述恰当，教学过程设计完整。实习前、后期得分较低的均是学情分析的各项。对于学情分析技能的调查有两方面，一方面是从认识层面考察实习生对学生认知水平及认知心理规律的把握，另一方面是从行动层面考察实习生根据学情对教学的准备与调整。但是从实习前后期的差值来看，差值最大的也是学情分析技能，即经过教育实习，实习生对学情的把握与分析技能得到的提高最明显。

实习生在实习前的课程学习中已经修学了地理教学论等相关课程，对于中学地理教学目标及中学地理教材的分析已有初步了解，因此实习生在实习前期对这些技能的把握较好。然而，由于实习生实习前缺乏与中学生的接触，对学生的学习情况了解甚少，因此表现出在实习前期对学情的分析比较困难。

（二）教学实施技能

如图 13-2 所示，教学实施技能实习前期得分由高到低依次是教态语言、学生课堂参与、课堂组织、书面表达、课堂教学实施能力。实习后期得分由高到低依次是教态语言、课堂教学实施、学生课堂参与、书面表达、课堂组织能力。

具体来看，分析方法如同对教学设计技能的分析。实习前期得分较高的为着装整齐、教态自然、声音洪亮，普通话标准，创设民主、融洽的教学氛围，学生获得知识、能力和情感体验；实习后期得分较高的是着装整齐、教态自然、声音洪亮，普通话标准，能够对自己的教学做出及时、有效的反思。教学中能够让学生获得知识、能力和情感体验，这与实习生熟练掌握地理教学中对知识与技能、过程与方法、情感态度价值观三维目标的要求分不开。

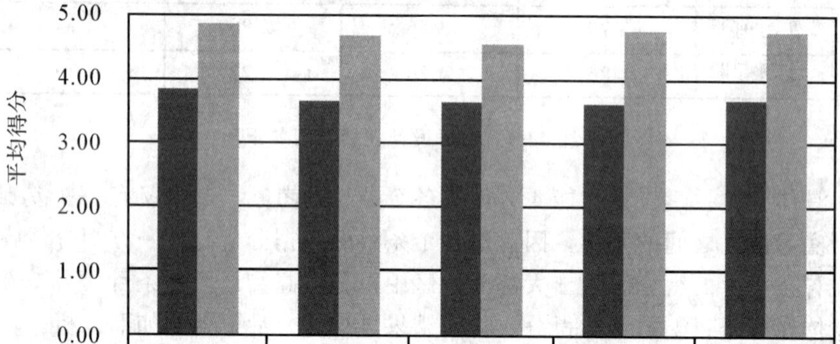

	教态语言	书面表达	课堂组织	课堂教学实施	学生课堂参与
■实习前期	3.82	3.64	3.65	3.61	3.67
■实习后期	4.84	4.65	4.54	4.77	4.72

图 13-2　教学实施技能实习效果

实习前期得分较低的是手势语科学规范、站位眼神能够照顾全班学生，板图板画规范，以学生为主体、体现差异教学、满足不同层次学生的需求，对学生做出真实、适时、科学的评价；实习后期得分较低的为以学生为主体、体现差异教学、满足不同层次学生的需求，对学生做出真实、适时、科学的评价，板图板画规范。

从实习前、后期的差值来看，提高效果较为明显的是手势语科学规范、站位眼神能够照顾全班学生，学生积极参与教学，能够根据具体教学情境调整教学安排、教学过程具有生成性，能够对自己的教学做出及时、有效的反思；而提高效果不太明显的为普通话标准，以学生为主体、体现差异教学、满足不同层次学生的需求，学生获得知识、能力和情感体验，板图板画规范。

由以上对教学设计技能及教学实施技能的分析结果可以看出：

首先，诸如教学目标分析、教学设计的完整性、普通话、学生获得多方面学习体验等此类在实习之前可以获得的教学技能，在实习开始就已经表现出相对优势，而凡是涉及真实课堂环境及中学生实际情况的教学技能则会在实习初期显出不足。但是，也正是这些方面的不足，在经过教育实习之后，都会有一个比较好的提高。

其次，在教学实施技能方面，提高最明显的是手势语科学规范、站位眼神能够照顾全班学生，这是符合教师关注理论的，即教师最先关注的自己的教学行为。这也是因为在教学初期，教师动作技能进步很快。①

最后，受以学生为主体的新教育理念的影响，实习生在教育实习中会有意识地强迫自己去关注学生，尽管对学生的关注还比较浅层化，还不能让自己的教学很好地满足不同层次学生的需求。可见，实习生在教育实习之前所了解的以学生为主体的教育思想在教育实习实践过程中会对其教学行为有引导作用。

三、地理免费师范生学科教学知识来源研究

舒尔曼是最早提出“学科教学知识”概念的美国教育家。他通过对当时美国教师认证制度的分析，指出其中的缺陷，并提出了“学科教学知识”(Pedagogical Content Knowledge，简称 PCK)这一概念。② 舒尔曼将教学知识划分为 7 类：(1)内容知识，主要是指学科本体性知识；(2)一般性教学知识，指在各个具体

---

① 孙玉洁．教师专业技能的理论与实务[M]. 北京：中国人民大学出版社，2011：7. 杨国全．教师职业技能训练概论[M]. 北京：中国林业出版社，2001：74－81.

② Shulman L S. Those Who Understand：Knowledge Growth in Teaching[J]. Educational Researcher，1986，15(1)：4－14.

学科之上的关于课堂管理策略和组织策略的知识；(3)课程知识，指关于课程、教材和教学计划的知识；(4)教学的内容知识(学科教学知识 PCK)，指将所教的学科内容和教育学原理进行有机融合而形成的，对具体课题进行组织、表达和调整以适应学习者的不同兴趣和能力的知识；(5)学习者及其特点的知识；(6)教育环境的知识，包括对班级和课堂的了解，社会和文化的特征；(7)关于教育的目标、目的和价值的知识。①

自舒尔曼首次提出了学科教学知识的概念以后，不同的学者相继对学科教学知识进行了研究。本研究为突出学科教学知识的核心和研究的重点，将“地理教学知识”界定为地理教师关于“如何教”的知识，即地理教师如何将特定的地理内容或者主题向学生有效呈现的知识，并将其划分为：地理课程与教材的知识，地理教学方法的知识及地理教学的表征知识。

我们参照范良火②和朱晓民③关于教师知识来源的分析框架，结合实习生学科教学知识的实际来源，建立了关于实习生学科教学知识来源的分析框架(图 13-3)。

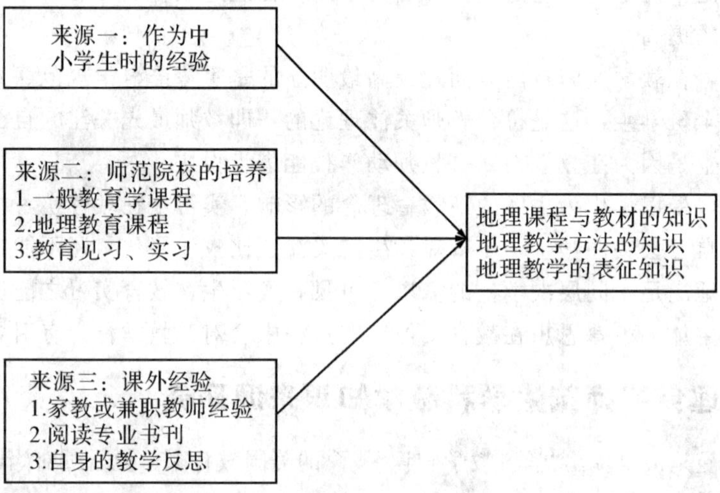

图 13-3　实习生教学知识来源框架图

不同的知识来源对于实习生掌握地理课程与教材的知识、地理教学方法的知识以及教学的表征知识的贡献度存在着一定的差异。本节在调查的基础上

① 范良火．教师教学知识发展研究[M]．上海：华东师范大学出版社，2003.

② 范良火．教师教学知识发展研究[M]．上海：华东师范大学出版社，2003.

③ 朱晓民．语文教师教学知识发展研究[M]．上海：华东师范大学出版社，2010.

(调查表见附录五、附录六)，重点讨论一些来源对于教学知识发展贡献程度的大小及其原因。

为了方便比较，本研究计算各项来源对不同知识的"肯定性评价所占百分比之和"和"均值"的平均值，得出表 13-3。根据该表我们可以得出下文的结论。

表 13-3 各项来源的贡献度排序

各项来源	肯定性评价所占百分比之和的平均值	均值的平均值
教育见习、实习	79%	4.06
自身的教学反思	57%	3.61
地理教育课程	59%	3.57
阅读专业书刊	40%	3.18
作为中小学生时的经验	38%	2.98
一般教育学课程	26%	2.82
家教或兼职教师经验	29%	2.00

1. 教育见习、实习对实习生学科教学知识发展的贡献很大。

研究结果表明，"教育见习、实习"相比于其他 6 种来源对实习生学科教学知识的发展贡献度最大。其对各方面知识的贡献度如表 13-4 所示。这说明实习生认为"教育见习、实习"非常重要，是地理学科教学知识的主要来源。这也被调查问卷中第 14 题的答案所证实。问卷中设置了"为了更有效地促进师范生地理教师知识的发展，你对我们开设的《教学技能实训》和《教材分析》课程的建议是什么?"这一问题。根据后期对答案的统计，相当大比例的同学在其答案中都提到了希望自己能够获得更多的实践活动。在访谈中，两名同学也都表达了相同的希望。例如，A 同学在回答此问题时，提到："我们觉得老师讲得很卖力，可是我们吸收的不多。我希望我能更多地参与到实际的教学情境中，增加课堂的情境性，而不是只是在这里听方法和知识。最好是二者能够更好地结合。"B 同学则表示："我自己在上这些课程的时候，感觉比较麻木，不知道哪些是我需要的东西，但是现在经过实习之后，我很后悔。教育实习使我明白了我需要掌握那些东西，它使我真正地去认真思考和学习地理课程、知识和理念等问题。可是等实习完，我们就要毕业了，已经晚了。"

表 13-4 “教育见习、实习”对各项知识发展的贡献度

	肯定性评价所占的百分比之和	均值
地理课程基本性质的知识	77%	4.12
地理课程基本知识结构的知识	85%	4.15
地理课程理念和课程目标的知识	84%	4.23
地理学习方式和学习评价的知识	88%	4.12
地理课程教材分析和教学设计的知识	85%	4.04
普通教学方法的知识	69%	4.08
地图及其他地理图像的运用的知识	85%	4.00
地理活动与地理考察教学策略的运用的知识	58%	3.69
地理教学的表征知识	80%	4.12

2. 自身的教学反思对实习生学科教学知识的发展也有一定的影响。

研究结果表明，“自身的教学反思”对实习生学科教学知识的发展贡献度相对较大。其对各方面知识的贡献度如表 13-5 所示。针对在访谈中设计的问题“你认为教学反思对你的教学有促进作用么?”两名同学的回答也予以肯定。如 A 同学：“在每次上完课后，我都会进行教学反思，首先是对知识的处理方面进行反思；其次是对学情进行进一步的了解总结。我认为教学反思对我的帮助不仅是每次反思后都会改正自己的优缺点，更重要的是每次教学反思对自己的肯定都会增加我的自信心。”B 同学则表示：“每次上完课后，我都会进行反思。我会问同学们我上课的优缺点，比如，你们什么地方没听懂。还有就是根据自己的感觉来判断哪些地方处理得不好。最后会记下来，在下节课的时候进行改正。这对我的提高很大，对我的经验积累很有帮助。”

表 13-5 “自身的教学反思”对各项知识发展的贡献度

	肯定性评价所占的百分比之和	均值
地理课程基本性质的知识	65%	3.88
地理课程基本知识结构的知识	54%	3.62
地理课程理念和课程目标的知识	62%	3.58
地理学习方式和学习评价的知识	58%	3.69
地理课程教材分析和教学设计的知识	69%	3.88
普通教学方法的知识	54%	3.58
地图及其他地理图像的运用的知识	66%	3.62
地理活动与地理考察教学策略的运用的知识	35%	3.08
地理教学的表征知识	54%	3.62

3. 地理教育课程对实习生学科教学知识发展有一定作用，但有待加强。

研究结果表明，“地理教育课程”对实习生学科教学知识发展的贡献度只是相对较大。其对各方面知识的贡献度如表 13-6 所示。首先，“地理教育课程”的贡献度”要小于“教育见习、实习”，而师范生学习地理教育课程的时间要远远多于教育见习和实习的时间。这也说明“地理教育课程”的效用并未完全发挥出来。其次，在这列数据中，可以看出“地理教育课程”对“地理教学的表征知识”的贡献度较小，只有 35%。在访谈中，两名同学均强调了优秀教师的示范作用对他们的影响，这些优秀教师有些是在实习过程中的指导教师，有些则是自己的中小学或者大学教师。这也再次印证了地理教育课程中要多采用优秀教师教学案例的重要性。

表 13-6　“地理教育课程”对各项知识发展的贡献度

	肯定性评价所占的百分比之和	均值
地理课程基本性质的知识	58%	3.42
地理课程基本知识结构的知识	66%	3.54
地理课程理念和课程目标的知识	69%	3.81
地理学习方式和学习评价的知识	57%	3.65
地理课程教材分析和教学设计的知识	61%	3.73
普通教学方法的知识	70%	3.69
地图及其他地理图像的运用的知识	69%	3.77
地理活动与地理考察教学策略的运用的知识	46%	3.42
地理教学的表征知识	35%	3.12

4. 阅读专业书刊对实习生“地理课程基本性质的知识”的发展贡献较大。

研究结果表明(表 13-7)，“阅读专业书刊”对实习生学科教学知识发展中的部分知识贡献较大，其中对实习生“地理课程基本性质的知识”的发展贡献最大。对“地理课程基本知识结构的知识”“地图及其他地理图像的运用的知识”“地理教学的表征知识”也有一定的贡献，对其他方面知识的贡献较小。

表 13-7 “阅读专业书刊”对各项知识发展的贡献度

	肯定性评价所占的百分比之和	均值
地理课程基本性质的知识	74%	3.65
地理课程基本知识结构的知识	42%	3.35
地理课程理念和课程目标的知识	31%	3.00
地理学习方式和学习评价的知识	27%	2.96
地理课程教材分析和教学设计的知识	35%	3.12
普通教学方法的知识	35%	3.12
地图及其他地理图像的运用的知识	46%	3.31
地理活动与地理考察教学策略的运用的知识	31%	3.00
地理教学的表征知识	43%	3.12

根据调查问卷第 13 题“请列出对你教学知识发展最有帮助的书籍和文章的名称及原因”，31 名同学回答了该问题，将填写的答案整理如表 13-8 所示。

表 13-8 实习生阅读专业书刊情况

类型	具体书目	原因
教育学、心理学类	《中国教师百科全书》 《教育心理学》 《教育学》(2) 《班主任兵法》	《教育心理学》：自身的兴趣。 《教育学》：了解学生现状，有利于教学设计。 《班主任兵法》：用实例介绍了作为班主任的艺术。
地理教育类	《地理教学论》 《地理教育》(3) 《地理教育心理》	《地理教学论》：促进地理教学能力的系统发展。 《地理教育》：展现了较为前沿的地理教育方法等。 《地理教育心理》：对学情的分析有帮助。
其他	《中国国家地理》(7) 《五年高考 三年模拟》(5) 《中国地理》(3) 《中国地理图集》(4) 《世界地理》(2) 《世界是平的——21 世纪简史》 《人教版初高中教材》(3) 《地理学家》	《中国国家地理》：涉及面广，有助于拓宽眼界。 《五年高考、三年模拟》：把握中学地理知识结构。 《世界是平的——21 世纪简史》：开阔了自己的视野。 《人教版初高中教材》：对把握中学地理知识结构帮助最大。 《地理学家》：知道某些理论的由来，加深对地理理念的认识。

续表

类型	具体书目	原因
其他	《世界地理全知道》 《地球》 《环境与生活》 《海陆的起源》	《世界地理全知道》：介绍最基础的地理知识。 《地球》《环境与生活》：保持鲜活的地理视野。 《海陆的起源》：加深对地理学科整体性的认识。

根据表 13-8 可以看出，在所有书目中，实习生认为对其地理教学知识影响最大的是地理基本知识类的专业书籍和拓展视野的课外书刊，而教育学、心理学和地理教育类的书籍对其教学知识的发展贡献较少。这也进一步解释了"阅读专业书刊"对"地理课程理念和课程目标的知识""地理学习方式和学习评价的知识""地理课程教材分析和教学设计的知识"和"普通教学方法的知识"等与教育学、心理学密切相关的知识发展影响较小的原因。这与前面的数据调查结果也是一致的。对访谈的第 11 题"在课余时间你经常阅读专业书刊吗？你觉得专业书刊对你有帮助吗？在哪些方面有帮助？"两名同学的答案分别是《中国地理》《海陆的起源》和《中国国家地理》，"这些书籍对其地理学科性质认识的影响比较大。而教育学、心理学书籍理论性太强，和实践脱离，总觉得对自己帮助不大"。

5. 一般教育学课程对实习生学科教学知识发展的效用较低。

从表 13-9 可以看出，"一般教育学课程"除了对"普通教学方法的知识"以及"地理课程理念和课程目标的知识"有较大的贡献以外，对其他各项知识发展的贡献度均较低。如何提高"一般教育学课程"的效用是促进实习生学科教学知识发展的一大重要问题。

表 13-9　"一般教育学课程"对各项知识发展的贡献度

	肯定性评价所占的百分比之和	均值
地理课程基本性质的知识	33%	2.65
地理课程基本知识结构的知识	19%	2.65
地理课程理念和课程目标的知识	39%	3.08
地理学习方式和学习评价的知识	31%	3.12
地理课程教材分析和教学设计的知识	27%	3.08
普通教学方法的知识	43%	3.31
地图及其他地理图像的运用的知识	12%	2.27
地理活动与地理考察教学策略的运用的知识	12%	2.42
地理教学的表征知识	23%	2.88

6. 作为中小学生时的经验对“地理教学的表征知识”“地图及其他地理图像的运用的知识”“地理课程基本知识结构的知识”的发展具有一定的贡献。

根据表 13-10 可以看出，“作为中小学生时的经验”对“地理教学的表征知识”“地图及其他地理图像的运用的知识”“地理课程基本知识结构的知识”“地理课程基本性质的知识”的发展具有一定的贡献，对其他知识的发展的贡献较小。对访谈的第 7 题“很多人认为教师就是在用他们以前被教的方式进行教学。你同意这种说法吗？如果同意，你能否列举出一位对你教学影响最大的教师，其影响是什么？你的教学方法和以前的教师的教学方法有区别吗？区别是什么？”两名同学的回答同这个结果基本一致。“我认为对我影响最大的是我的数学教师和地理教师，首先，我特别喜欢他们的教学风格，比较幽默。其次，他们能够很好地把握教学的重难点，对自己学科的掌握功底扎实，让学生们感觉很有权威。”这些都影响了实习生的“地理教学的表征知识”的发展。

表 13-10 “作为中小学生时的经验”对各项知识发展的贡献度

	肯定性评价所占的百分比之和	均值
地理课程基本性质的知识	42%	3.19
地理课程基本知识结构的知识	50%	3.50
地理课程理念和课程目标的知识	20%	2.62
地理学习方式和学习评价的知识	38%	3.00
地理课程教材分析和教学设计的知识	23%	2.38
普通教学方法的知识	27%	2.96
地图及其他地理图像的运用的知识	53%	3.38
地理活动与地理考察教学策略的运用的知识	27%	2.50
地理教学的表征知识	58%	3.31

7. 家教或兼职教师经验对“地理课程与教材的知识”的发展有一定的贡献。

因有过家教经验的人数仅占总人数的 62%。因此“家教或兼职教师经验”整体的贡献度数值都较低。但是从表 13-11 中也可以看出，“家教或兼职教师经验”对地理课程与教材的知识(包括“地理课程基本性质的知识”“地理课程基本知识结构的知识”“地理课程理念和课程目标的知识”“地理学习方式和学习评价的知识”“地理课程教材分析和教学设计的知识”)的发展还是有一定贡献的。

表 13-11 “家教或兼职教师经验”对各项知识发展的贡献度

	肯定性评价所占的百分比之和	均值
地理课程基本性质的知识	34%	2.15
地理课程基本知识结构的知识	35%	2.27
地理课程理念和课程目标的知识	31%	2.08
地理学习方式和学习评价的知识	39%	2.35
地理课程教材分析和教学设计的知识	19%	1.77
普通教学方法的知识	23%	2.04
地图及其他地理图像的运用的知识	23%	2.00
地理活动与地理考察教学策略的运用的知识	27%	1.96
地理教学的表征知识	27%	2.08

第四节 教育实习方案整体评价

经过教育实习，师范生的教学技能均有提高，且提高幅度不均。实习生在实习之前就可以获得的教学技能，其优势在实习中有较为明显的表现，而必须要在真实的课堂环境中锻炼的教学技能尽管在实习初期显出不足，但经过教育实习之后，都有较明显的提高。

在高等师范院校方面，教师教育课程的具体实施对学生提高相关技能影响较大，在课程评价中强化对教师教学技能的评价显得更为重要。

在师范生课程的建设方面，首先要加强师范生培养的实践环节。地理教育课程进行过程中应强调师范生的主体地位，增加其自主性和参与度，即增加他们的实践环节，多给他们登台实践的机会。可增加师范生的实习实践机会，使学生能够及时地应用所学的知识，加深理解，并能及时发现自己的问题，迅速调整。

其次，要促进师范生教学反思能力的培养。“自身的教学反思”是实习生地理教学知识的重要来源。地理教育课程应增强师范生教学反思意识，加强反思策略和反思理论的指导，促进其科学反思能力的形成。地理教育课程应抓住每一次教学实践机会，让学生在实践后上交教育反思作业，积极地监督引导师范生进行教育反思，促使他们养成教育反思的良好习惯。在地理教育实习中，应把教学反思落实到师范生的实习任务当中，使得教育反思成为师范生教育实习过程中必须执行的一部分，促进师范生抓住有限的实习机会，不断地反思提高自己的教学能力。

最后，地理教育课程应重视“地理活动和地理考察策略的运用的知识”。活动教学更符合新课标和素质教育的要求，是新课改重要的组成部分之一。这就要求院校在师范生的培养过程中加强该方面知识的学习。

对于实习生自身来说，做好教育实习的各方面准备，对自己的教学进行经常性反思，明确自身优势和不足，在教育实习中进行有目的的锻炼更有利于其专业发展。

第十四章　地理专业“4＋2”教育硕士教育教学实践研究

第一节　“4＋2”教育硕士课程设置及培养方案

“4＋2”模式，指本硕贯通培养的学士后教师教育模式，是国际通行的建立在强大学科优势基础上的“大学＋师范”的综合性大学教师教育模式。该模式将学科专业人才培养与教师教育剥离，将教师教育的重心上移到研究生阶段，加强研究生层次的高素质研究型教师的培养。在本科阶段的第三学年末，对志愿硕士毕业后从事教师职业的学生经过考核筛选，从中确定进入“4＋2”模式培养的人选。第四学年继续完成本科专业学习，取得学士学位；同时修读部分研究生课程，实现本硕衔接。第五学年开始进入教育学院进行 2 年教师专门化培养，并最终获得教育学硕士学位。

北京师范大学“4＋2”教育学硕士学位，旨在培养基础教育各阶段高素质、研究型的教师及教学管理人员，通过这一模式的培养，他们能够成为中小学校未来的教学、科研骨干力量，并能够很快成长为科研、教学和行政管理方面的人才。“4＋2”培养模式自从 2002 年开始实行以来，受到了各界的广泛关注厚爱。实践证明该模式是一条符合基础教育改革需要的教师培养模式。

该模式主要培养的人才标准是：具有广博的学识修养和良好的专业素质，不仅掌握坚实的学科基础理论和系统的专业知识，还懂得现代教育理论和学科教学或教育管理的理论及方法；具有很强的教育实践能力，能在现代教育观念的指导下运用所学理论和方法解决学科教学或教育管理实践中存在的实际问题，熟练使用现代教育手段和教育技术；能比较熟练地阅读本专业外文资料。

北京师范大学“4＋2”教育学硕士从数学、物理、化学、生命科学、地理、中文、历史、哲学 8 个基础学科专业本科三年级学生中选拔。学生自愿报名，院系选拔优秀者，经学校批准后，免试入学。每年地理学与遥感科学学院经选拔进入该培养模式的学生有 4 人。

研究生阶段学习年限为2年，但进入“4＋2”模式的学生，在本科第四年开始学习部分研究生课程。该模式采用全日制的课程学习和教学实习相结合的方式。教学实践环节可以说是其最突出的特色，在授予教育学硕士学位的时候，也把“教学实践环节成绩合格”作为3项标准之一。

进入“4＋2”模式培养的学生，前三年与各专业学生按照统一教学计划进行培养。第四学年按分流后的计划组织教学，一是继续完成本专业学士学位要求的学分，并完成毕业论文取得学士学位；二是修读本专业研究生的部分学位课程；三是从研究生第二学年起到中学见习。

在课程设置方面，根据培养目标，“4＋2”模式培养的学生以研修课程为主，兼顾教育实习。课程设置注重结构的全面合理，突出实践性和灵活性，在内容上着重从事教育实践工作的必要性和实用性。课程采用学分制，总学分不低于45学分(按每周6个单元排课，例如，1个整天加4个半天，每学期可修18学分)。具体的实践设置根据实际情况做适当调整。

必修课为学生提供比较扎实的基本理论和专业方向的基础，选修课让学生在此基础上根据个人条件和兴趣爱好有特色地实现发展。

课程设置充分利用现有的课程资源，部分课程可以直接纳入教育学专业本科和研究生课程。课程的安排与实施突出理论与实践相结合的特点，鼓励有关课程结合实践环节进行，将教育研究方法等课程与教学实习安排在同一时段；不定时邀请国外专家做专场讲座；等等。

马克思主义政治理论与外语课由研究生院统一安排；专业基础课、专业方向的课程(共15学分)以及专业选修课由各基础学科院系承担；其他教育类课程由教育学院承担，教学见习与教育实习也由教育学院统一安排和管理。

此外，开设6～8周的微格教学(1学分)，包括教育专题研究、学科研究等供学生选择。引导学生关注教育改革的理论与实践问题，了解学科发展前沿和教育改革热点及动态，丰富学生的知识面，激发他们参与教学实践的热情。

地理专业的学生，专业课规定大四必修《环境与可持续发展教育》《地理课程论》，选修自然和人文的课程各一门。在研一阶段修读教育学部的教育类课程，如《教师伦理专题》《教育学原理》《中外教育史》等。专业课与教育类课程的有机结合，提高了作为一名教师必备的基础知识水平和教师素养。

教育学硕士学位获得者除了要修满规定的学分，教学实习合格外，应提交一份高质量的学位论文。根据“4＋2”模式教育学硕士的培养目标，学位论文淡化纯理论研究色彩，提倡选择对教学实践有现实意义和应用价值的题目，例如，针对实际问题或改革实验的调查报告、研究报告等。为了配合论文的撰写，一方面将论文写作与集中的教学实习统一安排，另一方面将有关课程安排在这一学期开设，如数据统计与分析、个案研究等。

论文写作由教育学硕士研究生导师组指导，导师组应包括3方面成员：具有高级职称的教育学硕士或博士生导师，学科教学的硕士或博士生导师，有实践经验和高级职称的中小学教师、教研员与教学行政管理人员。

第二节　教育实习的实施方案

“4＋2”教育学硕士是我校从2002年秋季开始实施的一种新的教师培养模式。这一培养模式的目标是为基础教育各阶段培养高素质、研究型的骨干教师及教学管理人员(目前主要是重点中学的高中教师)。

“4＋2”模式的教育学硕士学位获得者应该具有较强的教育实践能力，因此教育实践环节是培养中的重要环节。

在培养模式中，教育实践环节贯穿于整个学习阶段。从分流后的本科第四学年安排学生进入中学课堂进行教学见习，各类课程也适当地加强实习环节。研究生第二学年第一学期在《微格教学课程》中强化教学实践及反思能力，并集中安排3个月教育实习，学位论文亦针对教学实践的题目研究和撰写。

“4＋2”教育实习的时间比本科大四的集中式教育实习时间要长，大四的教育实习时间要求为6周，而“4＋2”的实习时间为10周，一般为10月中旬开始持续到12月中下旬。实习任务主要包括两项内容，即教学实习和班主任工作实习。教学实习要求每位实习生完成8个教案及8～12节课的课堂教学(其中新授课不少于6节)，其余时间协助指导教师做好教学辅助工作。正式上课前必须组织由北京师范大学带队教师和实习学校指导教师共同参加的试讲。班主任工作实习要求每位实习生担任4周正式班主任，并独立开展1～2次主题班会。其余时间任见习班主任，协助原班主任教师做好班级管理工作。此外，还对实习生在校期间的表现提出了要求，如“实习生在实习期间须严格遵守实习学校的有关规定，不得迟到、早退和无故缺勤”“特殊情况须提前向指导教师和带队教师请假，经同意后方可离校”“实习生彼此之间相互听课应不少于两节”“实习生在实习期间应广泛听课，认真观摩、学习指导教师及本学科其他教师的课堂教学，并参加所在学校及教研组的各项教研活动”等。

“4＋2”教育实习的实施工作由教育学部办公室统一负责，带队教师主要由从事课程与教学论专业方向研究或教学的教师组成。根据每年的实际实习人数，学部将其划分为若干个小组，一般每个小组有5～6人，由不同的学科方向组成，比如，某小组的成员分别为地理、语文、数学、外语、生物、历史学科专业的学生。每个小组指定一位小组长，负责配合学部的工作，通知各项事务，发放、搜集在实习过程当中用到的各种材料等。

实习结束后，由带队教师会同实习学校完成实习总结工作。各小组长把相关材料报送到教育学部实习领导小组。

第三节　2008级地理专业“4+2”研究生案例研究

2008级“4+2”教育学硕士研究生的教育实习时间从10月12日至12月18日，地理专业共有5人参加，均为女生，其中4人为2008级，还有1人为2007级教育学硕士，因交换生项目延期至此次教育实习。为了了解在该培养模式下，地理专业的实习生概况，我们对5名实习生采取了问卷调查和访谈的方法。

通过实习之前的调查发现，这5名实习生分别分布在4所不同的学校，分别是北京市第四中学、北京师范大学第二附属中学、清华大学附属中学、北京一零一中学，其中有两名实习生分布在北京四中实习(2007级1人、2008级1人)。首先从实习学校的情况来看，教学质量和教学资源都是北京非常优秀的，而这样的分组方式也有利于地理专业的实习生与其他学科的实习生共同交流、学习并提高。她们参与教育实习的积极性都非常高，其中有两人曾经有过学校教学的经历。在谈到对“教师职业”印象的时候，她们基本持肯定的态度，认为教师职业是很好的就业选择，并且很稳定，虽然带给人的成就感可能不足。因此，在职业生涯规划方面，她们也很明确地表示会选择教师职业，其中一人提到还会考虑企事业单位，所以会参加公务员考试，但这与教育实习会产生一定的冲突。另外，由于教育实习的时间段正是各招聘单位进行校园招聘的高峰期，因此找工作成为与教育实习发生冲突的主要原因。

在参与教育实习之前，这5名实习生都修读了教育学、教育心理学、课程与教学论和现代教育技术课程，在专业上具备了比较充分的修养。她们还参加了多种与实习相关的活动，如去中学地理课堂见习听课、微格模拟教学、普通话水平考试、在相关课程上的课堂试讲，以及兼职工作等。此外，实习生个人还通过主动与具有教育实习经历的老师或同学交流心得，阅读初、高中地理教科书，关注中学生的心理特征等，充实了自己的知识和能力，也提高了对中学课堂的适应性。但就目前迅速推广的地理新课程理念，实习生的了解程度也不高，只有1人表示“了解”，其余的只是表示“基本了解”或“了解一点”，可见，关于地理新课程的普及，不仅仅要在中学课堂、中学校园里去推广，在大学教育当中，尤其是针对要去从事教师职业的实习生而言，还有待进一步的提高。

在对个人的评价方面，“善于自我学习和提高”“对教师职业感兴趣”是最为突出的优势。而对于她们而言，最大的不足依然是专业知识不够扎实、对教材不够了解。此外，还有一些能力她们自认为是比较差的，如黑板字美观程度、钢笔字美观程度、心理承受能力等。这与地理学与遥感科学学院参与教育实习的2006级本科生调查结果具有相似特点。因此，他们期望通过参加教育实习，可以充分地体验教师职业，提高自己的教育教学技能。

在教育实习过程中，这5名实习生实习的年级都在高一、高二，授课教案数目为5～6个，授课课时7～12个不等，主要由不同学校的学科指导教师根据师大要求以及实际教学情况来定。在参加完教育实习之后，实习生表示最大的收获是掌握了一定的教育教学方法，培养了一定的教育教学能力；同时也看到了自身的薄弱环节，希望在以后的学习和工作中加以弥补；此外，还加深了对地理新课程的理解，了解了中学地理知识体系。可见，这与实习生参与教育实习的最初期待是相吻合的，可以说达到了教育实习的目的。

具体来看，实习生通过两个月的实习，在课堂教学方面把握最好的是“教学过程的设计”和“师生之间的互动”，其次是“教态”和“现代教学技术的运用”。当然，教学设计的能力还有待进一步提高。实习期间，她们表示没有写日记的习惯，也没有完全做到正式上课前进行多次试讲。但都相信自己在实习过后，可以完全独立完成一节课的准备、实施工作了。关于教学实习，她们都认为对自己帮助最大的人是学科指导教师，无论是在专业知识方面，还是为人为师方面都给予了自己最大的支持和帮助。

在班主任工作方面，他们认为作为一位班主任最需要具备的能力是“班级管理能力”，自己最需要提高的是“问题学生的个别教育能力”，这需要较长时间的积累才能驾轻就熟。在具体工作中，遇到较为普遍的问题是原班主任不肯放手让实习生去做，自己事情也太多，时间和精力上显得不足；另外对师生关系的处理、对班级当中出现的突发问题也缺乏相应的应对能力。当然，对于自己在班主任工作实习当中的表现，实习生表现出积极肯定的态度，尤其对于自己开展班级主题活动的效果非常满意。

实习生切身体验了教育实习的全过程，对本次教育实习的时间长度都认为“适中”，可以达到教育实习的效果。实习生评价，师范大学和实习学校对于教育实习也是足够重视的，学科指导教师和班主任工作指导教师的工作态度和指导水平都很棒，但个别师范大学带队教师的工作态度存在问题，不够认真。鉴于此，师范大学在对带队教师的选拔和约束方面有待进一步研究。

教育实习是“4＋2”专业方向的研究生完成硕士阶段学习，走向工作岗位之前的重要一环。通过调查研究可以看到，实习生对教育实习的开展效果持积极肯定的态度，都认同教育实习对自己产生了非常积极的影响。

第四节 实习方案整体评价

“4＋2”教育学硕士的教育实习方案，相对于本科大四学生的教育实习方案而言，具有以下突出特点。

一是重要程度。教育实习是“4＋2”专业方向的研究生必修的环节，他们要想毕业获得相应学位，必须参与教育实习并且合格。“4＋2”本身的目的就是要培养优秀的中学教师，因此可以说，教育实习已经成为课程培养设置中的重要一环。而本科的教育实习是以“学分”的形式存在，符合条件的学生可以报名参加，但却不一定非要参加。而参与的学生由于自身发展方向的不明确，其投入程度也比较难以保证。

二是实习生的重视程度。教育实习的重要地位，直接决定了参与者(即实习生)的重视程度，他们参与教育实习具有明确的目标，既要提高自己的教学技能，也要积极地投入保证自己能够顺利通过，这样才能毕业。而本科的教育实习是自由报名参加的，不具有强烈的约束性，很难保证实习生参与教育实习的积极性和自觉性。

三是实习时间充裕，实习准备充分，实习效果较好。可以看到，“4＋2”的教育实习时间足足有两个月，实习教案数目和课时数目都比本科生的要多，充分保证了实习生对于学校管理和教师生活的充分体验，有利于他们在走向工作岗位之后，最快地适应教育教学工作。在实习开始之前的两年内，实习生已经修读了全部的教师教育课程和专业基础课程，具备了较为全面的专业素养和教师素养。尤其是教师教育课程的设置非常丰富，典型的如“微格模拟教学”课程，要求每位学生按照中学实际情况备课、授课，用录像的方式层层深入地分析授课过程中存在的不足和问题，促进学生教学水平的提高。此外，还完成了近一个学期的教育见习活动，即到中学课堂去观摩听课。而这样系统的课程准备，本科大四的实习生是未曾体验到的，自然在知识储备和能力储备方面都会稍显逊色。

从调查结果也可以看出，“4＋2”的教育实习方案实施效果较好，提高了实习生的教育教学能力，加深了他们对地理新课程的理解，使实习生了解了中学的知识体系结构，对自身的能力也有了充分的认识和把握。

当然，“4＋2”的教育实习方案也存在一定的问题和有待我们探讨改进的地方。首先是实习日期的安排，由于实习生正式的研究生培养阶段只有两年，教育实习的时间又较长，且安排在每年的10—12月，这段时间正是招聘求职的高峰期以及公务员考试的时期，所以矛盾和冲突尤其严重。这势必影响到实习生在实习过程中的投入和表现。此外，“4＋2”的实习时间与本科生的实习时间有部分重合(10—11月)，实习学校也大部分是相同的。当然这有利于师大和实习学校对教育实习工作的统一部署和安排，但在实际操作过程中，却面临实习指导教师不足和实习班级不足的尴尬。而且由于两种实习的具体要求存在差异，指导教师在授课任务和授课班级的安排上也存在困难。如在北京师范大学实验中学，“4＋2”的实习生与本科大四的实习生同时入校，同在数学科目高一年级进行教学实习，指导教师经过协调一般安排大四的实习生先进行教学实习，“4＋2”的实习生先进行班主任工作实习，如组织班会活动，并同时集中备课；在大四实习生教学实习结束后，“4＋2”实习生再进班授课，进行教学实习。这种冲突也需要我们在实习时间的安排上做进一步的考究。

另外，关于师大带队教师的责任和任务需要进一步的明确，从而保证带队教师在教育实习过程中的投入，为实习生提供最坚实的后备支持。

第十五章　教育学部本科生教育教学实践研究

第一节　教育教学实践概况

教育学部现有教育学、公共事业管理(教育经济与管理方向)、学前教育、特殊教育和教育技术学5个本科专业。其中，前4个专业方向是原教育学院所设专业，后来教育学院与教育技术学院等合并，成为现在的教育学部。本文重点研究的对象为原教育学院所设专业，即教育学部现有教育学、公共事业管理(教育经济与管理方向)、学前教育、特殊教育专业。该部分所提学院也指的是原教育学院。

按照院系培养目标，这4个专业各不相同，但对于一名从事教育相关职业的人员，它们都强调要培养其具备较强的教育教学实践能力。学前教育和特殊教育专业，则明确提出了要把学生培养成为具备先进教学理念的师资培训部门的专门人才或优秀教师。因此，组织学生参加教育实习成为本科培养阶段的重要一步。

从教师教育课程的设置来看，在大二、大三阶段主要开设了《教学论》《心理学》《教育心理学》《计算机应用基础》等必修课程，以及一些教育学类选修课程，如《学前教育学》《特殊教育学》等，提供给该专业方向的同学修读。在课程当中，一般会将理论知识与学校实际联系起来，如在《特殊教育学》课程中，还会组织学生参观盲校等。

从组织管理来看，教育学院的学生参加的教育实习与其他学科的教育实习基本相同，都是受教务处统一管理，在学院成立教育实习管理小组，由学院办公室安排实施教育实习。在时间安排上一般从10月上旬开始，到11月底结束，总共持续8周的时间。按教务处要求，从事学科教学的实习生要完成4节课，撰写4个教案，组织1次班会；此外按学院要求，还需要完成一份教育调查实习报告。教育调查实习报告是教育学院教育实习工作与其他学科的教育实习最大的不同，它对学生不做硬性规定，可以单独完成，也可以由2～4人合作完成；研究题目可根据个人兴趣自行决定；在实习结束前，将最终的研究报告交给带队教师。

学院会提前对 4 个专业方向的学生进行分组，按专业方向进行分组，每组 7～8 人，指定小组长 1 人，由 1 位相关专业研究方向的教师带队，负责在实习中与实习学校接洽各项事务以及实习生管理等。实习学校的选择根据所学专业而定，例如，特殊教育专业的学生会被安排到特殊教育学校，如海淀培智学校；学前教育的学生一般被安排在幼儿园；教育学和公共事业管理的学生会到小学和初中去教语文、数学、外语等科目。实习学校基本不会与其他的学科教育实习学校冲突，这样也有利于教育实习的开展和管理。

教育实习结束之后，由小组长搜集齐各种材料，如实习教案、个人总结等交给学院。学院一般在教育实习结束两周内召开总结大会。

第二节　2006 级本科生教育实习案例研究

原教育学院 2006 级本科生，共 4 个专业方向，平均每个专业有 22～23 人，实习期间每个专业被分成了 3 个小组，进入 3 个不同的实习学校。教育实习时间从 10 月 9 日进校持续到 11 月 27 日统一离校，总共有 7 周的时间，此外在实习前后，实习生的准备和总结工作还持续了 1 周，总共耗时 8 周。实习任务包括教学实习、班主任工作实习、教育调查实习。

本文对 4 个专业方向的实习生采取了分层抽样控制的方法，男生 17 人，女生 18 人，总共 35 人。样本容量占总体的 38%左右；调查对象的专业分布囊括了教育学、公共事业管理(教育经济与管理方向)、学前教育、特殊教育专业(表 15-1)，且为随机抽样，因此所调查分析的结果可以代表研究对象总体。调查问卷见附录七。

因专业不同，实习学校包括了幼儿园、小学和初中。所讲授科目主要是语文、数学和外语，当然也有其他科目，如地理等。授课教案数目 2～8 个不等，以 4 个教案为主；授课课时数 2～12 节不等，以 4 个课时为主。

表 15-1　调查对象专业分布

专业	公共事业管理(教育经济与管理方向)	教育学	特殊教育	学前教育
人数	6	8	15	6

从实习收获(图 15-1)来看，实习生认为教育实习过程中自己收获最大的前 3 项是："看到了自身的薄弱环节(33%)""掌握了一定的教育教学方法和能力

(29%)”“收获了一份自我成长(16%)”。可见教育实习的过程对实习生产生了积极的影响，对他们今后的发展也很有帮助。

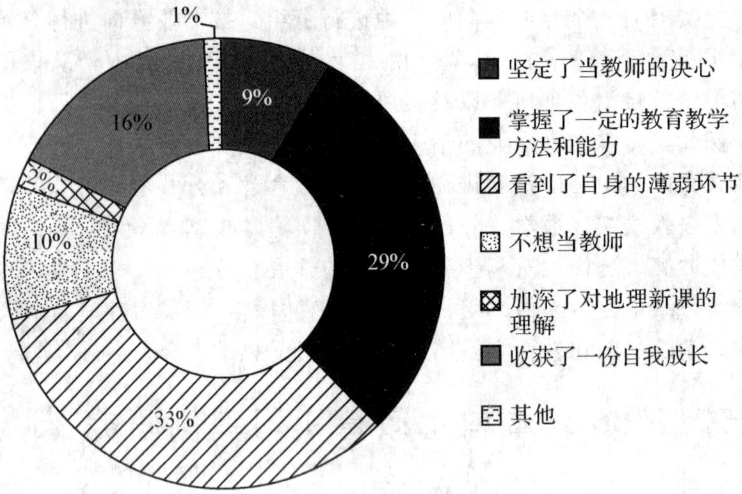

图 15-1　教育学部 2006 级实习生实习收获

在对教育实习过程当中个人教学能力的评价方面(图 15-2)，实习生表现出明显的较弱趋势。对于多项内容，如“能够独立设计并完成一节课”“板书设计水平大为提高”“课后反思并改进教学”“熟练掌握现代教学设备”“能够灵活运用教学方法”等，选择“不太符合”和“不符合”的人数比例均超过了 50%，有的甚至高达 70%。这种现象同样表现在对自己的班主任工作能力评价方面。如图 15-3 所示，有高达 90%的实习生认为自己不能或难以“很好地完成班级日常管理工作”，在其他方面，如“能按学生心理特点进行个别教育”“能平等地对待班级中每个学生”等大部分实习生都表示存在困难。可以说实习生对于自己个人的教学能力和班主任工作能力都不是很自信，由此也可以从一个侧面反映出实习生的实际操作能力较弱，或者由于对教学工作和班主任工作的不了解所以难以正确估计自己的能力。

从另一个角度来看，这样的调查结果也是与教育学院对本科生的培养方式和培养目标相吻合的。在本科的专业课程当中并不包括对某一科目的专门学习过程，也缺乏对实际教学能力方面的关注，因此实习生在进入课堂、接受学科教学任务的时候必然会显得有些手足无措。而未来就业方向的不确定，如很有实习生可能不会从事教师职业，即使从教也不一定教实习中所教的科目，更影响了实习生在教学技能和教学素养方面的自我学习和修炼。

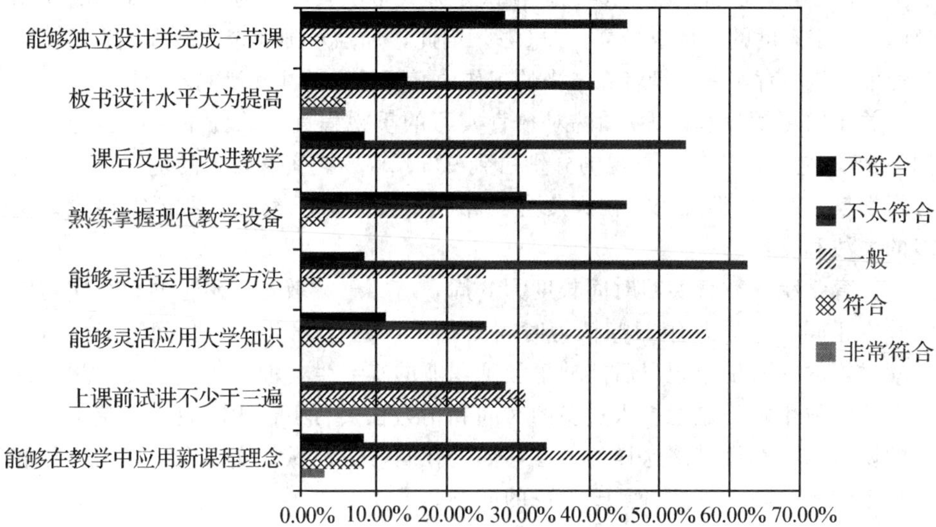

图 15-2　教育学部 2006 级实习生教学行为自我评价

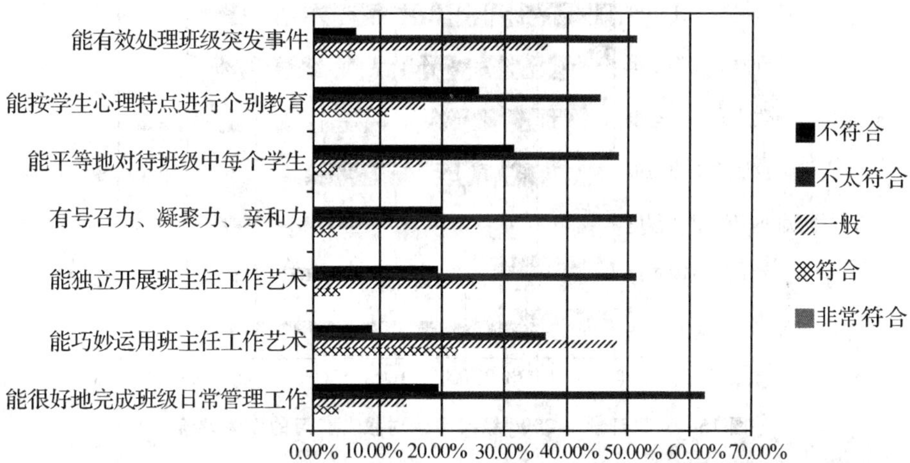

图 15-3　教育学部 2006 级实习生班主任工作自我评价

实习生在完成实习后，对整个过程做出了评价。从图 15-4 中可以很直观地看出，有 43%的实习生表示教育实习对自己产生了积极的影响，没有人对此持否定态度，可见从整体上本次教育实习达到了预期的目标，满足了学生的基本需求。关于班主任指导教师、学科指导教师和师大带队教师的工作态度评价方面，对学科指导教师的肯定度(选择“肯定”一项的人数比)最高，达到 69%；其次是班主任指导教师，肯定度为54%；再次是师大带队教师，为51%，对师大带队教师持否定态度的比例也最高，约9%。因此，加强对师大带队教师职责的明确和约束，是教育实习决策者在未来的工作中需要重点关注和研究的问题。

关于实习学校和师大/学院对教育实习的重视程度，认为重视的实习生比例为35%左右，认为不重视的分别占到9%、17%。实习效果的优劣可以说与实习学校、师大/学院的重视程度息息相关，校方对于教育实习还需要投入更多的关注和支持。

教育学院的教育实习时间长度为8周，与"4+2"教育学硕士的教育实习时间基本相同。实习生有31%认为时间太长了，还有14%认为时间过短。认为时间过短的一般是希望以后能从事教师职业的实习生，而对于其他无此规划或打算的实习生则不愿意投入过多的时间和精力在实习工作中。教育学院全员实习的要求，必然会带来这样的矛盾，如何在实习之前做好实习生的思想工作和动员工作，是院方管理者需要考虑的问题。

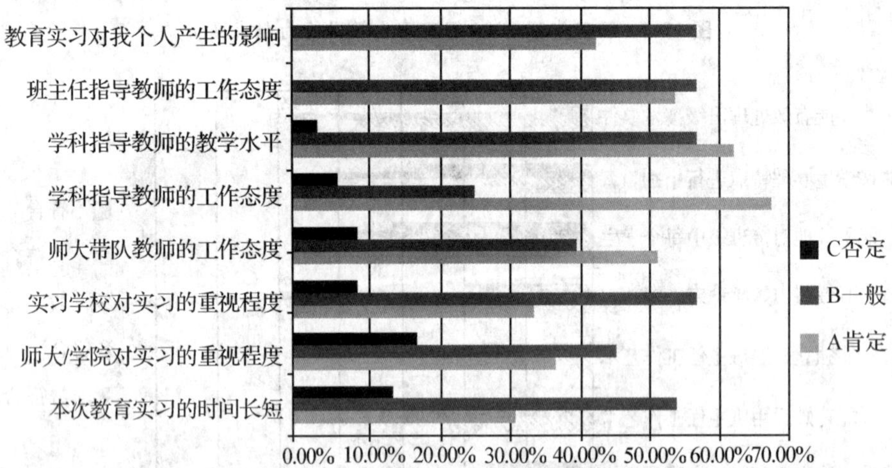

图15-4 教育学部2006级实习生对教育实习的整体评价

教育调查实习是教育学院最大的特色，通过调查发现，实习生的选题非常丰富，且具有很强的实践性(表15-2)。选题有针对学生主体及行为的，如"公共物品维护""小学生午餐情况""学生自觉性""听力障碍学生"；有对某一学习现象或教育现象的研究，如"语训研究""差异式教训""前瞻记忆""动作""学习动力系统""同一性"等；还有针对学校主体的研究，如"校园文化建设""非正规幼儿园的生存状况"等；此外还有针对"家长期望"的研究题目。这些研究题目一般由2～4人完成，多的有5人合作完成，少的也有个人单独完成的。

表 15-2　教育调查实习的主题统计

调查内容	公共物品维护	小学生午餐情况	学生自觉性	语训研究	校园文化建设	差异式教训	前瞻记忆
合作人数	4	1	3	2	3	3	2
调查内容	非正规幼儿园的生存状况	动作	听力障碍学生	同一性	家长期望	学习动力系统	
合作人数	2	2	2	5	2	5	

如图 15-5 所示，实习生参与教育调查实习的态度是比较积极的，选择“积极”和“很积极”的比例达到 46%，但仍有近 11%的实习生态度“不积极”甚至“消极”。投入程度决定了教育调查当中个人的收获，因此有 34%的实习生表示调查实习对自己“很有帮助”或“有帮助”，认为“没有帮助”的比例约为 9%(图 15-6)。

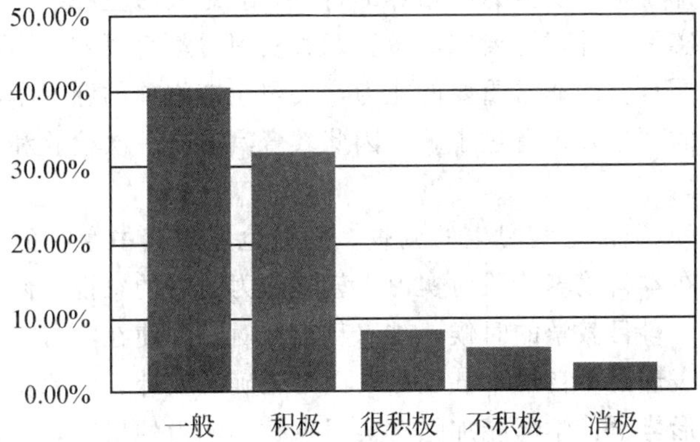

图 15-5　教育学部 2006 级实习生参与教育调查实习的态度

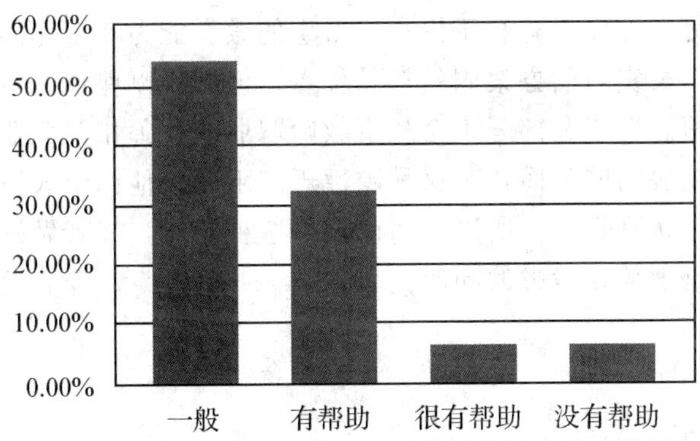

图 15-6　教育学部 2006 级实习生对教育调查实习的评价

第三节　教育学部教育实习方案评述

教育学部的教育实习采取的是全员集中式实习方案，即在大四上学期，将全体学生按专业分组，派遣到不同的幼儿园、小学、初中，从事语、数、外等科目的教学工作、班主任工作、教育调查工作等。

这种实习方案的特点是可以将教育实习纳入人才培养计划的一部分，根据不同专业人才的培养目标，将实习生派遣到不同的实习学校接受锻炼。教育实习过程对实习生而言更多的是在检验自己在3年的本科学习过程中获得的专业理论知识，从而有利于个人进一步深造或发展，它对某一科目的任教能力并不十分强调。

此外，学部还根据自身课程培养的特点，规定实习生除了要完成教学实习和班主任工作实习以外，还要完成教育调查实习。教育研究能力是作为教育学部的学生所需要具备的非常重要的能力，实习生在之前的课程学习过程当中已经对教育调查的理论知识有过了解，因此教育实习是一次检验和锻炼个人研究能力的好机会。

通过对2006级部分实习生的调查，我们也发现其中存在的一些问题。例如，由于学部在本科培养阶段对实习生教学能力培养的忽视，使得实习生在进入课堂从事某一科目教学的时候，难以从容应对，即使在实习过后，对于自己的教学能力也表现出不自信，甚至难以做出正确的估计。为此，我们建议在当今严峻的就业形势下，学部能加强对实习生教学能力的培养，可以考虑在实习生大一的时候就确定其在教育实习中所要教的科目，让实习生可以有一个充分的阶段去熟悉自己将讲授科目的知识体系。这样一方面能够切实发挥教育实习的重要作用，另一方面也有利于提高实习生的教学能力和工作能力。

学部采取全员实习的方案固然有其优点，但却难以保证实习生都能以积极的心态投入实习。对于一部分不会从事教师职业或教师相关职业，甚至完全不会在教育领域发展的同学而言，这种硬性规定阻碍了他们个人发展的空间，在实习过程中很难认真投入。所以如何协调好这种矛盾，或者做好这部分学生的动员工作，都是学部要考虑的问题。

第十六章　关于地理教育专业教育教学实践的建议

第一节　目前地理教育实习中存在的基本问题

从对地理学与遥感科学学院教育实习的理论与实践研究，以及对“4＋2”教育硕士和教育学院的比较研究来看，教育教学实践有以下问题需要解决。

一是学院对于教育实习的组织管理缺乏统一的制度性保障。根据调查发现，实习生在参与教育实习的过程中普遍表示对院里的实习安排不大了解，比如，何时召开动员大会、何时提交各类表格、在实习过程中要完成几个教案、几节课等，都要听候实习组长的通知，在整体上缺乏全局的认识，颇有“摸黑走路”的感觉。造成这一问题的原因在于，学院的教育实习安排只是按照学校教务处的统一要求来执行的，缺乏适合地理学与遥感科学学院以及地理教育实习实际的实施计划。例如，地理教育实习的目标、理念，实习过程要达到的效果，实习当中实习生要完成的基本工作及要求，实习领导小组的构成等，都需要有一个基于教务处要求的明确的文件说明。

二是实习准备工作当中存在问题。首先，实习生在参与实习前的知识技能准备和心态准备还不够充分，他们尤其期待学院在教学技能与方法、教学过程的设计方面加以重点指导，在教学内容和教师个人修养方面也希望有所指导。其次，实习前学院与实习学校的沟通存在不到位的情况，如学科指导教师不知道师范学校对实习生的相关要求，包括教案数、课时数、指导任务等，在实习生进入中学以后才从实习生处得到消息……实习准备工作对于实习生能否顺利地进入实习学校开展工作具有重要的影响，有待进一步细化和完善。

三是缺乏对实习指导教师和带队教师的标准要求。教育实习的顺利开展离不开实习生的主动投入，更离不开学科指导教师、班主任指导教师和带队教师的帮助支持。可以说，各位教师对待教育实习的态度和在实习中的投入，都直接关系着实习效果的好坏。实习生对于各位教师的评价也褒贬不一，有的指导教师由于自身的教学任务、科研任务等繁重，在精力上、态度上可能难以应对实习生的工作。因此为了确保实习效果，学院应对指导教师的任务做出详细规定，并且积极争取实习学校的支持。

第二节　关于优化地理教育实习的几点建议

为了更好地解决教育实习中存在的问题，经研究我们提出以下建议。

首先，应该在学校校务处对教育实习的统一部署下，制订一套适用于地理学与遥感科学学院的教育实习计划。一般情况下，教务处会在全校教育实习工作正式开始前一个月下发通知文件，对教育实习进行统一部署，包括实习准备阶段、实习动员阶段、入校实习阶段和总结评价阶段的各项工作要求及院方职责。如"院系要与实习学校提前取得联系，落实实习信息""院系落实实习生分组"，要求院系"召开实习动员大会""在实习期间组织巡视"，实习结束后"提交实习生名单"等。但这些任务的实施方式需要院系自行确定，如果没有硬性的规定，则在操作上具有很强的随机性和主观性。

因此学院要促进教育实习的良性发展，首先，亟待制订相应的实习计划。该计划除了要按照学校要求制订落实策略以外，还要着重对实习指导教师的职责加以明确，如规定"带队教师到实习学校次数不低于 4 次，指导实习生备课次数不低于 3 次，听每位实习生授课次数不低于 1 次，与学科指导教师电话或面谈沟通次数不少于 2 次"等；对学科指导教师的职责也可以加以明确，期望他们积极配合学院的工作要求。

其次，建设具有持续性的地理教育实习档案资料库，使教育实习成为实习生的互动交流平台。教育实习是一种实践经验的积累，是一份宝贵的精神财富。实习生参加完教育实习之后，在教学技能、教学心得方面都有了质的提高。这种提高是在特定阶段、特定人群身上才能获得的，它对于同类型的人群也具有很强的实用性。因此，大部分的应届实习生都愿意从往届实习生口中获取信息。但这种私下的交流难以保证信息的全面性和客观性，比如，有的往届实习生会传递一些负面信息给应届实习生，反而影响应届实习生实习的积极性。因此，学院可以在每年实习结束后，将不同学校的实习生教案、课件、教学反思、实习日志等资料收集起来，做成一个简易资料库，保存到 FTP 上面。同时还可以选取其中优秀且有代表性的材料整理成资料集，作为每届实习生的足迹保存，从而为应届实习生提供最直接的参考。当然，还可以在每年实习动员会上增加实习交流环节，邀请往届的优秀实习生来分享经验。教育实习应该像一条流动的河流，实习生的经验就像不停汇入的小溪，每个人都能受惠，同时也贡献出自己的智慧和经验。

最后，地理教育实习要有自己的特色，成为“生活化的地理教育实习”。地理学科与其他学科有着较为明显的区别，即地理更加贴近生活，是一门实践性很强的学科。目前，北京师范大学的地理教育实习主要包括两项内容，即教学实习和班主任工作实习。只有教育学部还要求学生完成教育调查实习。这样安排的原因主要在于教育实习的时间较短，只有5周的时间，难以完成更多的任务。因此，要体现地理教育实习的特色，就不能额外增加过多的、繁重的任务，可以考虑如何与教学实习或班主任工作实习结合起来，在既有的条件下融合相应的内容，从而达到预期目的。比如，将班主任工作实习与课外活动实习结合起来，如设计“人与环境”的主题，可以在校园环境中开展辨认植物、土壤、昆虫的小活动；设计“节约资源”的主题，则可以指导学生做班级小调查，计算每日班级耗费的资源量，探讨节约资源的有效途径等。这样，实习生设计的主题班会与课外活动实习有效地结合起来，既不用耗费过多的时间和精力，又体现出了地理教育实习乃至地理课的乐趣。

第四篇

地理教师培训研究

第十七章 国际领域职后教师培训现状

第一节 国际领域职后教师培训模式

一、美国教师培训模式

(一)美国教师培训的产生与发展①

美国的师范教育开始于19世纪初期，师范教育开始不久，就相继出现了中小学教师在职进修，不过早期的教师在职进修并没有引起足够的重视。20世纪50年代以前，美国师范教育侧重于教师的职前培训，20世纪50年代以后，随着教师数量的不断增加，人们开始重视教师在职培训。实际上，在此之前，许多学者就在做着教师培训的相关研究和实践，1938年，由巴尔、伯顿等人撰写的《教育辅导：实行民主领导，提高教学质量》，指出要把教师在职培训当作改进教学的主要手段，并提出了小组讨论、研究会、角色扮演等一系列在职培训的方法。到20世纪六七十年代，教师培训改变了在职学习课程以及为取得学位而学习的不良倾向，使教师培训由满足于胜任教师转向促使教师往更专业的方向发展。80年代以来，美国中小学教师的数量基本得到了满足，累加起来的教育问题引起了政府的高度重视，美国教师的在职进修逐渐规范化。1981年，美国教育质量调查委员会在《国家处在危急中：教育改革势在必行》报告中指出，美国存在着教育问题而未能有效地解决，这是导致其国际竞争力下降的根源，同时提出教育改革的建议，其中一条重要措施是加强教师的在职培训，让骨干教师参与到培训计划的制定过程中去。此后，人们更加重视教师在职培训，认为教师要一直保持进修，不断提高。

(二)美国教师培训模式

美国由各州自行解决教育事务，因此各州教师培训没有统一的规定，但由

① 时伟．当代教师继续教育论[M]．合肥：安徽教育出版社，2004.

于组织教师培训的主体相似，各州教师培训也有相同之处，主要有高等院校教师培训模式、学区教育模式、教育团体教育模式和任职学校教育模式等。① 20世纪50年代之后，美国教师的培训主要由综合大学来开展，通过相应的教育学院具体实施，其主要教育形式是校内学分课程、校外服务以及远程培训。学区教育模式主要是由学区中心进行设计、管理和监督，由地方委员会进行拨款，围绕学区的发展目标和学区教学的实际情况进行教师培训。教育专业团体教育模式主要是教师参加专业团体开展课题研究，举办学术会议，进行行业内部的交流对话。任职学校模式主要是教师在任职学校进修学习，充分利用身边的资源。

美国教师培训的主要特点表现在建立了教师职级制度；加强了对教师培训的研究，试图探求不同阶段教师培训的问题及培训需求；不断调整课程结构和呈现方式，由注重理论教学转向针对性的问题教学；教师培训的模式多样。教师培训从教师的知识水平、教学能力以及人格的发展等方面进行教育，重在提高教师的素质，实现教师培训的专业化。②

二、英国教师培训模式

(一)英国教师继续教育的产生与发展

英国教师培训开始较早。17世纪，在宗教和慈善机构举办的初等教育的基础上，产生了“导生制”和“见习生制”，前者是由校长或教师教一些成绩优秀的学生，由这些学生教普通学生，后者是选择一些较优秀的学生一边学习一边担任初级教师，以后晋升为正式教师，这成为英国“校本培训”的原型。19世纪初，科学技术在英国工业革命中占据了重要地位，人们率先意识到人才培养的重要性，开始重视教师培训。19世纪中期以后，正规的教育制度开始建立，由教会主导的宗教教育让位于由政府主导的世俗教育，由教会主导的教师培训让位于由政府主导的教师培训。20世纪初，在“巴尔福教育法”的推动下，形成了国家宏观控制，教会、民间团体、大学、地方当局共同参与，公立、私立相结合的开放式的师资培训体系。第二次世界大战后求学人数增加，教师数量不足，为缓解这种压力，政府招收了大量只经过短期训练的人员进入教师行列，为了更好地提高教师能力与素质，英国在20世纪50年代初设立了17个

① 张国胜．国外教师在职培训发展的趋势对我国教师继续教育的启示[J]．继续教育研究，2005，(2)．

② 黄白．教师专业发展视角：美国教师培训新态势[J]．科学大众，2006，(9)．

地区教师培训机构。60 年代初，教师数量不足的问题已经得到了缓解，人们开始关注教师质量问题。20 世纪 70 年代，《詹姆斯报告》首次提出了教师培养阶段化、终身化，使教师培训走向规范化、经常化和系统化。报告认为要实施连续的在职培训计划，以不断提高教师的整体素质。英国政府在“白皮书”中接受了《詹姆斯报告》的建议，决定增加教师在职培训名额，鼓励教师选修开放大学的课程，设立教师中心以推进教学技术和培训方式的改革。80 年代以后，英国政府更为重视教师的在职培训，通过政策引导、财政补贴等方式提高教师培训质量，激发教师参与培训的热情。1994 年，英国培训署分析了之前教师培训的经验与不足，从制度、设施、人员、内容与经费等方面对教师培训进行改革，全面加强教师培训工作。英国非常重视通过远程的方式开展教师培训，通过高校与相应的培训机构提供教师远程培训的相应课程。①

(二)英国教师培训模式

英国的教师培训模式主要有以高等院校为主体的培训模式、以任职学校为主体的教育模式、以教师中心为主体的教师模式、专门组织和专业协会教育模式。② 以高等院校为主体的培训包括了以大学、高等教育学院以及开放大学等为主体举办的教师培训，其目标主要是获得学位，提高学术水平为以后升职做准备③。大学教育学院基本都设有在职进修专业，开设不同层次的内容丰富的进修课程。以教师任职学校为主体的教育模式也称“校本培训”，这种模式出现在 19 世纪 70 年代初，80 年代获得了较好的发展。它强调教师在完成教学任务的同时能发现其中的教学问题，教师群体本身就可以解决这些问题，而不是一味地依赖外界的帮助，要重视教师任职学校本身具有的教育资源。教师中心是英国继续教育的重要基地，主要是聘请教育专家、知名教师，利用学校的资源，组织教师学习相关的知识、政策等，根据教师需求，组织针对性较强、时效性较强的教师培训。专门组织和专业协会教育模式主要是一些专门组织利用自身的优势，根据自身的利益召开研究会，举办暑期学校，开设一些短期培训课程，代表性的组织有“全国教师联合会”“全国校长协会”“女教师联合会”“全国英语教学学会”“全国补救教育协会”等。英国教师培训的特点是强调

---

① 梁文鑫，毕超．国外教师远程培训的实践及启示[J]．北京教育学院学报，2012，26(1)．

② 谭兆敏，段作章．国外教师在职培训模式的比较研究与启示[J]．继续教育研究，2006，(1)．

③ 陈永明．国际师范教育改革的比较研究[M]．北京：人民教育出版社，1999：95—98．

加强对教师培训与管理体制的建设，注重理论与实际的结合，教师培训趋向专业化。①

三、法国教师培训模式

（一）法国教师培训的产生与发展

17世纪末由基督教教士会举办的教育修道院是法国最早的培养初等经验教师的机构，在20世纪70年代以前，法国师范教育的重点是职前教师培训，受到经费、政府重视程度、教师个人原因等方面的限制，法国教师在职培训很长时间没有完整的制度，只有一些不太规范的任职学校内的学习及一些规模较小的在职培训。20世纪70年代，在终身教育的影响下，人们开始重视在职教师的继续教育。1971年，法国政府颁布了相关教育法令，规定职工可以享受带薪进修，为教师培训提供了法律保障。1972年的《关于初等教育教师终身教育基本方针的宣言》指出教师培养由职前培养和在职培养两部分组成，并对教师在职培训做了具体的规定。80年代以来，法国对教师培训表现出极大的热情，80年代初的在职教师培训改革就是要在最短的时间内对全国62万名中小学教师和24万名教育行政人员进行全面的培训，政府改变培训工作的管理体制来促进培训目标的实现。80年代末，法国颁布了《教育法方针》，规定设立大学师资培训学院，使其参与教师培训并开展相关的教育研究。90年代以来，在师资培训学院的统一管理之下，法国逐渐提升了教师培训的质量，提高了教师培养的层次并开展了相关的教师培训的研究。② 法国对教师职后培训的周期做了制度规定，要求教师必须每隔6年轮流脱产培训1次，培训任务由教育研究院和教师中心来承担。③

（二）法国教师培训模式

法国教师的培训模式主要有两种，一是以教育行政部门为主导的3级教师培训模式，④ 这种模式是法国教师培训中最经常、最核心的培训形式。法国教师培训组织性强，有严格的培训制度，形成了分别由省、学区和国家3级组织实施的培训体制，这与英美有一定的区别。在3级教师教育模式中，国家主要

① 李玉辉．英国教师培训的改革趋势[J]．云南教育学院学报，1994，(8).

② 徐琳．浅谈国外中小学教师在职培训发展及对我国师范教育改革的启示[J]．外国教育研究，1996，(5).

③ 任秋君，单劲松．中、法、美教师职后教育发展分析[J]．中国外资，2014，(2).

④ 时伟．当代教师继续教育论[M]．合肥：安徽教育出版社，2004.

负责专业性较强、受众面较广的进修，省市主要负责初等教育教师在职进修，学区主要负责学区内的中等教育教师的进修。另外一种模式是暑期大学教育模式，它是在"新教育"学派倡导下成立的，主要是暑假开展互教互学的教师培训。这一形式曾经中断，后来于1982年在马赛恢复，并快速发展起来。暑期大学主要培训和上述3级机构组织不同的专题，学员自愿参加，具体活动由各部、学区及民间团体主办，培训的时间一般比较短。1986年以后，培训班全部由学区主办，面向全国招生，由于它的灵活性强，受到了非常广泛的关注。法国的教师培训特点是强化高等院校对教师培训的服务职能，采取更贴近实际的教学内容与形式，促进教师的全面发展。

四、日本教师培训模式

(一)日本教师培训的产生与发展

日本近代的教师在职进修制度开始于19世纪末，明治维新以后，政府为了实现"富国强兵、置产兴业、文化开化"的兴国方针，着手进行教育改革。1880年文部出台了《师范学校教改大纲》，要求所有师范学校都要开设教育专业科目，从此师范学校真正进入培养教师职业的角色。1892年日本健全了教师再教育体制，师范学校设置本科、预科、小学教师讲习科，用多种途径培训中小学教师，日本在职进修形式还有社区学校建的专科研究会、校内研究会、观摩教学等，教师在职进修和在职教育研究比较活跃。1949年《教育公务员特立法》制定了教师进修制度，把研修定为教师的义务。文部省于1977年进一步改善教师的进修制度，对不同水平和不同职务的教师加以培训，并先后建立了上越教育大学、兵库教育大学等以培训在职教师为主要目的的新型教育大学。20世纪90年代以来，日本的教师进修方式突出短期、速成的观念与方式，形成了有利于教师培训的体制，使教师培训机构趋向多元，内容更丰富、形式更多样、方式更灵活，有力地促进了教师培训的发展。

(二)日本教师培训模式

日本教师培训模式主要有以高校为主的培训模式、以企业为主的教育模式、以学校本身为主的教育模式。① 1949年5月，《教师职员资格法案》规定所有教师都由新制大学培养，大学承担着培养职前教师和在职教师进修的任务。在职教师到大学学习，期末随堂考试，成绩合格者可获得学分，进而获得相应

① 时伟．当代教师继续教育论[M]．合肥：安徽教育出版社，2004.

的教师职级资格证书。大学可以通过脱产、函授及暑期培训班的方式对教师进行培训。日本于1978年建立新教育大学，这些大学以在职教师培训为主，它招收5年以上教龄的在职教师，“教育中心”“海上进修”是其主要的培训机构。教育中心大多是由各级教育委员会自行举办，目的是通过教育中心提供情境和参与式的教师研讨，澄清教学中的某些模糊认识。海上进修是90年代以来的新举措，主要是通过在船上和停泊地进修，倾听教育专家的讲授以及与当地产业部门有关人员交流，开阔教师的视野，提高教师的素质和能力。以学校自身为主体的教育模式则体现了制度化的特征，在学校本身进行的教师培训中安排固定的指导教师，指导教师一般由本学校经验丰富的教导主任或退休教师担任，利用学校本身具有的资源展开教师培训。日本的教师培训除了制度日趋合理、培训多元化之外，还注重教师的终身化教育，注重新任教师的相关培训。①

此外，随着信息网络技术的发展，教师培训逐步突破时间和空间的限制，远程教师培训逐步兴起并壮大。远程教师培训主要是通过各种通信媒体，由专门的机构或培训团队对学员实施教育的一种模式。日本的远程教师培训模式是国际上具有特色的教师培训模式之一，主要包括高中函授教育、大学和初级学院的函授教育、社会函授教育、广播电视大学和学校广播系统。②

第二节　国际领域地理教师继续教育比较——来自罗德·格波的调查③

美国学者罗德·格波对世界6个大洲30个国家的地理教师继续教育概况进行了调查。调查显示，绝大部分国家的地理教师有机会参与各种形式的继续教育。地理教师继续教育的主办单位主要包括高等院校、专业学会和政府部门。其中高等院校几乎是所有国家开展地理教师继续教育的主要基地。

不同的国家地理教师继续教育的开展受多种环境因素的影响，主要包括国家政策、一些特殊的组织或有影响力的个人、一些自然环境因素和经济因素等。其中，国家政策和教育体制的影响最为重要，包括国家对地理课程设置方面的干预、国家对地理教师继续教育的资金支持等。

---

① 荣震，李双雁．日本教师在职培训体系的特色及其启示[J]．世界教育信息，2009，(7).

② 谭兆敏，段作章．国外教师在职培训模式的比较研究与启示[J]．继续教育研究，2006，(1).

③ 王民．地理比较教育[M]．南宁：广西教育出版社，2006.

地理教师继续教育的活动形式主要包括正规课程学习，政府、高校或其他机构组织的专家会议或讲座、广播课程等。其中，专家会议或讲座是最为主要的形式，这种形式在亚洲、欧洲及非洲国家表现得更为明显。而美洲国家采取的形式更为多样。

我们对各国家地理教师对继续教育的需求状况进行了调查，主要是从专业要求方面出发，调查地理教师对认知能力和实际操作能力的需求，包括更新教学内容、了解地理教育的发展、了解现代教育的发展、了解学校课程的发展、改善教学法、计算机的应用、最新资料的应用。结果显示，地理教师最主要的需求是更新教学内容和改善教学法。其中，非洲、欧洲、大洋洲的一些国家，对其他方面也有较多的需求(表 17-1)。

表 17-1　各国家或地区地理教师对继续教育的需求

洲	国家或地区	改善教学法	更新教学内容	了解地理教育的发展	了解现代教育的发展	计算机的应用	了解学校课程的发展	最新资料的应用
非洲	尼日利亚	√						
	赞比亚	√	√					
	塞拉利昂			√	√			
	利比里亚	√	√		√			
	坦桑尼亚	√	√		√	√		
	突尼斯	√	√					
欧洲	德国	√	√				√	√
	匈牙利		√		√			
	西班牙	√	√					
	波兰	√	√					
	英格兰与威尔士	√	√	√	√	√	√	
	挪威	√	√					
	芬兰	√	√		√		√	
	丹麦	√	√		√	√	√	

续表

洲	国家或地区	改善教学法	更新教学内容	了解地理教育的发展	了解现代教育的发展	计算机的应用	了解学校课程的发展	最新资料的应用
大洋洲	新西兰	√	√					
	澳大利亚	√	√		√	√	√	√
亚洲	马来西亚	√	√					
	中国	√	√	√				
	韩国	√	√					
	孟加拉国	√	√					
	菲律宾	√	√					
	中国香港地区	√	√		√			
	日本	√	√		√			
	印度	√	√		√			
美洲	加拿大	√	√					
	牙买加	√	√					
	巴哈马	√	√					
	特立尼达和多巴哥	√	√					
	巴西	√	√					
	苏里南	√	√					

对 30 个国家或地区的地理教师比较感兴趣的培训方式(包括讲述、专家讨论会、专题讨论会、实地研究、远距离学习以及参与研究)进行调查显示(表 17-2)，地理教师更倾向于那种将主动的学习方式与被动的学习方式结合起来的学习形式。讲座、报告、直接讲授这些讲述类培训属于被动的学习，主动的学习通常是指讨论会、实地考察等。教师参加讲述类的培训，可以接收到新信息或能学到一些教学方法的演示活动。实地研究有助于提高教师的参与性和积极性，被调查的国家或地区中，欧洲、大洋洲、亚洲大部分国家的地理教师都喜欢实地研究的培训方式。

表 17-2　各国家或地区地理教师比较感兴趣的培训方式

洲	国家或地区	讲述	专家讨论会	专题讨论会	实地研究	远距离学习	参与研究
非洲	尼日利亚	√	√	√			
	赞比亚					√	
	塞拉利昂						
	利比里亚						
	坦桑尼亚		√	√			
	突尼斯	√	√				
欧洲	德国		√	√	√		
	匈牙利	√	√		√		
	西班牙	√					
	波兰	√			√	√	
	英格兰与威尔士	√	√	√		√	
	挪威	√					
	芬兰	√	√		√		
	丹麦	√	√	√	√		
大洋洲	新西兰	√			√		
	澳大利亚		√	√	√		
亚洲	马来西亚	√					
	中国	√	√		√		
	韩国	√			√		
	孟加拉国	√	√	√			
	菲律宾		√		√		
	中国香港地区	√	√	√			
	日本	√			√		
	印度	√	√	√			
美洲	加拿大	√		√		√	
	牙买加	√					
	巴哈马						

续表

洲	国家或地区	讲述	专家讨论会	专题讨论会	实地研究	远距离学习	参与研究
美洲	特立尼达和多巴哥	√		√	√		
	巴西	√		√			
	苏里南	√					

不同的国家或地区为了实现各自的目的实施了不同的继续教育措施。这涉及促进教师专业成长的一些小目标的实现，包括更新教学内容、提高教学方法、了解地理课程的发展、理解学生、补充修改教学资料等。通过这些活动，教师不断地进行着自我完善。而该调查结果(表 17-3)显示，只有少数国家考虑到了多重的培训目标，绝大部分国家的目标集中在更新教学内容、提高教学方法，这样容易使人们忽视地理教师职业得以成长发展的远大前景。

表 17-3　继续教育中经常采用的策略

洲	国家或地区	讲座	讨论	实地考察	实验活动	讲述	广播教学	函授
非洲	尼日利亚	√			√			
	赞比亚	√	√					√
	塞拉利昂							
	利比里亚							
	坦桑尼亚			√	√	√		
	突尼斯	√	√					
欧洲	德国	√	√	√		√		
	匈牙利	√						
	西班牙	√						
	波兰	√	√					
	英格兰与威尔士	√	√	√			√	
	挪威	√	√	√				
	芬兰	√	√	√				
	丹麦	√	√	√				
大洋洲	新西兰	√	√	√		√		
	澳大利亚		√	√				

续表

洲	国家或地区	讲座	讨论	实地考察	实验活动	讲述	广播教学	函授
亚洲	马来西亚	√	√					
	中国	√	√			√		
	韩国	√		√				
	孟加拉国	√	√					
	菲律宾	√				√		
	中国香港地区	√	√	√		√		
	日本	√	√	√				
	印度	√	√					√
美洲	加拿大	√	√					
	牙买加		√		√			
	巴哈马				√			
	特立尼达和多巴哥		√	√		√		
	巴西	√	√					
	苏里南	√						

罗德·格波的调查将继续教育中经常采用的教学策略分成了 7 类，具体是：讲座报告、专题讨论会、实地考察、实验室活动、讲述、广播、函授。其中前 3 种是最普及的，其应用的范围不仅仅限于几个国家或地区，已经扩展到了广大的地区。不同的国家或地区采用的策略不同，同一国家或地区，运用的方法也是多种多样的。这些国家在继续教育的策略应用方面的差异性也反映了现在不同国家实行的教学方法的灵活性。

第十八章　中学地理教师职业认同现状及影响因素研究

第一节　概　述

一、问题的提出

教师职业认同是教师使命能否顺利完成、教师工作是否能达到期望的效果的心理基础。教师只有从心底认可教师职业，对教师职业有着清楚和正确的认识，并满怀热情地投入到这份工作当中，才能够发挥出教师最大的实力。20世纪90年代以来，国内外教师职业认同已经逐渐发展成为独立的研究主题，在这些研究结果中可看到一个令人担忧的状况，即从中学至高校，教师的职业认同普遍开始淡化，并存在职业倦怠和教师流失的现象。高中地理教师作为教师群体中的一分子，他们的职业认同也是非常值得关注的。本研究希望对高中地理教师的职业认同进行调查研究，在了解高中地理教师职业认同的现状的基础上，寻找影响高中地理教师职业认同的因素，并提出提升高中地理教师职业认同的建议。

二、概念界定

教师职业认同，既指一种过程，也指一种状态。"过程"是说，教师职业认同是个体从自身的经历中逐渐发展、确认自己的教师角色的过程；"状态"是说，教师职业认同是当下教师个体对自己所从事的教师职业的认同程度。① 从状态意义上讲，教师职业认同是教师对自己的"教师特征"的认同状态，是教师对自己职业的认识、情感、期望、意志、价值观以及对自己职业技能的感知。教师对职业的认识，是指教师对自己所从事职业的性质、功能、意义等的认识；对职业的情感，是指教师对自己所从事的职业是否喜欢、教师在职业活动

① 魏淑华，宋广文．国外教师职业认同研究综述[J]．比较教育研究，2005，(5).

中的情感体验是积极还是消极等特征；教师对职业的期望，是指教师对于自己能否在职业活动中取得成就、能否发展成为优秀教师的期望；教师对职业的意志，是指教师对于当前从事的教师职业及当前工作环境的意志水平，它是与教师的调动工作倾向和离开教师职业倾向相背离的方面；教师对职业的价值观则是指教师期待从事教师职业要达到什么样的“目的”，是金钱、地位、荣誉还是实现自己的价值等；教师对自己职业技能的感知是指教师对于自己的学科知识能力、教学知识能力、教育知识能力等方面的高低水平的感知。根据研究需要，本研究只关注高中地理教师当前职业认同的状态及其影响因素，不研究高中地理教师职业认同的发展过程。因此，本研究依据状态意义上的教师职业认同，从教师职业认同的认识、情感、期望、意志、对自己职业技能的感知5个维度来研究，价值观维度由于无法赋予有梯度的分值，因此将其作为影响因素中的一个方面来呈现。

三、研究方法

(一)调查对象

本次研究的调查对象是北京市海淀区的高中地理教师，发放问卷101份，回收82份，有效77份。调查对象的基本情况如下：从性别来分，男性占19.5％，女性占80.5％；从年龄结构来分，29岁以下(含29岁)占16.9％，30至39岁占50.6％，40至49岁占23.4％，50岁以上占9.1％。

(二)调查方法

调查方法采用问卷法，问卷从结构上分为3部分。第一部分是高中地理教师的基本情况，采用选择题的形式。第二部分是测量高中地理教师的职业认同，采用李克特量表形式，按认同程度以1、2、3、4、5记分，反向题则反向记分。第三部分是了解教师职业认同的影响因素，采用是非题的形式。回答“是”得1分，“否”得0分，反向题回答“是”得0分，“否”得1分。

第二节　北京市海淀区高中地理教师职业认同现状

调查显示，北京市海淀区高中地理教师绝大部分对其职业的认同处于中上水平，只有个别教师不认同自己的职业。如图18-1所示，接近一半(49.4％)的北京市海淀区高中地理教师对其职业比较认同(职业认同总分大于82.2，小于101.5)；11.7％的教师对其职业非常认同(职业认同总分大于101.6)，两部分之和也只有 61.1%；对其职业非常不认同的教师没有；对其职业比较不认同的教师只有 2 位，占总数的 2.6%；其余教师均处在一般认同的状况。

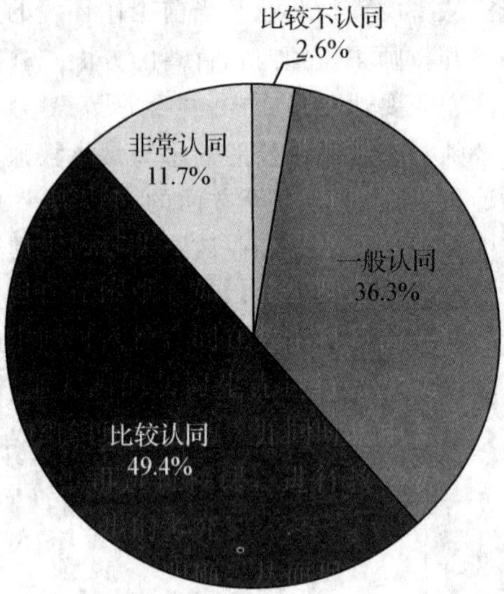

图 18-1　北京市海淀区高中地理教师职业认同总体情况

北京市海淀区高中地理教师职业认同的总平均分为 86.84 分，属于比较认同的范围，如表 18-1 所示。

表 18-1　北京市海淀区高中地理教师职业认同情况

	平均分	样本量	标准差
认识	21.91	77	3.33
情感	20.89	77	3.79
意志	9.56	77	2.75
期望	15.84	77	2.14
技能	18.64	77	3.23
总分	86.84	77	12.36

在本次研究所调查的 77 位教师中，大部分教师对自己的职业是比较满意的，55.9%的教师认为教师是很好的职业，63.7%的教师认为自己的工作非常

有意义，71.5%的教师工作起来很有热情，这些都说明大部分教师对其职业有着积极的感受。这种令人比较满意的情况与近年来教师职业的变化有着密切的关系，随着政府的重视、民众的关注以及新课程改革的进行，使得高中地理教师职业较之以前发生了很大的变化。

科教兴国战略的实施，教育优先发展地位的确立，使我国教师地位获得了很大的提升。1993年12月，全国人民代表大会专门颁布了《中华人民共和国教师法》，第一次全面地对教师的权利和义务、资格和任用、待遇、奖励等方面做出了规定，要求："各级人民政府应当采取措施，加强教师的思想政治教育和业务培训，改善教师的工作条件和生活条件，保障教师的合法权益，提高教师的社会地位"。该法还明确规定："教师的平均工资水平应当不低于或者高于国家公务员的平均工资，并逐步提高，建立正常的晋级增薪制度。"①这使得我国教师工资走上了法制化的轨道。在各种压力日益增大的当今社会，拥有两个假期、相对稳定且收入水平在日益提升的教师职业越来越令人羡慕。教师职业还给教师个人提供了很多自我发展的机会，特别是在大城市里，教师有很多赴国外考察和学习的机会，这使得很多教师在工作中能满足自我完善的需要。对地理教师来说，地理学科地位逐渐上升也是一件好事。教育部于2003年颁布了《普通高中课程方案(实验)》。在这次课程改革中，高中地理的学科地位发生了变化。从必修课程的学分(课时)来看，从1996年至2003年，地理的必修课课时从3个增加到6个，与历史、物理、化学、生物的必修课课时相等。②高考恢复了地理，对绝大部分高中地理教师来说也是个好消息，调查中有92.2%的教师对高考开始重视地理感到很高兴。1993年起，高考实行"3＋2"考试科目设置方案，文理科高考中都没有地理。1998年6月，广东省试行"3＋X"科目设置方案，地理终于能在高考中占有一席之地。北京于2002年开始实行"3＋文综/理综"的高考方案。高考对学生、家长和学校来说都是一件头等大事。高考的要求就像圣旨，高考怎么改，学生就得怎么学，教师就得怎么教，因此，高考恢复地理，就等于学校、学生和家长也必须开始重视地理，地理教师的工作也会受到重视，对地理教师的工作有一定的鼓励。

分维度来看，北京市海淀区高中地理教师在认识维度上得分为21.91，在期望维度上得分为15.84，在技能维度上得分为18.64，都属于比较认同范畴。而在情感维度上教师们得分为20.89，意志维度得分为9.56，都属于一般认同

① 《中华人民共和国教师法》.

② 冯生尧．课程改革：世界与中国[M]．广州：广东教育出版社，2004：14.

(见表 18-1)。这说明教师们对其职业有比较积极的认识，并对自己的教学能力比较认同，有信心在工作中克服各种困难，具有较高的提高自身职业水平的意愿，并渴望在工作中实现自我价值。调查显示，有 89.6%的教师认为让高中生学习地理是非常有意义的，80.6%的教师觉得自己各方面的能力能胜任工作，97.4%的教师希望自己的教学水平有所上升，91%的教师愿意终身学习来促进更好地工作。在这个竞争激烈的社会，生存如逆水行舟，不进则退。因此教师们必须不断地、积极地学习新的理论和方法，才能适应时代的变化。2001 年秋开始的基础教育课程改革，对我国传统的接受性学习带来了根本性的冲击①，为广大教师的工作带来了极大的挑战。教师在赶上时代潮流的同时，还要赶上学生。俗话说“要教给学生一碗水，自己须有一桶水”，现在的学生越来越难教，他们通过各种媒介了解到的知识很多，他们思考事物的方式也日趋独立和创新，教师必须跟上学生的步伐，才能打动学生，把学生教好。

调查还显示，北京市海淀区高中地理教师在情感体验和意志水平方面的认同度不高，这说明他们在工作中常遭受不愉快的情感体验，并没有较高的意愿终身从事该职业。只有 33.8%的教师表示如果能够再选一次仍然会选择教师职业，而高达 41.6%的教师表示如果能再选一次将不会选择做教师。约 38%的教师表示在工作中感到愉快或有成就感。

第三节　高中地理教师职业认同的影响因素分析

一、不同年龄的教师职业认同差异

不同年龄的教师职业认同差异显著性检验结果如表 18-2 所示，结果显示，不同年龄段的教师职业认同存在着非常显著的差异，主要表现在认识、情感和总分上。总的来说，50 岁以上的教师的职业认同各方面都明显比其他年龄段的教师高，在其他 3 个年龄段的教师中，教师职业认同总分最高的是刚参加工作几年的教师(29 岁以下)，30～39 岁的教师职业认同较低，40～49 岁的教师职业认同最低(图 18-2)。

① 石鸥，刘丽群．课程改革中的若干问题[M]．广州：广东教育出版社，2004：54.

表 18-2　北京市海淀区高中地理教师不同年龄段教师职业认同的差异显著性检验结果

		均方值	F
认识	Between Groups	48.830	5.122**
	Within Groups	9.533	
情感	Between Groups	37.640	2.809*
	Within Groups	13.401	
意志	Between Groups	10.485	1.408
	Within Groups	7.446	
期望	Between Groups	4.283	0.932
	Within Groups	4.593	
技能	Between Groups	10.741	1.030
	Within Groups	10.433	
总分	Between Groups	400.579	2.811*
	Within Groups	142.499	

注：** 表示在 0.01 水平上差异显著，* 表示在 0.05 水平上差异显著。

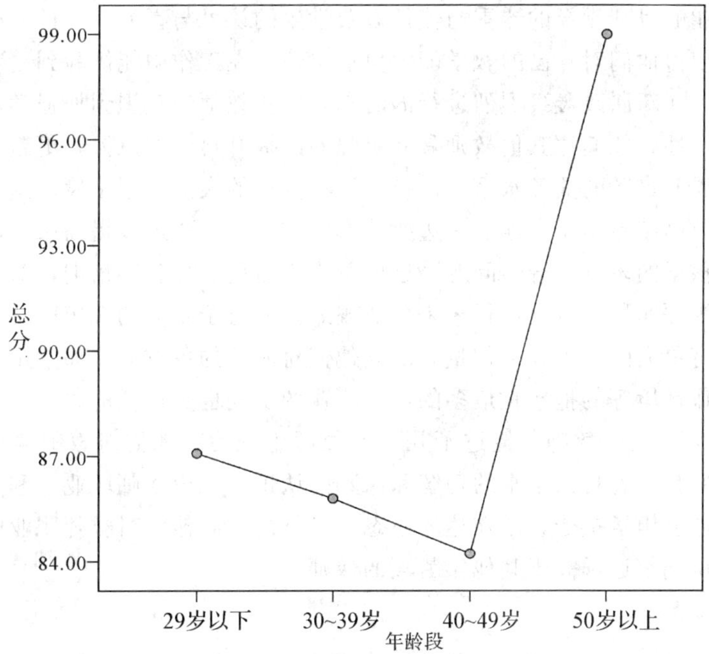

图 18-2　不同年龄的教师职业认同情况

29岁以下的教师大多是刚参加工作，他们缺乏教学经验，缺少各方面的能力和自信，但他们对教师职业的认同度却是较高的，这是因为他们年轻，刚接触社会不久，对人生的第一份职业感到很新鲜，因此充满了激情与活力，喜欢挑战。Gruneberg(1979)表示，当一个年轻人得到他的第一个工作时，会产生一种由于独立、成熟、被视为成人等而带来的自我崇拜的情感，因此而产生的工作满意度也比较高。[①] 他们对教师职业有着积极的评价，相信自己所从事的职业是非常有意义的，怀着满腔热情投入到工作中。但与此同时，刚工作的教师对自己的职业感到期望较大，有时候“希望越大，失望越大”，一旦青年教师在工作中发现自己的职业与心中理想不符时，年轻气盛的他们往往不能像那些有多年工作经验和丰富生活履历的教师那样寻找到现实与理想的平衡点，便会产生苦恼和冲突，感到自我价值得不到实现，从而产生对职业的消极态度。

30～39岁和40～49岁两组教师在教师职业认同总分以及各维度上的差异都很小，他们的认同度介于29岁以下和50岁以上的教师之间。这个阶段的教师已经慢慢适应了教师职业，对该职业有了较为全面的认识，教学经验也日益丰富起来，具有较强的教育教学能力，大多数这个年龄段的教师都是学校的骨干力量，能够得到领导的器重与信任以及学生的认可与喜爱，获得一些教学成果，这也使得他们对自己的教学能力更加自信，在工作中能体验到更多的成就感和乐趣。在新课改轰轰烈烈进行的时期，中年教师们意识到加强学习和提高自我的必要性，他们比其他教师具有更强烈的提升自己的意愿，更希望通过一些学习来提升自己的业务水平，使自己能在竞争的大潮流中站稳。这个阶段的教师大多数已结婚生子，他们一边要认真工作，一边要逐步提高家庭的生活质量，考虑孩子的教育、升学问题。还要争先恐后地参加各种培训，努力做出教学成果，为评职称、晋升进行未来职业规划。相对于乐天的青年教师来说，中年教师具有更大的压力和工作量，因此他们对职业的各方面，如学生情况、待遇以及工作环境等的抱怨是最多的，对职业的认同也是最低的。

50岁以上的老教师，经过了几十年教师生涯后，他们对教师职业已经非常熟悉，并且有着自己丰富的理解和深刻的认识，无论教师职业是利是弊，他们都已经能够坦然接受，用豁达的心态去对待。因此他们对教师职业的热爱和各方面的认同都远远高于其他年龄段的教师。

---

① Gruneberg(1979)，转引自张忠山．上海市小学教师工作满意度研究[J]．上海教育科研，2000，(3)．

二、择业动机不同的教师职业认同差异

当初是由于喜欢教师职业而选择当教师的教师们，其职业认同显著地高于其他教师的职业认同，在总分、情感维度和意志维度上都有着明显的差异。检验结果显示，为了实现自我价值而选择当教师的教师在情感维度上的分数显著地高于其他教师；由于两个假期而选择当教师的教师在情感维度上的分数显著地低于其他教师；由于被逼无奈而选择当教师的教师在意志维度上的分数显著地低于其他教师；认为教师待遇好而选择当教师的教师只有2名，他们在总分和期望维度上的分数明显低于其他教师，如表18-3所示。

表18-3 不同择业动机的教师职业认同差异情况

t	自我实现	喜欢	待遇好	两个假期	被逼无奈
总分	1.292	2.320*	−10.751**	−0.847	−1.463
认识	1.893	1.839	−1.703	−0.377	−0.978
情感	1.997*	3.376**	−1.097	−2.234*	−0.941
意志	1.465	2.647*	−1.782	−1.602	−3.137**
期望	1.130	1.271	−2.676**	1.113	−1.958
技能	−1.288	0.039	−1.630	0.310	0.357

注：** 表示在0.01水平上差异显著，* 表示在0.05水平上差异显著。

根据动机理论，产生于诸如兴趣、好奇心或自我实现等因素的动机被称作内部动机。当具有内部动机时，人们不需要诱因或惩罚，因为"活动本身就是报偿"。与此相反，当人们从事一项活动是为了获得报酬、避免惩罚或是其他与工作本身几乎无关的原因时，这时所感受到的就是外部动机，人们对活动本身没有真正的兴趣，他们关心的只是它能使他们获得什么。① 只具有外部动机的人，一旦获得了外部满足，工作动机就会下降。

那些喜爱教师职业，对每一项任务都充满激情、精力饱满地去实现每个目标的教师，在工作中的感受和那些不被工作任务所吸引，却要仍然努力工作的教师是非常不一样的。对教师职业充满着喜爱和兴趣的教师以及看重自我实现的教师，在内部动机的驱使下工作着，工作的各项目标和任务对他们来说都是

① [美]阿妮塔·伍德沃克．教育心理学(第八版)[M]．陈红兵，张春莉，译．南京：江苏教育出版社，2005：425.

挑战和有意思的事，他们喜爱自己的职业，满怀热情地投入工作，在完成工作中的每一项任务之后都会获得强烈的成就感、满足感和愉悦感。相反，有些教师是在外部动机的驱使下选择了教师职业，他们抱着能获得高回报的想法，或者为了获得假期享受的目的选择了教师职业，这样的择业和工作动机带来的工作热情是非常不稳定的。在选择职业时，他们对该职业抱有一定的期望，包括对工资待遇的期望，冲着待遇这样的外在条件而来的教师，从心理上并不一定认同教师这个职业，而是希望从事该职业得到满意的报酬。然而，近年来，我国教师的经济待遇虽然有所提升，但是教师的收入水平与其劳动价值相比并不平衡，因此这类期望有高收入的教师的期望与现实不相符合，他们在付出得不到相应回报的时候，就会产生很大的失落感，容易产生不满情绪，对教师职业感到厌倦、工作缺乏热情，对教师职业产生偏见和不认同。这样的教师通常没有理解教师职业的意义，往往不注重自身能力和素质的提升，不愿意自觉地学习，对职业的期望不大。

三、学生情况不同的教师职业认同差异

教师的工作就是培养学生，因此学生的方方面面都影响着教师，学生的学习情况可以影响教师的教学方法、教学情绪以及教师对自己的评价等。差异显著性分析结果显示，选择"我教的学生喜欢学地理"的教师，在总分、情感维度和技能维度上都显著地高于其他教师，如表 18-4 所示。这说明学生是否喜欢学地理影响着教师的情绪和教师对自己职业技能的感知，学生爱学地理，则教师的情感体验较积极，而学生不爱学地理，则教师对自己职业技能的认同较低。选择"我教的学生基础差，教起来很费劲，这让我很苦恼"的教师，在情感维度上显著地低于其他教师，如表 18-5 所示。

表 18-4　学生是否喜欢学地理的教师职业认同差异情况

	是(平均值)	否(平均值)	t
总分	89.3077	81.7200	2.619*
认识	22.4231	20.8400	1.992
情感	21.7115	19.2000	2.848**
意志	9.9808	8.6800	1.980
期望	16.0000	15.5200	0.921
技能	19.1923	17.4800	2.233*

注：** 表示在 0.01 水平上差异显著，* 表示在 0.05 水平上差异显著。

表 18-5　学生基础不同的教师职业认同差异情况

	是(平均值)	否(平均值)	t
总分	84.9615	90.7600	−1.964
认识	21.5000	22.7600	−1.570
情感	20.1154	22.5200	−2.715**
意志	9.2692	10.1600	−1.338
期望	15.5962	16.3600	−1.478
技能	18.4808	18.9600	−0.607

注：** 表示在 0.01 水平上差异显著，* 表示在 0.05 水平上差异显著。

面对好学上进的学生，教师的教学情绪也会受到很大的感染，教师会感到有责任将学生教好，工作起来很有动力；如果学生的基础好，教师教起来会比较轻松，容易有成就感，信心百倍，心情会很好。但是如果教师春风满面地走进教室，学生却如秋天的落叶、霜后的茄子，没有学习的兴趣，教师的热情会被学生的懒惰、厌学的情绪和糟糕的纪律浇得冰凉；如果学生基础差，教师教起来很费劲，费了很大力得到的效果却不尽如人意，这样教师就容易苦恼，工作不开心。当学生厌学或成绩差时，教师容易质疑自己的教学能力，感到力不从心，从而对自己职业技能有较低的认同。

四、对地理学科感情不同的教师职业认同差异

很喜欢地理这门学科的教师，在职业认同总分、认识、情感以及技能维度上都显著地高于其他教师，如表 18-6 所示。他们比较认同自己的职业，对自己的职业有积极的评价，在工作中有积极的情感体验，对自己的职业技能比较自信。

表 18-6　对地理喜爱不同的教师职业认同差异情况

	是(平均值)	否(平均值)	t
总分	88.2941	75.8889	2.973**
认识	22.2794	19.1111	2.801**
情感	21.2647	18.1111	2.420*
意志	9.7500	8.1111	1.701
期望	15.9559	15.0000	1.264
技能	19.0441	15.5556	3.226**

注：** 表示在 0.01 水平上差异显著，* 表示在 0.05 水平上差异显著。

高中地理教师通常都是地理专业的毕业生，经过了4年甚至更久的对地理学的学习和研究，大多数教师都对地理学产生了深厚的感情，调查中有88.3%的教师表示很喜欢地理这门学科。这些教师对地理学有着深刻的理解，他们能认识到地理的重要性，深知地理在个人终身发展中起到的作用，因此他们认为让学生学习地理是十分必要的，觉得自己的工作有意义。89.6%的教师认为，让高中生学习地理是非常有意义的。喜欢地理的教师对地理及地理教育教学有更深刻的把握，更能充分理解教学内容，能在教学过程中更好地发挥自己的才能，取得更好的教学效果。学生爱学地理，学习成绩有所提高，那么教师也会感到喜悦和有成就感，并且对自己的教学能力更有自信。

用一个框图来表示北京市海淀区高中地理教师职业认同的影响因素，如图18-3所示。喜爱地理学科、学生情况、年龄和择业动机这4个因素对高中地理教师职业认同的多方面及总分都有很大的影响，对教师职业认同的认识维度影响最大的是教师的年龄以及是否喜爱地理学科，对教师职业认同意志和期望维度影响最大的是教师的择业动机，影响教师对职业技能的感知的因素有学生情况和教师是否喜爱地理学科，4个重要因素都对教师职业认同的情感维度有着重要的影响。

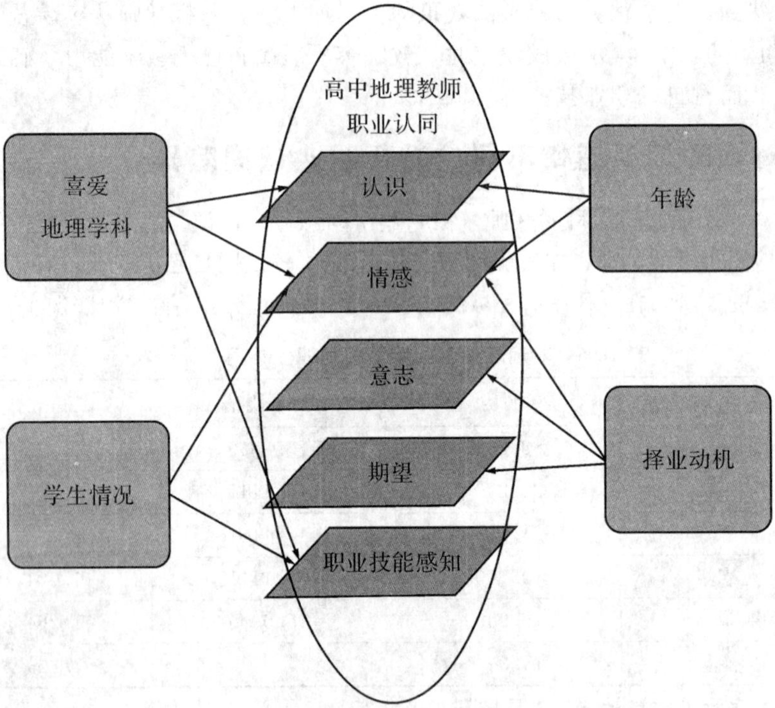

图18-3 高中地理教师职业认同影响因素图

第十九章　我国中小学地理教师国家级培训课程研究

第一节　我国中小学教师国家级培训计划概述

《国家中长期教育改革和发展规划纲要(2010—2020年)》明确提出，要“完善教师培训制度，将教师培训经费列入政府预算，对教师实行每五年一周期的全员培训”。为贯彻落实教育规划纲要这一要求，加强中小学教师特别是农村教师队伍建设，提高教师整体素质，国家教育部、财政部于2010年开始全面实施“中小学教师国家级培训计划”(简称“国培计划”)。此次“国培计划”主要包括“中小学教师示范性培训项目”和“中西部农村骨干教师培训项目”两项内容。

其中“中小学教师示范性培训项目”(以下简称“示范性项目”)主要是为全国中小学教师培训培养骨干，开发和提供一批优质培训课程教学资源，为“中西部农村骨干教师培训项目”和中小学教师专业发展提供有力支持。“示范性项目”的培训项目主要包括中小学骨干教师研修、培训团队研修、中小学教师远程培训、班主任教师培训、中小学紧缺薄弱学科教师培训等示范性项目。2010—2012年，“示范性项目”采用集中培训的方式培训了3万名中小学学科骨干教师和骨干班主任教师；采用远程培训的方式培训90万人，包括60万名义务教育学校学科教师和30万名高中新课程学科教师；政府购买和组织开发了一批优质培训资源，为“中西部项目”和教师终身学习提供服务支撑。① 2013年，“示范性项目”提出重点加强教师培训团队研修、特殊教师教育和体育学科教师培训，启动教师高端研修，推动远程培训模式变革，开展培训优质课程资源建设。②

① “国培计划”——中小学教师示范性培训项目实施方案(2010—2012)[EB/OL]. [2013-12-3]. http://www.gpjh.cn/cms/sfxmbuwen/584.htm.

② “国培计划(2013)”——示范性培训项目[EB/OL]. [2013-12-3]. http://www.gpjh.cn/cms/sfxmtingwen/1441.htm.

“中西部农村骨干教师培训项目”(以下简称“中西部项目”)主要是针对中西部农村义务教育教师进行培训，使他们在实施课程改革、素质教育和教师培训上发挥示范辐射作用，同时引导地方完善教师培训体系，科学制定教师培训规划，加大农村教师培训力度，从而提高农村教师的教学能力和专业水平，为促进教育改革发展提供师资保障。培训项目主要包括农村中小学教师置换脱产研修、农村中小学教师短期集中培训、农村中小学教师远程培训。2010 年，中央财政支持启动实施“中西部项目”。通过创新培训机制，采取骨干教师脱产研修、集中培训和大规模教师远程培训相结合的方式，对中西部农村义务教育骨干教师进行有针对性的专业培训。① 2013 年，再次提出要采取置换脱产研修、短期集中培训、远程培训和转岗教师培训相结合的方式，对中西部农村义务教育学校教师和校长进行有针对性的专业培训。②

第二节 “国培计划”教师培训课程要求

一、我国教师培训课程相关研究概述

对我国教师培训课程设置的研究主要集中在课程培训形式、课程实施、课程设置的依据与原则、课程的内容结构，并强调课程设置要注重教师的内在需求。

宋海英认为课例观摩、案例教学和参与式培训，是农村教师最喜欢的培训形式。经验丰富的教学一线骨干教师是最受农村教师欢迎的师资类型。③ 教育部在《关于大力加强中小学教师培训工作的意见》(教师〔2011〕1 号)中明确指出，“努力改进培训方式方法，倡导小班教学，采取案例式、探究式、参与式、情景式、讨论式等多种方式开展培训”。李琳提出教师培训“自构型课程”设计模式，探索了“研究性课程”“半开放性课程”和“全开放性课程”3 种类型的新培训课程设计思路，在实施中力求使“基础—发展—卓越”3 种层次的中小学教师

① “国培计划”——中西部农村骨干教师培训项目实施方案[EB/OL].[2013-12-3]. http://www.gpjh.cn/cms/sfxmbuwen/584.htm.

② “国培计划(2013)”——中西部项目和幼师国培项目[EB/OL].[2013-12-3]. http://www.gpjh.cn/cms/sfxmtingwen/1441.htm.

③ 宋海英，陈睿.“国培计划(2011)”——吉林省农村骨干教师培训项目培训需求调研报告[J]. 中小学教师培训，2011，(12).

培训，实现“合格课堂—丰满课堂—智慧课堂”的目标追求，有效提高培训质量。①方成智认为教师培训的课程设置必须根据具体的培训目标、骨干教师本身的特点和课程设置所应遵循的基本原则，选择正确而有效的策略，使开设的课程更加科学、合理；提高骨干教师培训的效果，应遵循的基本原则主要有前瞻性原则、综合性原则、主体性原则、动态性原则、模块化原则；教师培训的内容结构，可由理论学习和技能培训、教学实践与考察、教育科学研究几部分构成。②苏文虹认为课程设置不仅要体现出教师专业发展的阶段性，还应反映出对教师素质结构的要求。教师专业发展理论给教师培训课程设置带来以下启示：设定人本性的培训目标，设置多层次课程目标，课程类型多元化，课程结构模块化。③刘金华提出了人文性与专业性相结合、统一性与灵活性相结合、系统性与独特性相结合的区域教师培训课程体系建设应把握的几个原则。④郑志辉认为当前的教师培训课程存在着忽视教师内在需求的课程设置价值取向，要素缺失、比例失调的课程类型结构，封闭单一、缺乏内在逻辑关联的课程模块结构等问题。⑤周红杰强调要系统设置培训课程，采用多元化的培训模式，重视教师的主体参与。⑥

二、“国培计划”对地理教师培训课程的要求

为提高教师培训质量，国家制定了《“国培计划”课程标准(试行)》(以下简称《标准》)和《“国培计划”课程标准(试行)实施指南》。《标准》按学科分学段、分项目进行设置，用于指导各个学科、各个培训项目的课程设置和“国培计划”课程资源的开发与建设。从《标准》的框架结构来看，主题框架主要包括课程目标、课程内容、课程结构与实施建议，此外，每个《标准》中还附有主题式的培

① 李琳．教师培训“自构型课程”设计及其效果实现——以“国培计划”初中地理骨干教师培训为例[C]//中国地理学会．山地环境与生态文明建设——中国地理学会2013年学术年会·西南片区会议论文集．北京：中国地理学会，2013：7.

② 方成智．论地市级骨干教师培训的课程设置[J]．湖南科技学院学报，2005，(6).

③ 苏文虹．教师专业发展理论对中小学教师培训课程设置的启示[J]．继续教育，2009，(9).

④ 刘金华．区域教师培训课程体系建设应把握的几个原则[J]．中小学教师培训，2013，(10).

⑤ 郑志辉．教师培训课程开发中存在的问题——基于课程结构优化的视角[J]．内蒙古师范大学学报(教育科学版)，2011，24(10).

⑥ 周红杰．关于提高中学地理教师培训实效性的探讨[J]．教育探索，2010，(1).

训设计样例，对主题式培训侧重从培训对象的需求及地理学科特点出发。

(一)课程目标要求

由于示范性短期集中培训项目、中西部短期集中培训项目、中西部置换脱产研修项目3个项目是针对不同的地理教师群体设置，所以《“国培计划”初中地理教师培训课程标准》对其课程目标(包括课程总目标和具体目标)、课程内容、课程结构要求也分别做出了差异化、层次化的规定。

从表19-1中，可以看出，在课程总目标上，中西部置换脱产研修侧重于对地理学科及教育知识层面的提升和优秀教学经验的借鉴，从而提高专业能力；中西部短期集中培训的项目要求基于教学实践，解决实际教学问题；示范性短期集中培训则重视教师发展的多样化需求，通过主题式培训，从创新与示范的高度来培养能力。

表19-1　初中地理教师培训项目课程总目标

培训项目	培训课程总目标①
示范性短期集中培训	基于初中地理地市级及以上骨干教师发展的多样化需求，围绕专业能力与知识领域的主题式培训，提高针对主题的研究创新与示范引领能力，构建跨区域的学习共同体，培养省市级的初中地理教学带头人
中西部短期集中培训	基于农村初中地理校级骨干教师教学实践的现实需求，通过以问题为本的培训，提高关于教学问题发现、辨析、研究、解决、跟踪等综合能力，培养初中地理县域骨干力量
中西部置换脱产研修	提高师德素养，了解与初中地理教学有关的地理科学和地理教育的新发展，较系统地提升地理学科知识与教育知识水平，学习借鉴优秀教师的教学经验，全面提高农村初中地理教师教学能力和专业能力，培养造就农村初中地理县级骨干教师

《“国培计划”高中地理教师培训课程标准》对课程目标的要求层次类似于初中的“示范性短期集中培训”的课程目标，要培养省市级的地理教学带头人。

(二)课程内容建议

课程内容对制定具体的培训方案具有指导作用。根据教师专业标准，课程内容包括专业理念与师德、专业知识和专业能力3个维度。《“国培计划”初中地理教师培训课程标准》针对示范性短期集中培训和中西部短期集中培训，在

① “国培计划”课程标准(试行)[EB/OL].[2013-12-3].http://www.gpjh.cn/cms/sfxmtingwen/1283.htm.

专业理念与师德的维度下设师德修养、专业理念两个模块，专业知识维度下设学生发展知识、学科知识、教育教学知识 3 个模块，专业能力维度下设教学设计、教学实施、教学评价、教学研究、现代教育技术能力、实践教学、课程资源开发与利用、学习指导、教师培训 9 个模块。中西部置换脱产研修项目在此基础上，在专业知识维度下增加了通识知识的模块。《"国培计划"初中地理教师培训课程标准》对课程内容的维度及模块设置与初中中西部置换脱产研修项目的设置相同。在每个模块下均设若干专题，每个专题提供学时建议和对专题内容进行简要说明的内容要点。根据初高中不同层次的培训要求，每个培训项目的专题有所差异。

(三)课程结构要求

针对培训课程的专业理念与师德、专业知识和专业能力的 3 个维度，课程标准对不同的培训项目提出了不同的比例要求。如表 19-2 所示①，相比其他项目，中西部置换脱产的培训要求更为重视专业知识的比重，而相对降低了专业理念与师德的培训比重。

表 19-2　初高中地理教师培训项目课程结构比例

项目 / 维度	初中地理教师培训项目			高中地理教师培训项目
	示范性短期集中培训	中西部短期集中培训	中西部置换脱产研修	
专业理念与师德	10%	10%	5%	10%
专业知识	40%	40%	45%	40%
专业能力	50%	50%	50%	50%

(四)课程实施建议

培训课程标准分别从培训方式、课程资源利用以及培训效果评价 3 方面给出课程实施的建议。在培训方式方面，提倡运用多种培训方式，如讲座、案例式、讨论式、现场观摩、参观考察等，以充分调动参训者的积极性和参与性，从而提高课程实施的效果。在课程资源利用方面，除了一些基本的文本及网络资源，参训者自身的教学成果或心得也可作为课程资源来共享，此外，《"国培

① "国培计划"课程标准(试行)[EB/OL].[2013-12-3].http://www.gpjh.cn/cms/sfxmtingwen/1283.htm.

计划”初中地理教师培训课程标准》还特别提到中学观摩基地以及野外实习基地均可作为特色课程资源来利用。对于培训效果的评价，要综合利用多种评价方式和手段。

第三节　基于教师需求的国培初中地理教师培训课程研究——以北京师范大学初中地理教师培训课程设置研究为例

一、概述

(一)研究背景

1. 终身教育、学习型社会思潮影响

随着社会的发展，知识老化周期迅速变短，“终身教育”“学习型社会”已经成为教师教育中的一个重要理念。①② 一次性的师范教育已难以满足教育发展的需要，也无法满足教师发展的需要，为了更好地实现教师和教育的发展，我们需要依靠多次提升性的教师继续教育。教师培训渐渐成为提高教师素质，使教师适应专业岗位的重要手段，教师在职培训的终身化也成为一种不可阻挡的趋势。

2. 政策、法规强调提高教师素质，重视教师培训

教师是教育的第一资源，高素质的教师是高质量教育的重要保障。党的十七大报告指出，要优先发展教育，建设人力资源强国；加强教师队伍建设，重点提高农村教师素质。《国家中长期教育改革和发展规划纲要(2010—2020 年)》再次重申“有好的教师才有好的教育”，要“加强师德建设，提高教师业务水平，完善培养培训体系，做好培养培训规划，优化队伍结构，提高教师专业水平和教学能力”。“通过研修培训、学术交流、项目资助等方式，造就一支师德高尚、业务精湛、结构合理、充满活力的高素质专业化教师队伍，以农村教师为重点，提高中小学教师队伍整体素质。”③

① 张雪艳．我们需要什么样的教师培训——农村教师培训需求研究[D]．华中师范大学，2009.

② 杨雷．科学教师培训需求分析的初步研究[D]．广西师范大学，2007.

③《国家中长期教育改革和发展规划纲要(2010—2020 年)》.

3. 国培计划全面展开，远程培训备受关注

根据党的十七大关于“加强教师队伍建设，重点提高农村教师素质”的要求和《国家中长期教育改革和发展规划纲要(2010—2020 年)》精神，为进一步加强教师培训，全面提高教师队伍素质，教育部、财政部从 2010 年起实施“中小学教师国家级培训计划”(简称“国培计划”)，旨在通过该计划培训一批“种子”教师，使他们在推进素质教育和教师培训方面起到引领示范作用。国培计划包括“中小学教师示范性培训”和“中西部农村骨干教师培训”两个项目，其下又细分多个子项目。地理国培计划包括骨干教师研修、培训团队研修、教师远程培训、教师置换脱产研修、教师短期集中培训等项目，相比之下，实地培训花费大、受众少、时间短、时间集中，而远程培训利用计算机技术，可以在较少的经费支撑下培训更多的教师，且时间相对分散、对教师工作影响小、相对好操作。我国教师远程培训刚起步，很多人认为这种培训方式不会成为教师继续教育的主要方式，但是从教师终身教育的角度来看，大规模集中的面授式培训是很难实现的，而教师远程培训的发展前景是不可限量的，将会成为教师终身教育的主要形式。①

4. 教师培训存在问题，需要重视教师培训需求

回顾我国教师专业发展实践，会发现教师培训的力度不论是在国家水平、地方水平还是学校水平上都有增加，各级培训在实践中产生了较为广泛的影响。但必须承认的是，培训低效仍然是困扰我国教师教育的一个重要问题。②在实践中，组织者把大量的人力物力投入到教师培训中去，但是有些培训者却在抱怨培训没有给教师能力提升与绩效提高带来太大的帮助。导致这种问题的原因是多样的，有人采用因果图技术进行深入分析时，发现最为根本的一个原因是缺乏教师培训需求分析。③④ 重视教师培训需求，使培训能够很好地了解教师与学校的需要，设置更合理的培训课程，这在一定程度上会增加培训的效果，更好地达到培训目的。

---

① 徐国梁．网络环境下教师培训模式的变革[M]．上海：上海大学出版社，2007.

② 毛亚庆，鲜静林．当前教师培训中应注意的几个问题[J]．高等师范教育研究，2003，15(1).

③ 李莉萍．我国农村教师继续教育研究综述[J]．继续教育研究，2010，(2).

④ 庄玉昆．中小学教师培训有效性缺失的原因分析及对策研究[D]．云南师范大学，2007.

(二)核心概念界定与理论基础

1. 核心概念

远程培训：是以互联网通信系统为基础，利用多媒体技术和远程视频传输技术为受训者提供培训的平台系统，培训双方可在此系统中进行人与人、面对面的交流及影像的审视，短时间内便可完成整个培训过程，达到预定的培训效果。

教师培训：有广义和狭义之分，广义的教师培训指的就是教师教育，包括职前教师培养和在职教师培训，以前被称为师范教育。狭义的教师培训专指在职教师培训，又叫教师继续教育。教师培训在西方被称为“在职教师教育与培训”。本文所采用的是教师培训的狭义概念。它顺应社会发展趋势和满足教育及课程改革对教师素养的要求，通过有计划地组织在职教师开展各种层次、各种形式的学习活动，促进在职教师在专业上、学术上和人格上得到可持续的发展和提高。①②

培训需求：员工为了自身与组织的发展而感受到的接受某种培训的主观愿望及根据自身的知识、技能和态度与相关标准间的差距而产生的培训要求的综合体。③

2. 理论基础

(1)终身教育理论

1956 年，在联合国教科文组织召开的国际成人教育会议上，法国教育学家保罗·朗格朗首次以终身教育为题做了报告，他认为应该在重视成人教育的基础上，实施终身教育。终身教育的根本价值取向是促进社会与人的发展，它的潜在目标是通过培养人的自主性和自主学习的能力，并依托学习者的基础，达到知识、能力、审美等多种目标的统一。马丁·哈伯曼认为学习是美妙的，它自然而然。因此，按照终身教育的理论，学习活动应该贯穿人的一生，特别是对于教师而言，“学习—实践—提高—再学习—再实践—再提高”这一过程对提升教师的教学素质和教学能力具有重要的意义。④ 我国教育事业的发展为人

---

① 黄甫全. 新课程中的教师角色与教师培训[M]. 北京：人民教育出版社，2003.

② 杨岚. 城乡统筹背景下农村中小学教师培训现状与对策研究——以成都市大邑县为例[D]. 重庆师范大学，2012.

③ 赵德成，梁永正. 教师培训需求分析[M]. 北京：北京师范大学出版社，2012.

④ 李笔耶. 新课程理念下的生物学教师培训理论与实践研究[D]. 华东师范大学，2004.

的终身学习提供了较好的环境，也为教师不断地培训提升提出了更高的要求。

(2)建构主义学习理论

建构主义的思想来源于认知加工学说以及维果茨基、皮亚杰和布鲁纳等人的思想。建构主义强调学习是一个主动的过程，学生不是简单被动地接收信息，而是主动地建构知识的意义，这种建构是无法由他人来代替的。知识是学习者在一定情境下，借助学习获取知识的过程，是利用必要的学习资料，通过意义建构的方式获得的。建构主义学习具有以下特征：一、学习是积极的；二、学习是建构性的；三、学习是积累的；四、学习是目标引领的；五、学习是诊断性和反思性学习。①② 将建构主义学习理论运用到教师培训中，我们发现，培训中培训者与受训者的双方关系不再是传统的教和学的关系，而是发生了很大的变化。参与培训的教师通过自己主动的以及与培训者互动的学习方式学习新的知识。由此我们可以看出，培训者在进行培训时要考虑到教师已有的教学实际经验，重视他们的培训需求，在这个培训过程中，双方是一种平等的、互动的合作关系。

(3)教师专业发展理论

教师专业发展这一概念是在20世纪七八十年代教育研究领域对教师发展阶段研究以及90年代认知心理学对教师素质研究的基础上形成的。教师是一门专门职业，具有不可替代性，从教师的专业发展过程来看，应该把教师的职前培养与在职教师培训结合起来，形成一个连续的、完整的过程。学科知识和教育教学理论是教师专业化水平的表现，教师的教育实践活动是其专业化水平和能力表现的重要领域，教师要真正促进学生的全面发展，就一定要在实践中不断地发展自我，提升自我，促进教育活动有效展开。教师专业发展的研究状况，使我们从动态发展的角度来研究中小学教师培训并且使研究的成果促进教师专业化的发展。

(4)教师素质理论

教育心理学对教师素质的研究为教师教育与培训提供了理论基础，只有先确定教师素质的实质，才能更好地为教师教育和培训提供指导意见。中外学者对教师素质做了一系列的研究，产生了很多有代表性的理论，其中林崇德的教师素质结构理论与教育实际密切相关，比较全面地分析了教师的心理品质，他

① 陈琦，刘儒德．当代教育心理学[M]．北京：北京师范大学出版社，1997.

② 洪东牛．提高中小学教师全员培训实效性的对策研究[J]．中国科教创新导刊，2009，(15).

提出教师素质在结构上包括教师的职业理想、教师的知识水平、教育观念、教师的教学监控能力以及教师行为与策略。① 林瑞钦提出教师素质结构由教师能教、会教、愿教3种素质成分组成，即学科知识、教育专业技能、教育专业精神，他的教师素质结构很好地反映了教师职业特点与要求。② 我们可以将这两个理论的整合作为教师专业素质的理论基础。

(三)研究方法

1. 文献研究法

在资料准备阶段，通过在中国知网、中国学术期刊网、维普期刊网和万方网等网站搜索文献，阅读大量文献进行资料的搜集和整理，了解目前关于教师培训及地理教师培训的研究现状，知道合理的地理教师培训如何进行，了解前人做出的地理教师培训需求成果，为之后的研究做好铺垫。

2. 调查法

通过问卷调查的方式了解"国培计划"地理远程培训教师的现状及对培训方式、培训内容的意见和建议。其中一部分数据来源于东部8省市、中西部23省市以及吉林省2012年"国培计划"初中地理教师远程培训五千余份专题调查问卷，另一部分数据来源于2013年初中地理教师"国培计划"培训需求调查问卷，该问卷发放100份，回收96份，回收率为96%。

3. 访谈法

通过对地理教育专家、培训机构组织人员以及参加培训的教师进行交流访谈，倾听他们的建议，了解教师的教学现状及希望的培训课程，针对地理教师培训需求做进一步的调查和研究。

4. 文本分析法

收集初中地理教师培训时的作业，作业包括两个教学设计和一份培训心得，通过教师的作业来考察其达到相应标准的程度，从而发现教师在相关领域的不足以及培训需求。

5. 数理统计法

对收集到的数据，在计算机上运用Excel进行统计，分析各选项的选择比例，应用SPSS统计软件对研究的相关数据进行卡方检验，进行差异性分析。

---

① 林崇德，申继亮，辛涛．教师素质的构成及其培养途径[J]．中国教育学刊，1996，(6).

② 林瑞钦．师范生任教职志之理论与实证研究[M]．高雄：复文图书出版社，1990：13.

二、地理教师培训需求研究

澳大利亚有一位长期从事培训与管理变革研究的专家艾伦(2009)曾说："我们经常看见一些人做培训需求分析，可实际却做成了培训愿望分析。"[①]培训需求分析不能完全根据参陪人员表达的培训期望来进行，基于这种理解开展的培训需求分析可能存在一些问题，比如说：(1)教师没有感受到"客观"需求，有些教师没有发现自身教育教学工作中存在的问题，自我感觉较好，而无法认识到这些"客观"需求；(2)教师感受到的可能是不真实的需求或者与组织无关的需求，比如，有的教师觉得自己做的课件不能有效辅助和促进学生学习，因此想参加关于多媒体课件制作的培训，而实际上他真正需求的是教育心理学，或者由于个人原因，一些教师可能会提出一些对个人或家庭有益的需求，而这些需求并不是组织的需求。

也有很多研究者支持这种观点：培训需求就是预期工作绩效与员工实际表现之间的差距。这种理解也存在一些问题，比如：(1)有些差距不是员工原因导致的，如由于组织的管理制度、组织文化和资源支持等因素导致的差距，通过培训教师是无法改变的；(2)有些差距虽然与员工有关，也不是培训所能解决的，如教师职业倦怠的现象虽与员工有关，但这种现象主要是由当前的教师评价体制、管理者态度、人际关系等多种因素影响的，光凭借教师培训无法达到预期目的；(3)某些情况下即使没有绩效差距仍需要培训，如果绩效评估标准偏低，虽然没发现教师的绩效差距，但实际上可能存在着培训需求，还有为了教师个人及组织将来更好的发展，即使教师能够达到相应的要求，仍然需要培训。

为了更好地了解到教师的培训需求，我们需要将以上两种理解整合起来，通过多种渠道和方法进行分析。为了更准确、更为有效地研究"国培计划"初中地理远程培训教师需求，本文采取OTP(Organization-Task-Persona Model，组织—任务—人员)模式进行分析探究。

(一)组织分析

1. 组织现状分析

初中阶段的大部分学校，地理学科在八年级进行地理会考，中考时地理不作为考试科目。在这样的背景下，很多学生对地理不重视，把精力集中到其他需要考试的科目，有些学校也放宽了对地理的要求，觉得只要能应付考试，学生玩着学就可以了。但是实际上，初中地理是一门非常重要的学科，以一种轻

---

① 赵德成，梁永正．教师培训需求分析[M]．北京：北京师范大学出版社，2012.

松的方式学习固然好，但绝不应轻视。一些西方国家将地理作为公民的基础学科，放在至关重要的地位。地理与人的生活息息相关，可以说学习地理是为了更好地生活，地理知识广博、宽泛，可以让学生的视野更宽广，初中地理课程不但教会学生知识，还培养学生的思维和能力，同时培养学生的情感态度，帮助学生形成正确的价值观念。一言以蔽之，初中地理在学生的成长过程中起着非常重要的作用，然而现在很多学校、教师未能重视该学科。经调查，大部分教师在教学活动中的状态和表现是以课本、课标为中心，按计划把课本知识讲完，教法单一，旨在"教书"。因此，需要通过培训来改变教师的态度，使其能够更好地利用教材和课标，在教授学生知识的同时，培养学生的能力和情感。

2. 组织发展战略分析

员工培训的目的是促进组织的发展，地理教师的培训是为了让教师更好地服务社会，为教育事业贡献力量，因此教师的发展也应该顺应教育事业的发展。《国家中长期教育改革和发展规划纲要(2010—2020年)》指出要严格教师资质，提升教师素质，造就一支师德高尚、业务精湛、结构合理、充满活力的高素质专业化教师队伍。要加强师德建设，加强教师职业理想和职业道德教育，增强广大教师教书育人的责任感和使命感，将师德表现作为教师考核、聘任和评价的首要内容。要提高教师业务水平，完善培养培训体系，做好培养培训规划，优化队伍结构，提高教师专业水平和教学能力。通过研修培训、学术交流、项目资助等方式，培养教育教学骨干，造就一批教学名师和学科领军人才。

3. 组织资源分析

了解组织的资源条件非常必要。如果组织本身缺少必要的资源，而且又无法通过外部资源获得相应的培训资源，即使我们准确地识别了员工的培训需求，通过培训促进员工和组织的发展也是无法实现的。"国培计划"初中地理教师远程培训由教育部和财政部全面实施，财政部为初中地理教师远程培训提供了有力的资金支持，为"国培"顺利进行提供了保障。对教师进行培训的培训者有高校的地理教育专家、教材编写者、优秀一线教师等，来自不同领域的培训者可以为受训教师提供精彩纷呈的培训课程。如今网络发达，绝大多数教师能够利用学校、家庭以及社会的网络资源，在不同的时空倾听相同的培训内容。但是，个别教师缺乏基础的多媒体技术，需要相关人员帮助，需要组织提供必要的多媒体使用指导说明。同时，空间的不同使得交流讨论环节有所限制，需要选择合适的讨论话题。

4. 培训氛围分析

培训氛围是一种无形的力量，它在很大程度上影响着培训的效果。领导对培训的重视程度，教师是否愿意培训都与培训的质量息息相关，在如今的学习型社会，教师要靠继续学习来丰富自己的学识，提高自身的能力。整个大环境是鼓励并且支持教师培训的，而且为教师培训提供了较好的环境，形成了较强的培训氛围，但是在一些落后地区或者师资力量紧缺的地区，有些领导不愿意或者说不舍得让老师将精力投入到培训中去，希望他们一心做好当前的教学，也有的教师由于自身教学任务或者家庭事务等不愿意再去参加培训。对于这样的情况应该加以重视，让大家了解培训的益处，同时合理安排培训内容和时间，鼓励大家积极参加培训。

(二)任务分析

任务分析指的是一种通过系统地搜集与职务相关的资料来决定需要什么培训来提高工作效率的方法。任务分析的程序与方法并不复杂，不同的研究者所提出的研究方法与步骤并不相同，但基本精神是一致的，都是通过对完成某一职务所需要的知识、能力等方面进行分析，明确哪些领域更需要对员工进行培训。本文采用的是戈德斯坦等人(1981)所提出的分析步骤：

- 对职务进行概览；
- 确定任务和完成任务所需要的知识、技能、能力、态度等要素；
- 对任务要素进行优先程度分级；
- 决定哪些任务要素应该培训，哪些任务要素要重点关注。

地理教师是从事地理教育、传播地理学知识、帮助学生掌握地理知识、学习地理技能、培养地理观念的专职人员。根据中学地理教师资格标准及新课程改革的要求，初中地理教师需要具备以下条件。

1. 具有崇高的师德修养与正确的观念

(1)崇高的师德修养

教师是知识文化的传播者，汇聚了社会的需要、家庭的希望、学生的信任，很多人将教师称为太阳底下最光辉的职业。作为一名教师，要肩负起社会给予的责任，要对得起家长和学生的信任，这便对教师提出了一定的要求。正所谓学高为师、身正为范，一名合格的教师必须要有崇高的师德修养，要热爱自己的职业，为教育事业贡献自己的力量；教师还要有高尚的情操，用自己的行动教育影响学生，为社会传递正能量；教师要热爱学生，关心学生，平等待人，让每一位学生感觉到温暖。

(2)先进的教育观

地理教师的教育理念应该与时俱进并有时代特色，形成“以人为本”的教育观。过去“知识灌输”的观念已渐渐退出了人们的视野。现如今，社会由重视科学技术为主发展到以人为本，教育为了培养社会需要的人，自然应当体现以人为本的时代精神，教育把重视学生、尊重学生、理解学生、爱护学生、发展学生贯注于教育过程，使学生树立自尊自信、自立自强的意识，学会自己发现和解决问题，不断促进自身的发展与完善。

(3)正确的学生观

教师要树立民主平等的学生观。过去那种教师为主体，学生被动接受的教学方式已不再适用，根据新课程的理念，教学过程要以学生为主体，教师为主导，教师在一种和谐、平等的氛围中指导学生，让学生有所发现、有所收获，要真正体现出教师的教是为了学生的学。教师还要知道每一个学生都是独特的个体，由于年龄、性别、环境等因素的不同，不同的学生间会存在差异，教师要理解并尊重这种差异，以一种合适的方式对待学生，做到因材施教。

(4)开放的课程观

构建开放多元的地理课程是地理教育的基本理念之一。① 地理课程要注重培养学生的创新意识，提高他们的实践能力。传统上封闭单一的课程已经满足不了学生的需求，我们需要构建开放的地理课程，充分重视校内外课程资源的开发和利用，拓宽学生的学习空间，倡导多样的地理学习方式，鼓励学生进行合作学习、探究学习、自主学习，让学生主动快乐地学习。

2. 了解并运用地理学科知识②

(1)了解地理科学的特点

地理教师要了解人地关系的发展历程、现状与趋势，了解地理科学的基本思想和特点。深刻体会人地关系、空间观念、因果关系思想、地理过程思想、地理环境的整体性与差异性、区位思想和地球观等现代地理学的主要思想内涵。

(2)掌握地理科学的基础知识、基本技能、基本方法和基础理论

地理教师要掌握地理科学的基础知识，理解地理科学的基本概念，熟悉主要的地理过程；掌握组成地理环境的基本要素及其相互之间的关系；熟悉中国和世界的地理概况。地理教师要运用地图和其他地理图像，掌握绘制地理图表等基本技能。地理教师要掌握调查、观察、描述、地图表述、比较与分类、类比、归纳与演绎、分析与综合、实验、横向科学等地理学的基本方法。地理教师要了解地理环境整体论、土壤发生学理论、自然地域分异理论、地理区域理论等地理学的基本理论。

---

① 义务教育地理课程标准[S]. 中华人民共和国教育部，2011.

② 王民 . 地理学科知识与教学能力[M]. 北京：高等教育出版社，2011.

(3)运用空间思维等地理科学的方法观察、分析和解决地理问题

了解地理学研究的程序和模式，掌握传统的经验归纳模式，学会如何确定研究课题，如何搜集资料，如何观察实验，如何抽象、概括、判断、推理，最终能够提出假说。能够运用地理空间思维解决实际问题，学会运用地理思想方法研究地理问题。

3. 拥有地理教学知识与能力①

(1)了解初中地理课程的性质、地位、理念、设计思路和主要内容

熟悉初中地理课程在学校体系中的地位和特点，了解初中地理课程是一门兼具自然科学和社会科学性质的基础课程，掌握其具有的区域性、综合性、思想性、生活性、实践性等特征。熟悉初中地理课程的设置和设计思路，知道初中地理课程是以区域地理学习为主，原则上不涉及较深层次的成因问题，了解初中地理课程内容的基本结构。掌握初中地理课程，学习对生活有用的地理、学习对终身发展有用的地理、构建开放的地理课程等基本理念，掌握初中地理课程的总体培养目标及知识与技能、过程与方法、情感态度价值观这三维培养目标。

(2)掌握地理教学的基础知识、基本技能

熟悉地理教材的结构，合理地使用教材。熟悉地理教学的基本理论。掌握初中地理教学的基本特点。能够以人地关系为主线，正确阐明人地关系，知道地理教学内容具有广泛性、综合性和区域性，促进学生多方面的发展。利用地图进行教学，体现地图在中学地理教学中的重要地位。能够将课堂教学与课外实践相结合。

(3)学会初步运用地理教学的基本理论分析、解决地理教学的实际问题

掌握地理教学条件分析和内容选择的基本技能。能够正确分析教学的目的和任务、地理学科的知识特点、教材内容安排及组织形式、学生的认识规律与年龄特征、学校的设备条件、教师的自身条件，根据实际情况选择地理教学内容，确定教学内容的顺序，并根据不同类型的知识选择合理的组织策略。掌握语言信息、地理技能、地理态度等不同内容所应该采取的教学顺序。

4. 掌握教学设计知识与能力②

(1)了解初中学生学习需求和已有学习经验

了解初中学生的地理学习基础和需求。能够对学生进行学习态度分析、起点能力分析、心理状态分析、背景知识分析。通过分析，把握学生的“最近发展区”。

---

① 王民．地理学科知识与教学能力[M]．北京：高等教育出版社，2011.

② 王民．地理学科知识与教学能力[M]．北京：高等教育出版社，2011.

(2)掌握地理教学常用方法和地理教学设计的基本环节

依据地理课程标准，完整、规范、具体地表述课时教学目标。设计的教学目标既要全面又要突出重点，要注意层次性和联系性，体现科学性和适应性，同时还要有可操作性。知道教学目标的设计有突出情感教育、培养空间思维、培养综合思维、培养创新精神等特殊的要求。掌握地理教学方法的特点和使用条件，优化教学方法，掌握地球仪、地理图册、多媒体等多种媒体的基本用途和使用方法。掌握教学的设计过程，熟悉常见的教学模式。掌握形成性评价、终结性评价等教学评价的基本方式和作用，掌握教学反思的方法和过程。

(3)能够结合具体的课题进行地理教学设计

分析教学内容，确立教学重点。恰当分析教学内容的知识结构。熟悉初中地理各主要部分基本的教学策略。能够根据内容的不同，对地球与地图、世界地理、中国地理、乡土地理等进行合理的设计，采用合适的教学方法，选择最合适的教学策略，设置相应的教学过程。能够完成完整且合理的教学目标、教学方法、教学过程、教学评价的教学设计。

通过教育专家的解析以及对文献的分析，再结合初中地理教学现状，我们认为最需要对教师进行培训的是地理教学知识与能力，其中地理教学的方法和策略往往决定着课堂的氛围和学生学习的积极性；由于初中地理课程标准经常被很多人忽视，而这部分内容实际上会为地理教学提供整体的参考，因此也应该对相关内容进行培训。其次，地理教学设计也是培训的重点，了解并掌握教学的基本方法及特点，掌握相关的课程知识，能够根据具体的教学内容，合理地设计教学目标。教学重难点、教学方法和教学过程以及教学评价是至关重要的，好的教学设计是地理教学成功的开始，因此有必要对相关内容进行培训，特别是针对不同内容应采取的教学策略。地理学科的知识与运用需要教师自己的学习与积累，但是对于一些重要理论及地理发展的前沿内容，需要有专家进行指引，带领教师达到更高的高度。关于地理教师应有的师德修养，这是个人在长期教学中形成的，很难通过说教来改变，但是教师作为物质文明与精神文明的传播者，较好的师德修养又是至关重要的，因此可以采取适当的方式对教师进行培训，如可以用真实的事例来引发教师们的思考，使其受到影响，不断地提升自己的师德修养。

(三)人员分析

1. 现状分析

根据调查结果，对于地理学，教师们最关心的是地理信息技术及其对社会生活的影响(20.16%)，其次是学科整体的发展现状和最新成果(19.50%)。地理信息技术作为地理学新兴领域知识，其技术先进，功能强大，许多人对其充满好奇，希望对这个新兴领域有更多的了解。相对于自然地理、人文地理、区域地理等一些地理学的分科内容及其相应的领域前沿内容，教师们更加关注地理学科整体的发展现状和最新成果。

如图 19-1 所示是假设有一年的进修时间，教师选择的专业充电内容。在有限时间内，教师最希望培训的课程内容是人文地理(19.86%)，其次是地理信息技术(18.88%)。人文地理看似简单，但很多教师在教学中发现，人文地理内容庞杂、知识比较活，看似简单的内容其实更难掌握，教师需要有一定的实力才能将人文地理讲得透彻，讲得吸引学生。地理课程对地理信息技术的要求并不太高，但由于它是新兴事物，一些老教师对其接触较少，还有些教师由于环境的限制，很难接触到先进的多媒体技术，很多教师希望借着培训的机会能更多更好地了解到地理信息技术。调查显示，各项内容选择的人数都超过总人数的一半，说明大家希望获得培训的内容很多，基本上每一块内容都想学习，只是在有限的时间内，只能综合考虑教师个人需求及课程要求等选择最适合的培训内容。

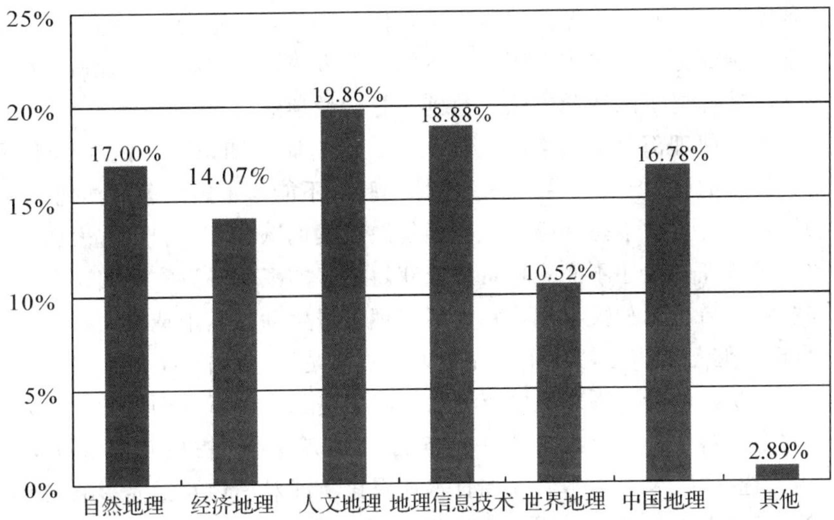

图 19-1　在有限时间内，教师最希望培训的课程内容

教师认为对于地理教学，最关键的是学生对地理学习的兴趣(27.69%)，还有学习内容与学生生活的联系(20.86%)和课堂教学的技巧(20.14%)。调查表明，教师非常重视学生的学习兴趣，将其作为地理教学的关键因素，实际的教学中也确实如此，只有学生感兴趣、愿意听、愿意学，教学才能较好地实现，教学设计、教学技巧等才有机会体现。教师还认为学习内容要与学生的生活相联系，这与地理课程标准的理念“学习生活中的地理”相契合，而学会如何让学习内容与学生生活联系起来，将是教师的重要学习内容。教师还很看重课堂的教学技巧，通过掌握教学技巧来使课堂更加生动。相比之下，教师对地理学的把握(15.53%)、对学年课程的整体设计(10.19%)所占的比例不大，其中比例最小的是集中精力攻克书本上的重点与难点(5.59%)，这反映出地理教学是为了学生的发展，而不仅是为了会做题、拿高分。

对于地球部分的教学，教师对自己的储备知识与认识水平的评价首先是“不是缺乏知识，而是缺乏动手能力，故需要培训”(35.25%)。其次是“不够用，几乎照本宣科而不能运用自如”(15.44%)。由此可见，大多数教师认为自己需要培训来提升自己的动手能力，希望能不完全依赖教材，能够灵活地讲解相应知识。

教师对身边大多数同行教学状态的描述是：“学习的抽象性使学生的认知结果差异很大”(25.56%)，“通常会做习题”(23.72%)，但“要靠照本宣科”(18.62%)。调查发现学生的认知结果差异很大，由于地球部分的教学内容比较抽象，学生的空间思维、逻辑推理能力不一样，教师虽不能通过教学消除这种差异，但可以采用合适的教学方法，让更多的学生理解相应的知识，尽可能缩小这种差距。教师会做题固然是好事，但是要让学生也会做题还需要教师会教，让学生达到标准的要求。照本宣科的讲课方式已不再被新课程所推崇，教师需要学习掌握更多的教学方法，达到更好的教学效果。

对于世界地理部分的教学，教师认为自己的储备知识与认识水平还不足，选择人数最多的是“纸上谈兵，缺乏感性体验，不能像中国地理那样把课讲活”(28.49%)，其次是“不是缺乏知识，而是缺乏案例”(23.58%)。这表明教师对自己的世界地理知识还不满意，希望能获得更多的案例，有一些实实在在的东西，并能够灵活运用相关事例，将世界地理讲得生动。其中选择人数最少的选项是“自己的储备知识足够用了，完全可以讲清楚”，仅占5.77%。

教师反映出的身边大多数同行的教学状态是深入解析案例与学生研究课题较少。其中选择“很少深入解析一些实际的地理案例”占的比例最大，达到28.28%，选择“很少让学生做诸如日本地震核泄漏对周边及世界影响的研究课题”(22.32%)次之，还有比例较高的是“照本宣科”(19.15%)。

对于中国地理部分的教学，教师同样认为自己的储备知识与认识水平还不够，“对中国经济发展现状的了解来自新闻及零散的资料”(21.67%)，“缺乏对诸如南水北调、西气东输、三峡大坝、青藏铁路等工程的深刻理解，不能讲透彻其所带来的区域地理动态变化”(18.87%)，其中比例最小的是认为“自己的知识足够用了，足以讲清楚教材”(5.71%)。

教师认为身边大多数同行的教学状态是“给学生充分的发表自己见解的机会，鼓励地理思维”(26.90%)，但是因为离生活遥远，“农业、工业区位论部分学生感到陌生、茫然，抓不住要领”(25.20%)，这提示我们要结合学生的现有知识和生活经验来选择适当的方法，设计合理的课程。

2. 培训需求分析

(1)培训内容

课标与教材

教师认为地理课程标准对自己的教学影响最大的部分是课程基本理念，其后依次是课程设计思路、课程目标、教学建议、课程内容、评价建议、课程性质、课程资源与开发利用建议、教材编写建议。图 19-2 是各选项所占比例的统计图。这也侧面反映出地理课程标准对教师的指导作用以及教师更为重视的课标内容。

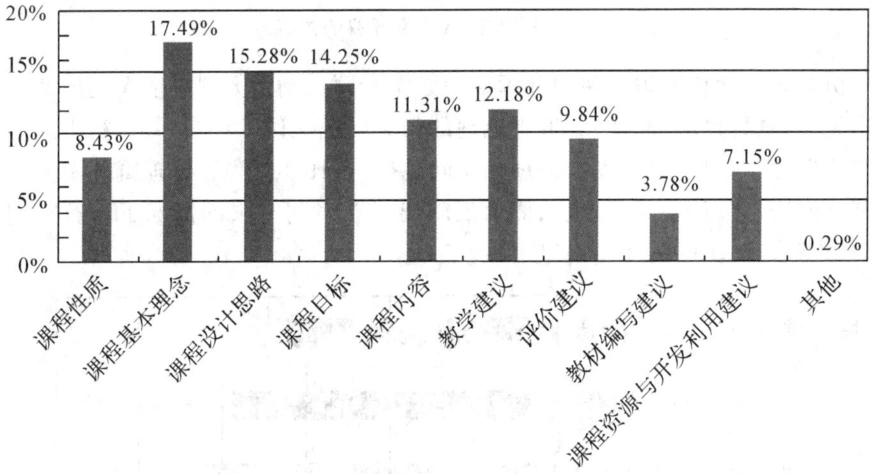

图 19-2　课程标准对教师的影响程度

对落实地理课程标准，难度最大的是“激发学生的思考热情，唤起学生的创新精神”(32.58%)，这与教师之前反映的情况“对于地理教学，最关键的是学生对地理学习的兴趣”相吻合，可见激发学生兴趣既是难点也是重点，是教师希望得到培训的重要内容。落实地理课程标准难度大的还有“不仅教知识，更要教思路，教方法”(27.17%)，“将教学内容与学生生活有机联系”(22.57%)，可见教师希望得到相关的培训来更好地落实地理课程标准。

教学

对于地理教学，感到最难驾驭的是进行有效的地理探究活动(29.79%)，这也反映出教师希望得到关于学生有效探究的培训内容。如图 19-3 所示，比例由大到小依次是“进行有效的地理探究活动”“组织简易地理考察”“讲清楚地理事物间的空间联系”“设计室内地理实验”“鼓励学生大胆质疑，独立思考”。

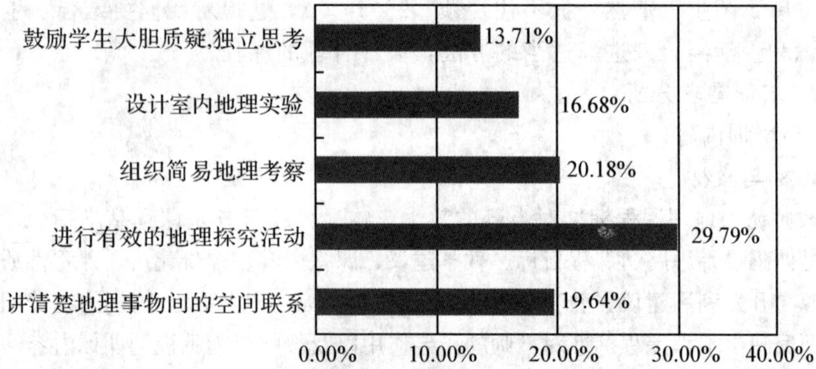

图 19-3　教师认为难驾驭的内容

初中地理学科知识模块中教师认为必学专题比例由大到小依次是地球地图的相关问题探讨(22.83%)、世界地理的相关问题探讨(21.36%)、初中地理课程改革理念(20.16%)、乡土地理相关问题探讨(19.50%)、地理野外考察与社会调查方法(16.15%)，这也从侧面反映出了在时间有限的情况下，教师们更迫切的需求(图 19-4)。

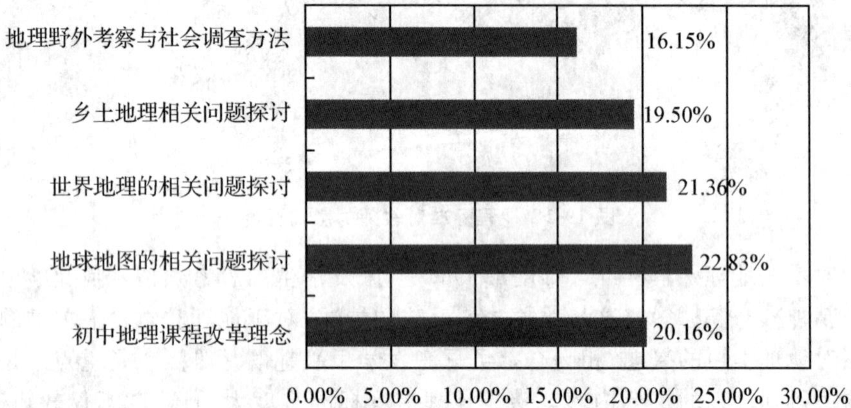

图 19-4　教师认为必学专题

调查教师最想学习哪部分内容的教学策略与案例评析(图 19-5)，其结果依次是地球与地图(20.83%)、区域经济发展(18.83%)、区际联系与区域协调发展(14.17%)、中国地理(11.81%)、城市与城市化(11.11%)、农业地域的形成与发展(9.03%)、行星地球(8.33%)、世界地理(5.89%)。地球与地图知识逻辑性较强，需要学生有一定的想象力，学生觉得该内容是学习难点，教师也觉得是授课难点。

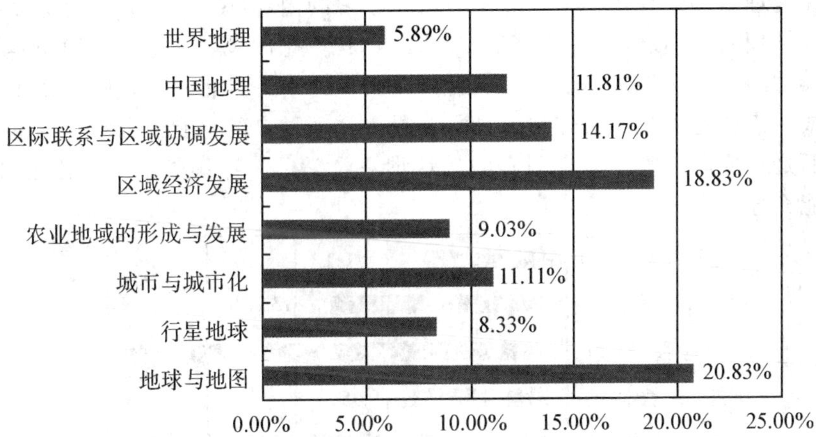

图 19-5　教师最想学习的教学案例

如图 19-6 所示，对于地理有效教学策略，教师最想学习的部分是提高学生兴趣方法(23.26%)、课堂活动环节(22.67%)以及教学设计环节(19.77%)。关于提高学生兴趣，前文已有体现，此处再次出现，说明了教师对其重视程度以及对相关内容的培训需求程度。课堂活动是重要且灵活的环节，利用好课堂活动往往能提高学生的学习兴趣，达到事半功倍的效果，然而若课堂活动设计得不好，其结果往往是浪费了时间与精力，却没有成效，因此教师希望能够学习相应的课堂活动环节的教学策略。地理课程还要求教师要有一定的教学设计能力，教师希望通过培训使该项能力有所提升。

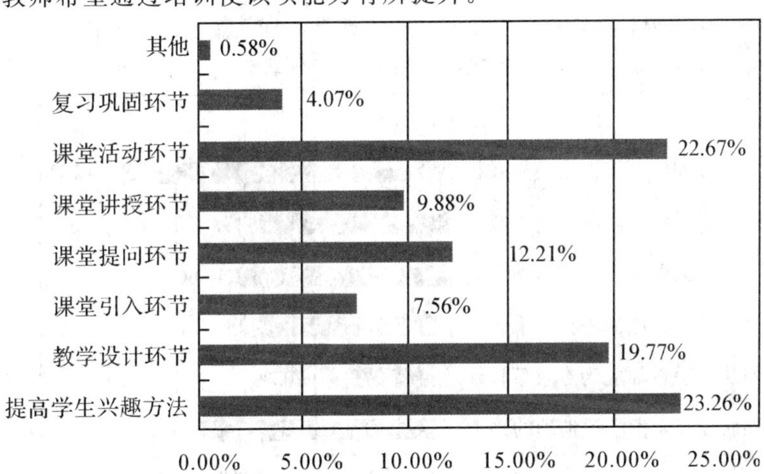

图 19-6　教师最想学习的教学策略

在地理教师远程培训中，教师更希望学习的内容(图 19-7)是地理教学技巧(21.55%)和课堂教学案例研究(21.55%)，其中比例最小的是地理知识本身学习(3.31%)。由于地理培训的时间有限，培训的内容也有限，教师希望不要将精力放在诸如地理学本身知识这种需要投入时间且自己有能力自我提升的项目上，而是希望能接收更多有关实践的培训以及学习一些国外的和前沿的知识，尽可能充分地利用培训机会。

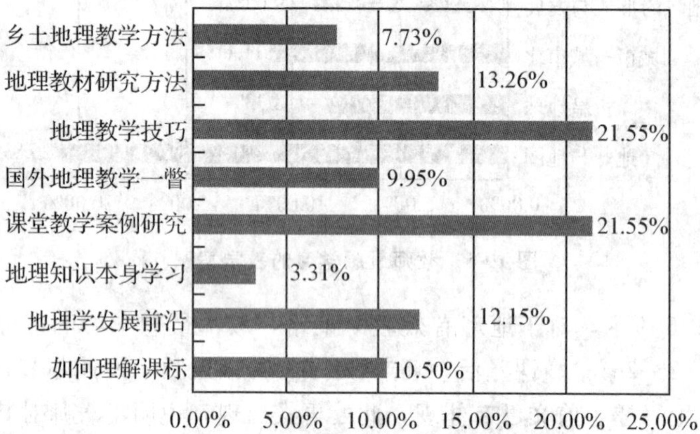

图 19-7　教师最想学习的内容

在地理“国培”中，地理教师更希望探讨的问题(图 19-8)是如何创造性地使用教材(24.10%)，其次是如何提高学生学习地理的兴趣(22.29%)，还有如何做地理教学行动研究(15.66%)、如何进行校本教研(14.46%)、如何认识身边的地理(13.86%)。教材作为教师教学最重要的工具，为教学提供了重要的指导，然而实际教学中很多教师不能灵活运用教材，整个教学课程就像是照本宣科，教师希望通过和其他教师以及教育专家进行探讨，更好地使用教材，并使之更好地为教学服务。

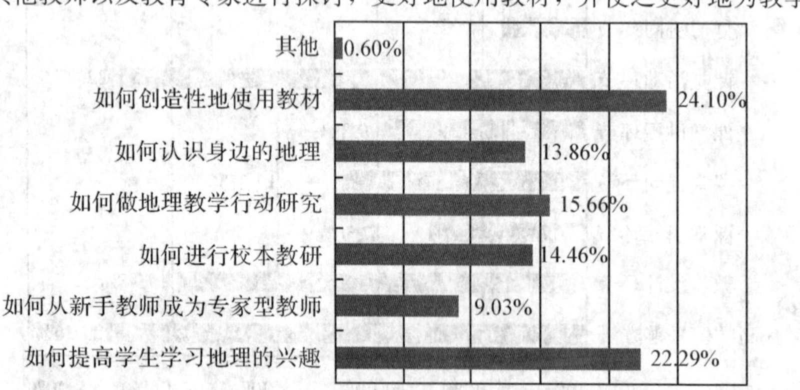

图 19-8　教师更希望探讨的话题

(2)培训方式

教师更希望培训中多些活动，多些可选择的课程，在轻松的环境中学习教学思路和方法。如图 19-9 所示，多数教师希望培训过程中多组织活动，让大家得以交流(35.25%)，希望在培训中多提供课程供学员选择(27.05%)，希望学习任务轻些，多教些思路和方法(16.39%)。培训是教师倾听他人观点、分享个人想法、思想交流碰撞的好机会，很多人希望借此机会能与同行们多交流讨论。由于远程地理培训涉及的范围广，人数多，学员之间差异大，适合自身的课程不尽相同，需要多提供一些课程，让教师根据自身的需要进行选择，使培训更有针对性，使大家能够取长补短，通过培训不断地提升自己。学生不喜欢填鸭式的学习，教师同样也不希望学习过程中压力太大，培训不需要面面俱到，最好是选择有针对性的内容进行启发式的培训，让大家能在轻松的环境中收获重要的东西。

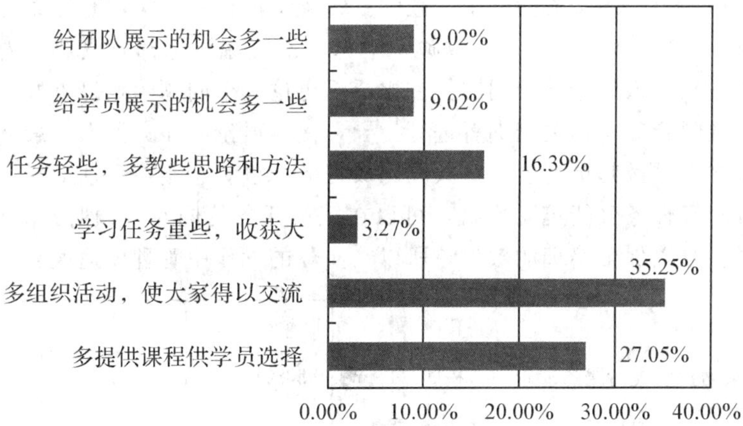

图 19-9　教师更倾向的培训方式

如图 19-10 所示，在地理“国培”中，教师认为更适合自己的培训方式是与教育专家交流，观摩示范课以及接受参与式培训。教师平时很难与教育专家进行交流，倾听专家的指导意见，他们希望借着培训的机会倾听专家的意见。教师每天都在备课讲课，为什么同样的教学内容最终的教学效果却不同，为什么自己觉得不容易讲好的课别人却讲得异常精彩，他们希望能够通过观察示范课来解决困惑，在找出差距的同时学习相关的技巧，使自己的课堂也有同样的精彩。教师希望培训不是一味的专家说教师听，而是自己能真正地参与进去，与专家、同行共同交流探讨。

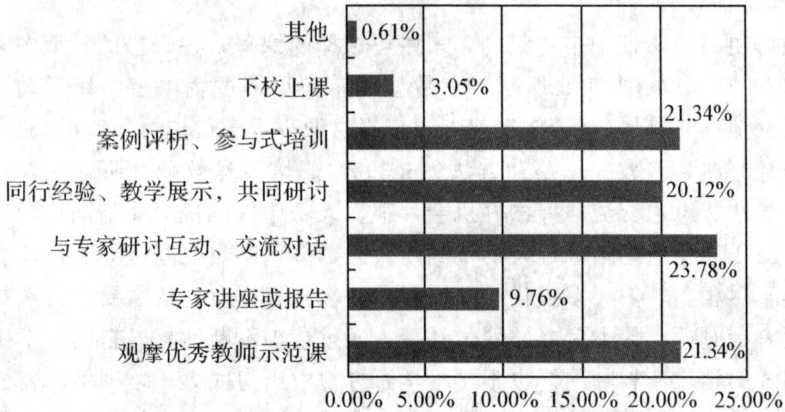

图 19-10　教师认为更适合自己的培训方式

在地理“国培”的交流活动中，教师更希望交流得专而深，有专家指导，能深度解决教学问题(图 19-11)。教师希望每一次交流讨论都有收获，内容不在多，而在精，深入讨论一个问题往往比泛泛讨论几个问题的效果更好，在讨论过程中，教师希望有相关培训者进行指导，使得讨论有序、深入，最终有所收获。相比之下，教师更喜欢小组共同完成任务，也更希望在管理上松一些。团队合作既减轻任务又能集思广益，可以在完成任务的同时多倾听别人的想法；而管理过松难以保证培训的效果，所以在实际的操作中管理要适度。

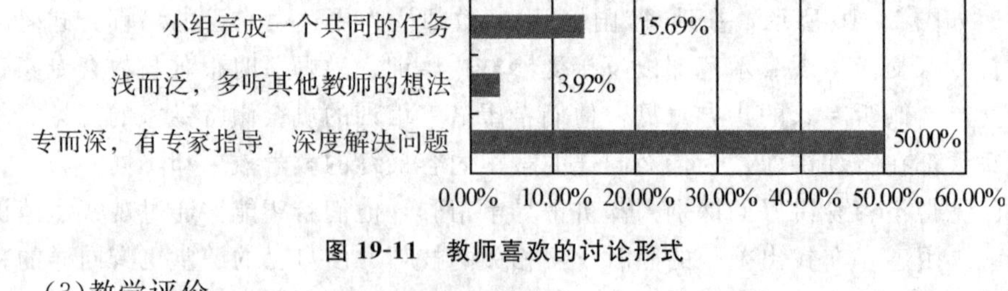

图 19-11　教师喜欢的讨论形式

(3)教学评价

关于地理“国培”的教学评价，教师更希望评价重视过程、重视主观评价并且对最终的评价松一些。教师培训是为了让教师更好地提升，更好地为组织做贡献，更好地促进地理教育事业的发展，而不是为了培训而培训，更何况教师本身的起点就有差异，所以只要是教师有收获，就不应该过分重视最终考试的评价结果。培训提升应该是教师自身要追求的目标，应自己重视，而不是靠机器的记录来督促自己去应付差事似的完成要求。

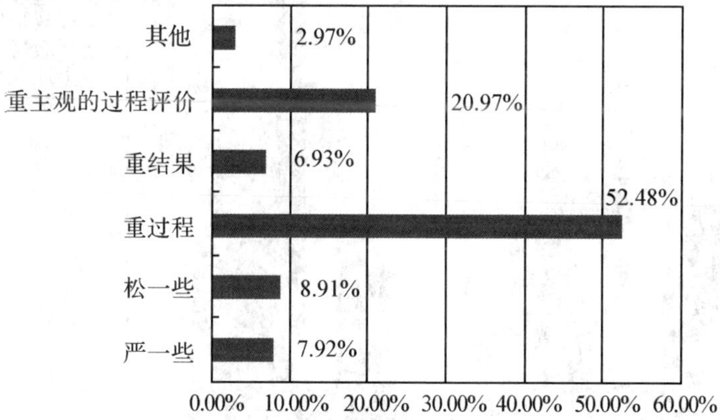

图 19-12　教师倾向的培训评价模式

三、教师培训需求的差异性分析

(一)不同性别的教师培训需求的差异性分析

由图 19-13 可知，男性地理教师最倾向的培训内容是课堂教学案例研究，其次是地理教学技巧，女性地理教师最倾向的培训内容是地理教学技巧，其次是课堂教学案例研究。男教师和女教师在培训内容的选择中，比例最小的都是地理知识本身学习。由表 19-3 得知，Pearson 卡方值约为 3.26，$P=0.86>0.05$，表明不同性别的地理教师在陪训内容的选择上不存在显著性差异，也就是说教师对培训课程内容的选择与教师的性别没有明显的相关性。

表 19-3　不同性别教师对培训内容的选择卡方检验

	值	df	渐进 Sig.(双侧)
Pearson 卡方	3.256[a]	7	0.860
似然比	3.251	7	0.861
线性和线性组合	2.284[b]	1	0.131
有效案例中的 N	181		

a. 2 单元格(12.5%)的期望计数少于 5。最小期望计数为 2.69。

b. 标准化统计量是 1.511。

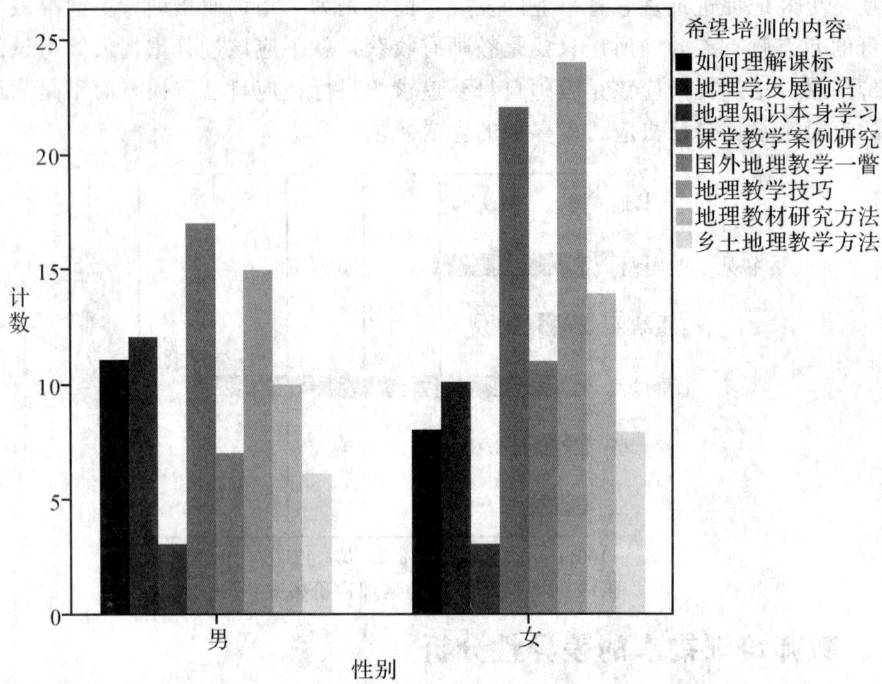

图 19-13　不同性别教师对培训内容的选择

(二)不同教龄的教师培训需求的差异性分析

由图 19-14 可知，不同教龄的地理教师对培训课程内容的选择存在差异，教龄小于 10 年的教师最希望培训的内容是课堂教学案例研究和地理教学技巧，其次是如何理解课标。教龄在 10～20 年的教师最希望培训的内容是地理教学技巧，其次是课堂教学案例研究。教龄大于 20 年的教师最希望培训的内容是课堂教学案例研究，其次是地理学发展前沿。从总体水平上看，各阶段的教师都比较重视地理教学技巧和课堂案例教学研究，新教师对两者的重视程度相同，随着教师的成长，教师对教学技巧的需求增加，达到一定程度之后，也就是教龄大于 20 年之后，教师对教学技巧培训的需求较小，最凸显的需求变成课堂教学案例研究。除了上述两种培训内容的选择，10 年以下教龄的教师对如何理解课标的培训需求较大，10～20 年教龄的教师对地理教材研究方法的培训需求较大，20 年以上教龄的教师基本掌握了地理教师应具备的相关知识和能力，更希望了解地理学发展前沿及国外地理教学等比较新的内容，这反映了教师发展的阶段性需求及随经验的增加导致教师需求的变化。如表 19-4 所示，不同教龄的地理教师在培训内容选择上存在显著性差异(Pearson 卡方值约为 24.55，$P=0.039<0.05$)，也就是说教师对培训课程内容的选择与教师的教龄有关，这也告诉我们在教师培训中要重视教师的教龄差异，提供适合不同阶段教师需要的课程。

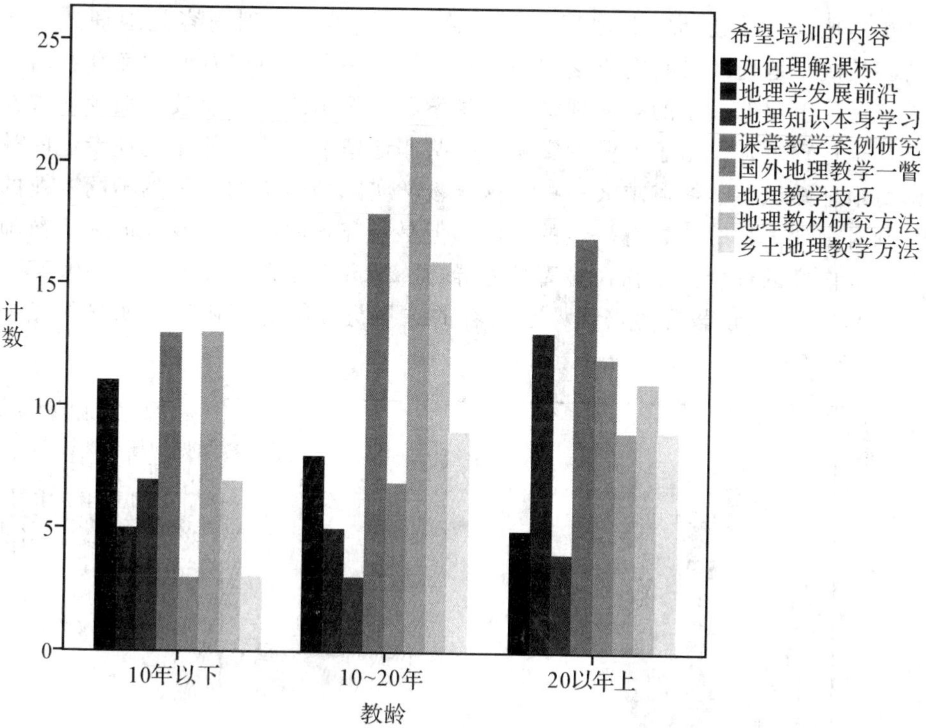

图 19-14 不同教龄教师对培训内容的选择

表 19-4 不同教龄教师对培训内容的选择卡方检验

	值	df	渐进 Sig.（双侧）
Pearson 卡方	24.548[a]	14	0.039
似然比	24.233	14	0.043
线性和线性组合	1.331	1	0.249
有效案例中的 N	229		

a. 2 单元格(8.3%)的期望计数少于 5。最小期望计数为 3.79。

(三)不同专业的教师培训需求的差异性分析

由图 19-15 可知，被调查的地理教师大部分是地理专业毕业，少部分是非地理专业。其中地理专业的教师最倾向的培训内容是课堂教学案例研究，其次是地理教学技巧，非地理专业的教师最倾向的培训内容是地理教学技巧，其次是地理教材研究方法和国外地理教学一瞥。地理专业的教师在培训内容选择上比例最小的是地理知识本身学习，而非地理专业教师最少的选择是乡土地理教学。由于专业的影响，一些非地理专业的教师比地理专业的教师对地理知识的学习需求大一些，这与教学实际是相符的。虽然不同专业的教师对培训内容的选择有一定的不同，但是研究表明，不同专业的地理教师在培训内容的选择上不存在显著性差异(Pearson 卡方值为 9.09，$P=0.25>0.05$)，也就是说教师对培训课程内容的选择与教师的专业没有明显的相关性(表 19-5)。

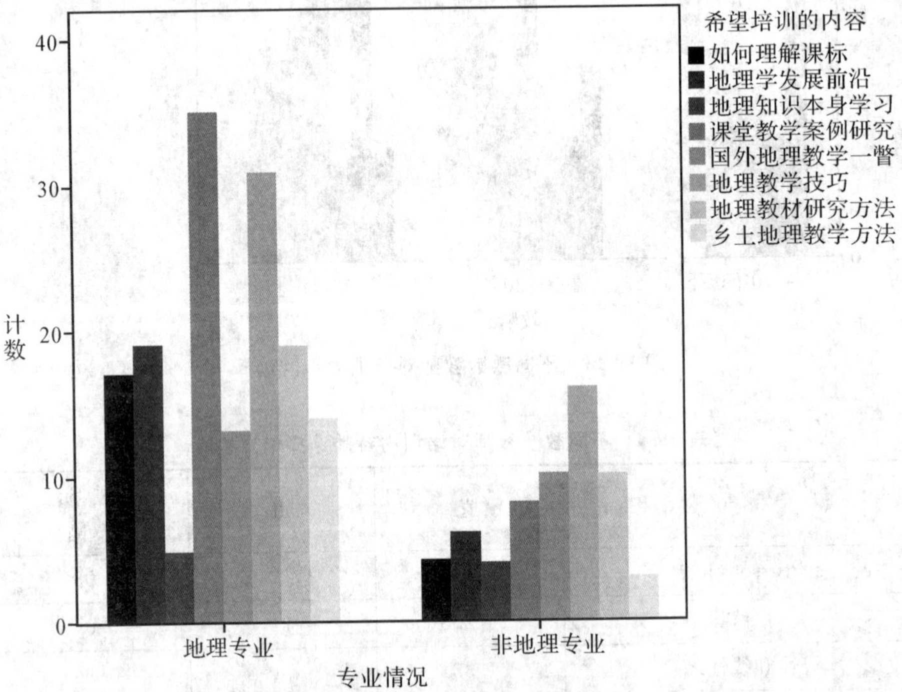

图 19-15　不同专业教师对培训内容的选择

表 19-5　不同专业教师对培训内容的选择卡方检验

	值	df	渐进 Sig.（双侧）
Pearson 卡方	9.090[a]	7	0.246
似然比	9.127	7	0.244
线性和线性组合	0.914[b]	1	0.339
有效案例中的 N	214		

a. 2 单元格(12.5%)的期望计数少于 5。最小期望计数为 2.57。

b. 标准化统计量是 0.956。

(四)不同学校类型的教师培训需求的差异性分析

由图 19-16 可知，中心城市学校的教师最倾向的培训内容是课堂教学案例研究，其次是地理教学技巧，城镇及农村学校的地理教师最倾向的培训内容是地理教学技巧，其次是地理课堂教学案例研究。两类学校教师在培训课程中选择比例最小的都是地理知识本身的学习。从中心城市学校及城镇学校的角度来对比，根据表 19-6 得 Pearson 卡方值为 3.69，$P=0.82>0.05$。

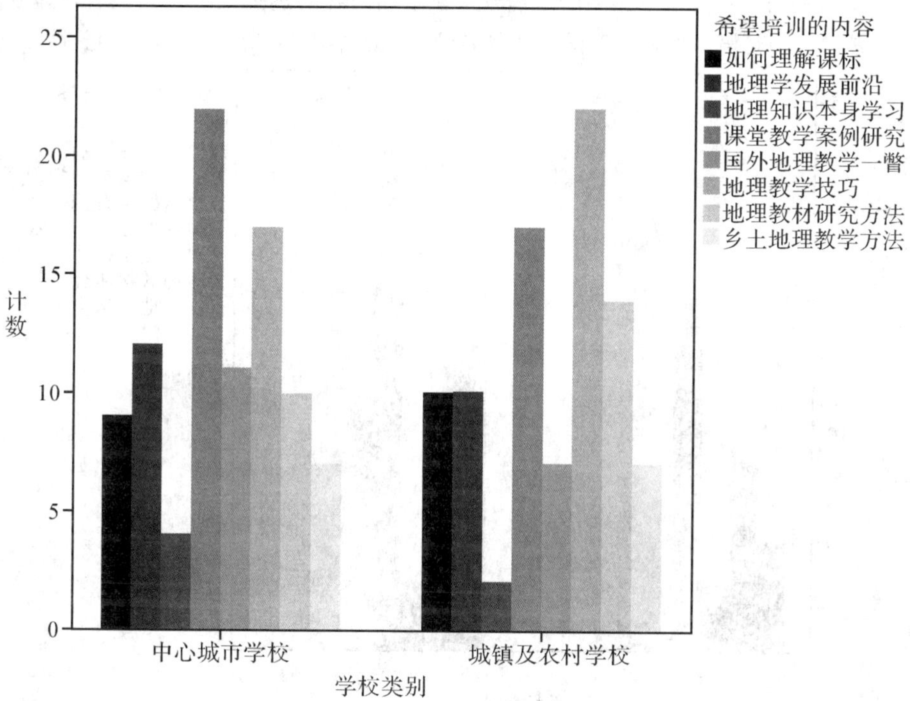

图 19-16　不同学校教师对培训内容的选择(1)

表 19-6　不同学校教师对培训内容的选择卡方检验(1)

	值	df	渐进 Sig.（双侧）
Pearson 卡方	3.690[a]	7	0.815
似然比	3.716	7	0.812
线性和线性组合	0.652[b]	1	0.420
有效案例中的 N	181		

a. 2 单元格(12.5%)的期望计数少于 5。最小期望计数为 2.95。

b. 标准化统计量是 0.807。

由图 19-17 可知，重点中学的教师最倾向的培训内容是地理教学技巧，其次是地理教学案例研究。一般中学的地理教师最倾向的培训内容是课堂教学案例研究，其次是地理教学技巧，两类学校教师在培训课程中的选择比例最小的都是地理知识本身的学习。从重点中学及一般中学的角度来对比，根据表 19-7 得 Pearson 卡方值约为 4.86，$P=0.68>0.05$。

结果表明，不同学校类型的地理教师在培训内容的选择上不存在显著性差异，也就是说教师对培训课程内容的选择与教师所在的学校类型没有明显的相关性。

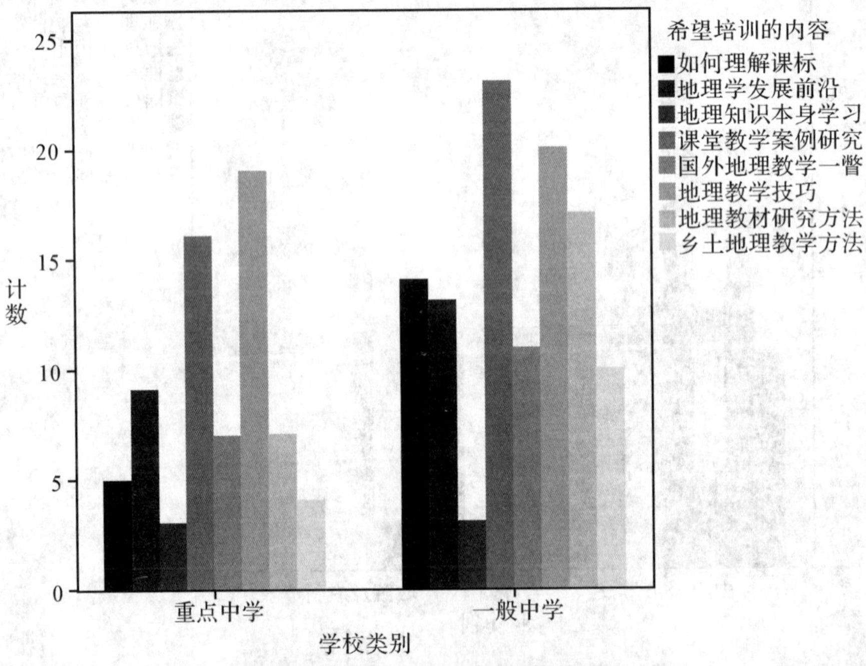

图 19-17　不同学校教师对培训内容的选择(2)

表 19-7　不同学校教师对培训内容的选择卡方检验(2)

	值	df	渐进 Sig.（双侧）
Pearson 卡方	4.862[a]	7	0.677
似然比	4.940	7	0.667
线性和线性组合	0.003[b]	1	0.957
有效案例中的 N	181		

a. 2 单元格(12.5%)的期望计数少于 5。最小期望计数为 2.32。

b. 标准化统计量是 0.054。

四、地理教师培训课程设置

(一)北京师范大学初中地理教师培训课程设置分析

2012 年《"国培计划"课程标准(试行)》颁布后，本研究根据该课程标准的要求，对初中地理教师培训的课程进行了积极探索，下面以 2012 年"国培计划(2011)"——义务教育骨干教师远程培训项目初中地理教师培训(因《义务教育地理课程标准(2011 年版)》颁布推延，国培计划(2011)——义务教育骨干教师远程培训初中地理教师培训项目也延到 2012 年举办)中的课程方案以及 2013 年"国培计划(2013)"——一线优秀教师培训技能提升研修项目中的初中地理教师培训方案为例，从课程标准中规定的专业理念与师德、专业知识、专业能力 3 个维度进行分析(表 19-8、表 19-9)。

表 19-8　国培计划(2011)——义务教育骨干教师远程培训初中地理教师培训项目课程方案

维度	模块	专题
专业理念与师德	师德修养与职业理解	钟情地理教育，弘扬地理之美——我的教育人生
专业知识	教育思想、教学理念与课程标准解读	地理课程标准修订方案介绍
		地理课程标准课程内容解读
		从理解到落实——初中地理课标—教材—教学

续表

维度	模块	专题
专业能力	教学设计与实施	地球与地图教学策略与案例评析
		世界地理教学策略与案例评析
		中国地埋教学策略与案例评析
	教学研究、课程资源开发与教师专业发展	地理有效教学策略
		从景观判读和环境地图看地理综合能力培养
		地理教学评价与课程资源开发

表 19-9 "国培计划(2013)"——一线优秀教师培训技能提升研修项目中初中地理教师培训方案

维度	模块	专题
专业理念与师德修养	专业理念	《中学教师专业标准(试行)》解读
		解读《义务教育地理课程标准(2011 年版)》的基本理念
	师德修养	师德修养与职业理解
学科知识与教育教学知识	学生发展知识	学生地理学习心理
	学科知识	地理科学发展与世界地理
		地理科学发展与中国地理
	教育教学知识	地理教学核心内容
		地理教学方法研究
专业能力与教育实践	教学设计	初中地理教学设计
	教学实施	初中地理综合实践活动
		地球与地图教学策略
		中国地理教学策略
		世界地理教学策略
		区际联系与区域经济发展教学策略
		初中地理有效课堂
	教学评价	初中地理教学评估
		地理学科学生学业水平测试方案
	现代教育技术能力	数字星球介绍及教学录像课
	课程资源开发与利用	从景观判读和环境地图看地理综合能力培养

1. 维度一：专业理念与师德修养

专题1：《中学教师专业标准(试行)》解读。主要内容：《标准》的意义，内容的理解、实施。设置原因：教师需要对相关的政策、标准有所了解，专家引领教师们学习会有更深的体会和收获。

专题2：解读《义务教育地理课程标准(2011年版)》的基本理念。主要内容：基本理念的内涵、发展、作用。设置原因：《课程标准》对教师的教学具有指导意义，应予以重视，调查反映新教师对课程标准解读的培训需求较大，教师认为地理课程标准对自己的教学影响最大的部分是课程基本理念，故在此重点介绍。

专题3：师德修养与职业理解。主要内容：以身边的实例感染教师，让学员获得热爱地理教育的有益启示。设置原因：《纲要》一再强调加强师德建设，做任务分析时发现高尚师德是教师必备品质，在这里应该重视。说教很难影响教师，应该用生活中的实例感染他们，使之更好地反思、领会。

2. 维度二：学科知识与教育教学知识

专题4：学生地理学习心理。主要内容：学生的兴趣与动机、记忆与迁移、思维与理解。设置原因：需求分析中发现教师非常关注学生的学习积极性，希望学习到提高学生学习兴趣的方法，那我们应该了解学生的心理、思维特征，以便更好地服务学生。

专题5：地理科学发展与世界地理。主要内容：地理科学发展史，世界地理学术前沿。

专题6：地理科学发展与中国地理。主要内容：地理科学发展史，中国地理学术史。

专题5、专题6设置原因：调查显示教师对地理知识本身学习的需求比例最小，对于学科知识，他们更希望学习一些前沿性的内容，在此应予以重视，相比分科的地理前沿知识，教师们更倾向于学习地理学整体的前沿性知识。此处内容较多，不同教师需求不尽相同，非专业的地理教师或者新教师对学科知识的需求大于专业教师和老教师，对于重点知识或者难点知识可以设置相应的选修课程，提供多元内容供大家根据自身需求进行选择。

专题7：地理教学核心内容。主要内容：地理教学的重要概念、原理、方法、过程等。设置原因：由任务分析发现，教师要培养学生的地理思维和能力，自己首先要掌握好地理核心概念、方法及过程等，掌握地理教学的基本方法，很多教师自身没有反映出对该内容的强烈需求愿望，但是通过访谈，了解教育专家及培训组织者的建议，发现该内容是教师需要掌握的主要内容，需要进行专题培训。

专题 8：地理教学方法研究。主要内容：地理教学方法的改进、地理教学方法的多样化等。设置原因：调查反映在地理教师远程培训中，教师最希望学习的内容是地理教学技巧，我们要重视地理教学的方法，使教师在地理教学技能上有所提高。可以采用经验分享、交流探讨等形式。

3. 维度三：专业能力与教育实践

专题 9：初中地理教学设计。主要内容：录像演示、教学设计介绍与讨论。设置原因：通过任务分析，发现教学设计是教师要掌握的一项基本能力，而通过作品分析发现一些教师的教学设计能力还有待加强，应适当培训，培训过程中大家可以分享经验、交流探讨。

专题 10：初中地理综合实践活动。主要内容：初中地理综合实践活动的设计案例。设置原因：由于时间、场地等方面的限制，地理教学中地理综合实践活动较少，教师的相关经验较少，教师提出自己在地理教学中，最难驾驭的是进行有效的地理探究活动及组织简易的地理考察，希望通过类似的培训帮教师解决实际问题，指导教师进行活动的设计和实施。

专题 11：地球与地图教学策略。主要内容：地图使用示例、讨论，案例评析。

专题 12：中国地理教学策略。主要内容：中国地理教学观摩、策略与方法探讨。

专题 13：世界地理教学策略。主要内容：世界地理教学观摩、策略与方法探讨。

专题 14：区际联系与区域经济发展教学策略。主要内容：区际联系与区域经济发展教学观摩与研讨交流。设置原因：经过调查分析，发现教师非常喜欢的学习内容是课堂教学案例，而对于案例评析内容教师最想学习的内容是地球与地图、区域经济发展、区际联系与区域经济协调发展、中国地理，选择较少的是世界地理。根据内容的不同选择合理的教学策略是教师要掌握的，我们可以通过培训使教师更好地掌握该能力，为了满足广大教师的需求，我们可以多做一些课程供教师根据自身需要进行选择。

专题 15：初中地理有效课堂。主要内容：初中地理有效课堂的情境创设、教师及专家相互分享交流。设置原因：通过培训需求分析，对于地理有效教学策略，教师最需要培训的部分是提高学生兴趣方法(23.26%)、课堂活动环节(22.67%)以及教学设计环节(19.77%)，培训时应有所侧重。

专题 16：数字星球介绍及教学录像课。主要内容：数字星球概念、先进性，实物教学演示，提供课件制作视频等。

设置原因：教师希望在了解先进的地理技术的同时更好地掌握课件制作等技术，由于教师应用多媒体的能力差异很大，故该内容可以作为选修课程或者提供较好的视频供教师自己学习。

（二）地理教师培训课程设置建议

1. 重视参培教师内在需求，发挥教师的主体性

教师培训是为了教师在知识、技能、情感等方面的提升，也是为了教师的发展及教育事业的发展，教师作为培训活动的主体，只有当他们抱着积极的态度参与培训，培训活动才能够有效和高效。教育研究表明，成人学习具有以下特征：成人学习更具主动性，他们觉得自己需要学习或者自身想学习的时候才会去学习；成人学习更关注实用性，他们更愿意学习那些可以运用到现实生活及工作中的知识；成人学习更容易发挥主观能动性，他们更愿意学习那些与过去、现在、将来的事情有联系的新知识；成人学习更注重实效性，如果能取得较好的成绩，收到相应的反馈，他们的学习积极性更高。① 为了发挥教师的主体性，我们需要调动教师培训的热情，而非常有效的一个方法是重视教师个人的需求，经过调研，我们基本上了解了教师教学的现状、培训的现状和他们更希望得到培训的模块知识、课程内容、希望讨论的话题等。我们需要在课程目标的引导下，充分重视教师的需求，合理设置课程内容，带给他们最急需的知识，让他们感觉到培训能够满足自身的需要，能为自己的发展提供帮助，他们的培训热情自然会提高。所以我们要改变过去忽视教师主体需求的权威性的课程，要带给他们最需要的知识，充分发挥教师的主体性。

2. 采用多元化培训模式

随着教师培训的不断发展，人们越来越关注教师的培训需求，重视教师的参与，只有当教师觉得自己是培训的参与者，才会更加积极地投入到培训中去，过去专家一言堂、灌输式的培训模式已不再适应当今的培训，为了达到更好的培训效果，我们要重视教师的互动参与，讲求实际效果，充分利用教师已有的知识和经验，为教师之间的相互交流学习搭建平台。我们要根据不同的培训目的，采用最合适的培训模式，使培训模式多元化，如案例教学模式、观摩讨论模式、情境模拟模式、专题探讨模式、实践反思模式、行动研究模式、合作学习模式等，通过多种教学模式的探索实践，增强培训的针对性，切实提高

---

① 修晶．成人学习原则与参与式教学方法[J]．中国大学生就业，2008，(18)．

培训的效果。①

3. 设置多层次课程目标

由前文的分析可知，不同教龄的地理教师对培训内容的需求有差异，教师的发展是一个不断深入、循序渐进的过程，培训课程设置应体现出不同阶段教师的培训需求，对不同阶段的教师提出不同层次的要求，使之达到符合自身发展需要的目标。同时，培训不仅是为了教师当前的发展需要，也为了为适应岗位要求或者更高层次岗位的需要，但由于培训对象不同，即便是统一培训的内容，培训的侧重点和难点也应该有所改变，课程目标的设置也要分层次，体现出差异性，使之符合不同阶段教师的培训需求。

4. 设置多元化的课程类型

不同阶段、不同类型的教师对培训的需求不尽相同，为了增强培训的时效性和针对性，我们需要设置多元的课程。既满足教师的共性需求，同时又关注教师个性发展的需要；既有选修课程，又使必修课与选修课相结合，使教师既能完成必要的培训，达到相应的培训目标，又能根据自身的实际情况选择合适的选修课程。课程设置要使理论课程与实践课程合理搭配，既注重修养性课程又注重工具性课程。

5. 建立教师培训课程标准

建立教师培训课程标准对于教师培训课程的设置具有重要的指引和规范作用。该标准有利于引导教师教育教学能力提升与专业发展方向，调整和改革教师培训课程的体系、结构、内容，制定教师培训课程方案，开发课程资源，促进培训方法的改革和实践，更好地管理与评价教师培训。该标准的研制，还要针对教育发展对教师的实际要求以及教师自身能力的发展水平，要能够满足教师培训的多样性、层次性、选择性、发展性的要求。

---

① [英]彼得·泰勒(Peter Taylor). 如何设计教师培训课程：参与式课程开发指南[M]. 陈则航，译. 北京：北京师范大学出版社，2006.

附　　录

附录一：免费师范生对课程相关性认识情况调查表

亲爱的同学：

你们好！我们正在进行免费师范生课程学习与教师能力培养的相关研究，旨在了解师范生对课程性质和学科相关性的看法。请您根据自己的实际情况进行填写，答案无对错之分，你们提供的个人信息和问卷答案我们都将严格保密，仅供研究使用。衷心感谢您的合作！

性别：□男　□女　　　　　　　　　生源地：□城镇　　□农村

学院：＿＿＿＿＿＿＿＿　　　　　　　年级：＿＿＿＿＿＿＿＿

1. 你认为像大学英语、美育、思修、毛概、计算机应用基础等普适性基础课程对学习以下哪些课程有帮助？（　　）(多选)

A. 地质学与地貌学　B. 气象学与气候学　C. 土壤地理学
D. 中国地理　E. 世界地理　F. 文化地理学
G. 经济地理学　H. 区域分析与规划　I. 城市地理学
J. 人口地理学　K. 遥感概论　L. 地理信息系统
M. 测量与地图　N. 其他＿＿＿＿＿＿

2. 你认为高等数学、基础物理对学习以下哪些课程有帮助？（　　）(多选)

A. 地质学与地貌学　B. 气象学与气候学　C. 土壤地理学
D. 中国地理　E. 世界地理　F. 文化地理学
G. 经济地理学　H. 区域分析与规划　I. 城市地理学
J. 人口地理学　K. 遥感概论　L. 地理信息系统
M. 测量与地图　N. 其他＿＿＿＿＿＿

3. 你认为植物地理学、土壤地理学的学习和地质学与地貌学、气象学与气候学关联大吗？（　　）

A. 关联很大　B. 关联较大　C. 中等

D. 关联较小　　E. 关联很小

4. 你认为文化地理学课程学习效果的好/坏与其他专业课关系大吗？（　　）

A. 关系很大　　B. 关系较大　　C. 中等

D. 关系较小　　E. 关系很小

5. 你认为城市地理学、人口地理学、交通地理学的学习与经济地理学、区域分析与规划关系大吗？（　　）

A. 关系很大　　B. 关系较大　　C. 中等

D. 关系较小　　E. 关系很小

6. 你认为自然地理类课程（地质学与地貌学等）的学习对人文地理类课程（经济地理学、城市地理学等）有帮助吗？（　　）

A. 帮助很大　　B. 帮助较大　　C. 中等

D. 帮助较小　　E. 帮助很小

7. 你认为自然地理类课程（地质学与地貌学等）的学习对地理信息系统类课程（遥感概论等）的学习有帮助吗？（　　）

A. 帮助很大　　B. 帮助较大　　C. 中等

D. 帮助较小　　E. 帮助很小

8. 请选出以下每小题要求的课程（选出与题干不冲突的5项）：

（1）你认为中国地理、世界地理课程与哪些专业课关系较大？

____

（2）你认为测量与地图课程学习的知识在哪些专业课上运用较多？

____

（3）你认为学习地理信息系统类课程对哪些课程帮助较大？

____

A. 地质学与地貌学　　B. 气象学与气候学　　C. 土壤地理学

D. 中国地理　　E. 世界地理　　F. 文化地理学

G. 经济地理学　　H. 区域分析与规划　　I. 城市地理学

J. 人口地理学　　K. 遥感概论　　L. 地理信息系统

M. 测量与地图　　N. 其他__________

9. 你认为教师教育课程的学习内容与哪些专业课有关？（选出5项并从高到低排序）

（1）教育学、教育心理学等教育基本理论课程__________、__________、__________、__________、__________。

（2）地理教学论、教学技能实训、地理教材分析等教师能力培养课程__________、__________、__________、__________、__________。

B. 你认为教师教育课程的学习方法与哪些专业课有关？（选出 5 项并从高到低排序）

(1)教育学、教育心理学等教育理论课程________、________、________、________、________。

(2)地理教学论、教学技能实训、地理教材分析等教师能力培养课程________、________、________、________、________。

A. 地质学与地貌学　B. 气象学与气候学　C. 土壤地理学
D. 中国地理　E. 世界地理　F. 文化地理学
G. 经济地理学　H. 区域分析与规划　I. 城市地理学
J. 人口地理学　K. 遥感概论　L. 地理信息系统
M. 测量与地图　N. 其他________

10. 你认为教师教育基本理论课程(教育学、教育心理学)对教师能力培养课程(地理教学论、地理教材分析)帮助大吗？(　　)

A. 帮助很大　B. 帮助较大　C. 中等
D. 帮助较小　E. 帮助很小

11. (1)以下课程中你认为对教育实习有帮助的课程有哪些？请选出其中最有帮助的 5 项并从高到低排序________、________、________、________、________。

(2)你认为作为一个地理教师，最重要的课程有以下哪些？请选出 5 项并从高到低排序：________、________、________、________、________。

A. 地质学与地貌学　B. 气象学与气候学　C. 土壤地理学
D. 中国地理　E. 世界地理　F. 文化地理学
G. 经济地理学　H. 区域分析与规划　I. 城市地理学
J. 人口地理学　K. 遥感概论　L. 地理信息系统
M. 测量与地图　N. 教育学　O. 教育心理学
P. 地理教学论　Q. 教学技能实训　R. 教育见习
S. 地理多媒体教学　T. 地理教材分析　N. 其他________

12. (选做)你对学校、学院教师培养的课程安排有什么建议？(如缺少哪些课程？哪些课程课时不足？哪些课程开设时间应提前或推后？)

____

____

问卷到此结束，再次感谢您的参与！

附录二：北京师范大学地理学与遥感科学学院 2006 级实习生实习前调查问卷

亲爱的同学：

为了了解我校地理教育专业的实习状况，为免费师范生教育实习方案提供决策信息，特制定本问卷。本问卷仅供研究之用，采用不记名方式，对您的答案也将保密。

本问卷采用选择题与填空栏相结合的形式。感谢您在百忙之中抽出时间予以填答！

性别：__________政治面貌：__________（A. 党员 B. 团员 C. 群众）

生源地：__________（A. 城镇 B. 农村） 实习所在学校：______________

个人实习基本情况调查

1. 你是否自愿参加教育实习（　　）。

A. 是　　B. 否

2. 在此次教育实习之前，是否有过学校教学经历（　　）。

A. 是　　B. 否

3. 下列表述中最符合你对“教师职业”印象的是（　　）。

A. 教师是太阳底下最光辉的职业，是很好的就业选择

B. 教师职业很稳定，但带给人的成就感不足

C. 教师职业很辛苦，年复一年的重复劳动令人倦怠

D. 教师职业与其他职业并无差别

4. 目前，你的职业生涯规划是（　　）。

A. 选择教师岗位　　B. 选择行政机关

C. 选择企、事业单位　　D. 选择在高校进一步深造

E. 自主创业　　F. 未定

G. 其他____________________

5. 教育实习期间你还有哪些事情可能造成时间冲突（　　）。

A. 准备考研　　B. 准备留学考试或申请　　C. 参加重要会议或活动

D. 其他____________________

6. 以下可能是你参与本次教育实习的目的，请选择符合你个人情况的三项，并按照符合程度由高到低排序：________、________、________。

A. 充分体验并了解教师职业，坚定从教为师的决心

B. 掌握一定的教育教学方法，培养一定的教育教学能力

C. 看到自身的薄弱环节，并有意识地在今后的学习和工作中加以弥补

D. 提高自己的语言表达能力和人际交往能力

E. 为了拿到教师资格证，为今后就业提供一个选择

F. 只是为了丰富一下自己的大学校园生活，没有明确目的

G. 其他________________________

实习准备工作调查

7. 你修读了以下哪些教师教育课程(　　)；其中对你即将进入中学课堂帮助最大的是(　　)，原因____。

A. 教育学　　B. 心理学　　C. 教学论　　D. 现代教育技术

E. 其他____________

8. 你在参与教育实习之前所参加的实习相关活动(　　)(多选)。

A. 到中学地理课堂听课见习

B. 地理教师教育课程组织的课堂试讲

C. 微格模拟教学

D. 普通话水平考试

E. 参加教师素质大赛

F. 其他______________________________________

9. 为了更好地进入实习角色，你个人提前做了哪些准备(　　)(多选)。

A. 阅读了实习期间可能涉及的初中、高中地理教科书

B. 阅读了关于教材教学教法的书籍

C. 主动与具有教育实习经历的老师或同学交流

D. 研究了教案、课件的编写制作技巧

E. 学习了关于教师必备素养的知识

F. 关注并了解了中学生的心理特征

G. 有意识地参加相关讲座、会议等活动

H. 其他_____________________________________

10. 请客观评价一下你对地理新课程理念的了解程度(　　)。

A. 十分了解　　B. 了解　　C. 基本了解　　D. 了解一点　　E. 不了解

11. 你认为要怎样才是最理想的地理教学效果(　　)。

A. 把地理概念原理等明白无误地传授给学生，让他们获得完整条理的知识体系

B. 引导学生思考和质疑，让他们在学习地理知识的基础上养成独立思考的习惯和能力

C. 完成课程标准的要求，让学生取得理想的学习成绩

D. 引导学生用地理视角看问题，以合理的地理观念来指导今后的生活

12. 以下可能是你的一些不足之处，请选择最符合你的一项(　　)。

A. 对课程标准的解读不够透彻，没有明确有关知识点的掌握要求，致使课堂重、难点不明确

B. 对于系统的地理学科知识掌握不完善，不知如何在横向和纵向上组织地理学科内特定课题的知识，无法整理出清晰、条理的知识结构

C. 处理教材有难度，比如：讲解和演示安排教材内容，适当调整教材顺序，形成有效的类比、举例等

D. 无法了解学生，难以理解和预想学生进入学习过程时所拥有的概念、前概念和可能存在的困难

E. 其他________________________________

自我评价

13. 即将参加教育实习的你，认为自己在实习中具备以下哪些优势(　　)。

A. 善于与人交往　　B. 表达能力较强　　C. 善于自我学习和提高

D. 善于与人合作　　E. 心理素质好　　F. 有过相关教学经验

G. 专业知识扎实　　H. 做事态度认真　　I. 对教师职业很感兴趣

J. 其他________________________________

那么，你认为自己作为一名教师最大的不足是____________________

____。

14. 就目前你的个人状态来看，你希望学院在哪些方面做重点指导？(限选3项，并按重要程度依次排序)________、________、________。

A. 教学内容的理解　　B. 教学过程的设计　　C. 教学技能与方法

D. 心理指导与调适　　E. 教师个人素养的修炼　F. 入校基本事务的指点

G. 其他________________________________

15. 以下是作为一名教师需要具备的一些基本能力，请你根据实际情况评价一下自己。

①我的普通话水平	A. 很好　B. 较好　C. 一般　D. 较差　E. 很差
②我的黑板字美观程度	A. 很好　B. 较好　C. 一般　D. 较差　E. 很差
③我的钢笔字美观程度	A. 很好　B. 较好　C. 一般　D. 较差　E. 很差
④我的计算机应用水平	A. 很好　B. 较好　C. 一般　D. 较差　E. 很差
⑤我的专业基础知识	A. 很好　B. 较好　C. 一般　D. 较差　E. 很差
⑥我的理解和沟通能力	A. 很强　B. 较强　C. 一般　D. 较弱　E. 很弱
⑦我组织课堂教学的能力	A. 很强　B. 较强　C. 一般　D. 较弱　E. 很弱
⑧我独立撰写教案的能力	A. 很强　B. 较强　C. 一般　D. 较弱　E. 很弱
⑨我制作教学课件的能力	A. 很强　B. 较强　C. 一般　D. 较弱　E. 很弱
⑩我的心理承受能力	A. 很强　B. 较强　C. 一般　D. 较弱　E. 很弱

附录三：北京师范大学地理学与遥感科学学院2006级实习生实习后调查问卷

亲爱的同学：

转眼之间教育实习已经结束，相信大家心里都有许多感慨！为了能进一步了解我校地理教育专业的实习状况，希望您能把真实想法告诉我们！非常感谢！本问卷采用选择题与填空栏相结合的形式。

性别：（A. 男　B. 女）　　是否担任过学生干部：（A. 是　B. 否）

生源地：（A. 城镇　B. 农村）　实习所在学校：________________

实习年级：________　　授课数量：________教案________课时

Part 1　实习收获

1. 你在教育实习的过程中参加了哪些工作（　　）（可多选）。

A. 教学实习　　B. 班主任工作实习

C. 教育调查实习　　D. 课外活动实习（指与教学相关）

2. 通过实习你最大的收获是（　　）（可多选，不超过3项）。

A. 更了解教师职业的崇高，更坚定了从教为师的决心

B. 掌握了一定的教育教学方法，培养了一定的教育教学能力

C. 看到了自身的薄弱环节，并有意识地在今后的学习和工作中加以弥补

D. 知道了当教师的辛苦，毕业后不想当教师了

E. 加深了对地理新课程的理解，了解了中学地理知识体系

F. 收获了一份自我成长

G. 其他________________________

3. 你在课堂教学方面把握最好的是________、________、________（限选3项并按高低排序）。

A. 教学过程的设计　　B. 师生之间的互动

C. 新课程理念的把握和运用　　D. 教态

E. 板书　　F. 教学语言的表达与运用

G. 现代教学技术的运用　　H. 课堂调控的能力

I. 其他________________________

4. 通过教学实习，你发现自己哪方面的能力最有待提高（　　）。

A. 分析教材的能力　　B. 教学设计的能力

C. 课堂调控的能力　　D. 人际沟通与交往的能力

E. 其他________________________________

5. 在实习中，你是否有写实习日记的习惯(　　)；A. 是　B. 否

如果有，写的频率一般是_______天/1 次；你认为写实习日记对你有何帮助____________________________________。

6. 以下是作为一名教师需要具备的一些能力，各分为 5 个等级，5 表示非常符合，4 表示符合，3 表示一般，2 表示不符合，1 表示非常不符合。请你根据自己的实际情况做出选择。

序号	题目	非常符合		非常不符合		
①	我能很好地完成班级日常管理工作	5	4	3	2	1
②	我能巧妙地运用班主任工作方法和艺术	5	4	3	2	1
③	我独立开展了班级主题活动，且效果良好	5	4	3	2	1
④	我有号召力、凝聚力，能融入学生之中	5	4	3	2	1
⑤	我能平等地对待班级中每个学生	5	4	3	2	1
⑥	我能根据学生的性格和心理特点，对学生进行个别教育	5	4	3	2	1
⑦	对于班级中出现的突发事件，我能很好地处理	5	4	3	2	1

7. 在教学实习中，对你帮助最大的人是(　　)；主要原因是____。

A. 师大带队教师　　B. 学科指导教师　　C. 实习同伴

D. 班上学生　　E. 其他_______

8. 你认为作为班主任最需要具备的能力是(　　　)；你认为自己最需要提高的是(　　　　　)(两空均可多选，并按重要性由高到低排序填写)。

A. 班级管理能力　　B. 班级活动指导能力

C. 处理突发事件的能力　　D. 问题学生的个别教育能力

E. 其他________________________________

9. 在班主任教育实习过程中，你遇到的问题是_______、_______、_______(限选 3 项并按高低排序)。

A. 原班主任不肯放手　　B. 难以处理班级管理中遇到的问题

C. 不了解学生的心理和需要　　D. 事情太多，时间和精力不足

E. 不知道如何处理师生关系　　F. 其他________________________

10. 以下是作为一名班主任需要具备的一些能力，各分为 5 个等级，5 表示非常符合，4 表示符合，3 表示一般，2 表示不符合，1 表示非常不符合。请

你根据自己的实际情况做出选择。

序号	题目	非常符合				非常不符合
①	我能很好地完成班级日常管理工作	5	4	3	2	1
②	我能巧妙地运用班主任工作方法和艺术	5	4	3	2	1
③	我独立开展了班级主题活动，且效果良好	5	4	3	2	1
④	我有号召力、凝聚力，能融入学生之中	5	4	3	2	1
⑤	我能平等地对待班级中每个学生	5	4	3	2	1
⑥	我能根据学生的性格和心理特点，对学生进行个别教育	5	4	3	2	1
⑦	对于班级中出现的突发事件，我能很好地处理	5	4	3	2	1

11. 在班主任实习中，对你帮助最大的人是(　　)。

A. 师大带队教师　　B. 班主任指导教师　　C. 实习同伴

D. 班上学生　　E. 其他__________

Part 2　实习评价及建议

12. 请你根据自身体会，对下列表格中各项内容做出客观评价。

序号	评价内容	评价观点
①	我认为本次教育实习的时间	A. 太长　B. 适中　C. 过短
②	我认为师大/学院对本次教育实习的重视程度	A. 很重视　B. 一般　C. 不重视
③	我认为实习学校对本次教育实习的重视程度	A. 很重视　B. 一般　C. 不重视
④	我认为师大带队教师的工作态度	A. 认真　B. 一般　C. 不认真
⑤	我认为学科指导教师的工作态度	A. 认真　B. 一般　C. 不认真
⑥	我认为学科指导教师的教学水平	A. 很棒　B. 一般　C. 不够好
⑦	我认为班主任指导教师的工作态度	A. 认真　B. 一般　C. 不认真
⑧	我认为教育实习对我个人产生的影响	A. 很积极　B. 一般　C. 没影响

13. 请你根据自身体会，对以下各对象提出自己对他/她的期待(意见和建议)。

A. 带队教师，我希望您____________________

______________________________________；

B. 学科指导教师，我希望您____

____；

C. 实习同伴，我希望你____

____；

D. 其他意见与建议____。

附录四：地理免费师范生教育实习效果调查

请根据实际情况对自己做出评价，在栏内打“√”。分数越高，表示自己做得越好。

评估项			实习前期						实习后期					
			分数						分数					
			5	4	3	2	1	0	5	4	3	2	1	0
教学设计技能	教学目标分析	体现新课程标准												
		教学目标陈述完整												
		教学目标明确												
		教学目标陈述恰当												
	教材分析	教材分析全面												
		重点、难点、关键点明确												
		根据教学内容确定恰当的教具												
	学情分析	把握学生整体学力水平(学力水平包括已有知识、能力和心理认知规律)												
		把握不同层次学生的学力水平												
		对于学生可能提出的问题做好预测与准备												
	教学过程设计	教学过程设计完整												
		教学素材设计恰当												
		教学方法设计恰当												
教学实施技能	教态语言	着装整齐，教态自然，声音洪亮												
		手势语科学规范，站位、眼神能够照顾全班学生												
		普通话标准												
		课堂教学恰当使用地理术语，且对于学生不懂的术语，能够用易懂的语言进行解释												
	书面表达	粉笔字书写规范、清晰，书写速度不宜太慢												
		板书具有条理性，突出重点，与PPT相配合且不与PPT重复，具有一定的艺术性												
		板图板画规范												

续表

评估项			实习前期						实习后期					
			分数						分数					
			5	4	3	2	1	0	5	4	3	2	1	0
教学实施技能	课堂组织	创设民主、融洽的教学氛围												
		对学生的问题，能够及时、准确地给予指导												
		以学生为主体，体现差异教学，满足不同需求												
	课堂教学实施	对学生做出真实、适时、科学的评价												
		能够自然地将学生带入教学情境												
		讲授清晰、具有逻辑性、突出重点												
		对教具、教学设备的演示规范，能够与语言讲解紧密结合，解决教学问题												
		能够根据具体教学情境调整教学安排，教学过程具有生成性												
		能够对自己的教学做出及时、有效的反思												
	学生课堂参与	学生积极参与教学												
		学生对授课过程充满兴趣												
		学生能够独立思考，发现问题												
		学生获得知识、能力和情感体验												
班主任工作	班主任工作	按时到岗												
		热爱学生，对学生工作有耐心												
		配合原班主任，认真组织主题班会及班级活动												
		有针对性地进行个别辅导和教育												
		经常做班主任工作总结												

附录五：中学地理实习教师教学知识来源调查问卷

亲爱的同学：

你们好！本问卷是中学地理实习教师学科教学知识发展研究的一部分，本问卷不记录姓名，问卷结果对本人不会有任何影响。您的回答对我们来说非常重要，请根据您的情况如实填写，谢谢您的合作！

1. 性别：男□　　女□

2. 是否有过家教、带班经验：是□　　否□

3. 关于地理课程基本性质(区域性和综合性)的认识，下列途径对于您获取该部分知识的贡献度如何？(其中“作为中小学生时的经验”是指作为学生时的观摩经验，可以是某个教师的讲课方式，也可以是来自家庭或者日常生活。)

	很大	较大	一般	较少	基本没有
作为中小学生时的经验					
一般教育学课程					
地理教育课程					
教育见习、实习					
家教或兼职教师经验					
阅读专业书刊					
自身的教学反思					

4. 关于中学地理课程基本知识结构的认识，下列途径对于您获取该部分知识的贡献度如何？

	很大	较大	一般	较少	基本没有
作为中小学生时的经验					
一般教育学课程					
地理教育课程					
教育见习、实习					
家教或兼职教师经验					
阅读专业书刊					
自身的教学反思					

5. 关于中学地理课程理念和课程目标(该课程为学生提供什么知识，要求学生收获什么知识)的认识，下列途径对于您获取该部分知识的贡献度如何？

	很大	较大	一般	较少	基本没有
作为中小学生时的经验					
一般教育学课程					
地理教育课程					
教育见习、实习					
家教或兼职教师经验					
阅读专业书刊					
自身的教学反思					

6. 关于中学地理课程学习方式(自主、合作、探究)和学习评价的认识，下列途径对于您获取该部分知识的贡献度如何？

	很大	较大	一般	较少	基本没有
作为中小学生时的经验					
一般教育学课程					
地理教育课程					
教育见习、实习					
家教或兼职教师经验					
阅读专业书刊					
自身的教学反思					

7. 关于中学地理教材分析和教学设计的认识，下列途径对于您获取该部分知识的贡献度如何？

	很大	较大	一般	较少	基本没有
作为中小学生时的经验					
一般教育学课程					
地理教育课程					
教育见习、实习					
家教或兼职教师经验					
阅读专业书刊					
自身的教学反思					

8. 关于普通教学方法(如讲授法、讨论法等)的认识，下列途径对于您获取该部分知识的贡献度如何?

	很大	较大	一般	较少	基本没有
作为中小学生时的经验					
一般教育学课程					
地理教育课程					
教育见习、实习					
家教或兼职教师经验					
阅读专业书刊					
自身的教学反思					

9. 关于地图及其他地理图像的运用的认识，下列途径对于您获取该部分知识的贡献度如何?

	很大	较大	一般	较少	基本没有
作为中小学生时的经验					
一般教育学课程					
地理教育课程					
教育见习、实习					
家教或兼职教师经验					
阅读专业书刊					
自身的教学反思					

10. 关于地理活动与地理考察教学策略(如课标中的活动要求)运用的认识，下列途径对于您获取该部分知识的贡献度如何?

	很大	较大	一般	较少	基本没有
作为中小学生时的经验					
一般教育学课程					
地理教育课程					
教育见习、实习					
家教或兼职教师经验					
阅读专业书刊					
自身的教学反思					

11. 关于地理教学的表征(教师个人教学艺术和风格的表现，有鲜明的个性化特征)的认识，下列途径对于您获取该部分知识的贡献度如何？

	很大	较大	一般	较少	基本没有
作为中小学生时的经验					
一般教育学课程					
地理教育课程					
教育见习、实习					
家教或兼职教师经验					
阅读专业书刊					
自身的教学反思					

12. 根据你实习和找工作过程中讲课的经验，你认为你目前的教师职业发展中存在哪些困难？

13. 请列出对你地理教师知识发展最有帮助的书籍或者文章的名称及原因。

名称	原因

14. 为了更有效地促进师范生地理教师知识的发展，你对我们开设的教学技能实训和教材分析课程的建议是什么？

问卷结束！真诚地感谢您提供的帮助！

附录六：中学地理实习教师教学知识发展访谈提纲

首先，非常感谢您能抽出宝贵的时间接受访谈。我想问您几个关于教师教学知识发展的问题，以便我获得更加详细和有针对性的信息。因为这些信息对我们的研究十分重要，所以我想对我们的谈话进行录音，以便对我们的谈话有准确的记录。

1. 你自己最近选择上的一节课，或者是你印象最深的一节课，它的题目是什么？该节课的教学目标是什么？你确定该教学目标的依据是什么？（对教科书的理解，教参的说明。）

2. 该节课的教学重点是什么？难点是什么？你确定该重难点的依据是什么？

3. 该节课你采取的导入方式是什么？为什么采取这种导入方法？你获取该方法的途径是什么？

4. 该节课中你采取的教学方法是什么？为什么采取这种方法？除了该方法外，你还知道和运用过哪些方法？你是怎样知道这些方法的？

5. 在实习过程中，你是如何进行学习评价的？你是如何知道这一评价方式的？

6. 你在课堂中经常运用教学课件吗？你使用教学课件的目的是什么？该技术是你通过何种途径学到的？

7. 很多人认为教师就是在用他们以前被教的方式进行教学。你同意这种说法吗？如果同意，你能否列举出一位对你教学影响最大的教师，对你的影响是什么？你的教学方法和以前的教师的教学方法有区别吗？区别是什么？

8. 你在课堂上是如何运用地图的？可以举例说明么？你是如何获取地图的使用方法的？

9. 你认为中学地理课程的理念和目标是什么？你是如何知道的？

10. 你熟悉整个中学地理课程的知识结构吗？你是如何知道的？

11. 在课余时间你经常阅读专业书刊吗？你觉得专业书刊对你有帮助吗？在哪些方面有帮助？

12. 你认为教学反思对你的教学有促进作用吗？

13. 你觉得你有自己典型的教学风格和特点吗？这些特点是怎么形成的？

14. 总的来说，你是如何发展自己的地理教学知识的？在发展过程中有哪些困难？你对我们的课程有什么建议？

附录七：北京师范大学原教育学院2006级实习生实习后调查问卷

性别：（A. 男 B. 女） 专业方向：（A. 教育学 B. 教育经济与管理 C. 学前教育 D. 特殊教育）

实习所在学校：__________ 所教科目：________

所教年级：________ 授课数量：________教案________课时

Part 1 实习收获

1. 你在教育实习的过程中参加了哪些工作（ ）（可多选）。

A. 教学实习 B. 班主任工作实习

C. 教育调查实习 D. 课外活动实习(指与教学相关)

2. 通过实习你最大的收获是（ ）（可多选，不超过3项）。

A. 更了解教师职业的崇高，更坚定了从教为师的决心

B. 掌握了一定的教育教学方法，培养了一定的教育教学能力

C. 看到了自身的薄弱环节，并有意识地在今后的学习和工作中加以弥补

D. 知道了当教师的辛苦，毕业后不想当教师了

E. 加深了对新课程的理解，了解了中学学科知识体系

F. 收获了一份自我成长

G. 其他______________________________

3. 你在课堂教学方面把握最好的是________、________、________（限选3项并按高低排序）。

A. 教学过程的设计 B. 师生之间的互动

C. 新课程理念的把握和运用 D. 教态

E. 板书 F. 教学语言的表达与运用

G. 现代教学技术的运用 H. 课堂调控的能力

I. 其他______________________________

4. 通过教学实习，你发现自己哪方面的能力最有待提高（ ）。

A. 分析教材的能力 B. 教学设计的能力

C. 课堂调控的能力 D. 人际沟通与交往的能力

E. 其他______________________________

5. 在实习中，你是否有写实习日记的习惯(　　)；A. 是　B. 否

如果有，写的频率一般是________天/1次；你认为写实习日记对你有何帮助________________________________(请填写)。

6. 以下是作为一名教师需要具备的一些能力，各分为5个等级，5表示非常符合，4表示符合，3表示一般，2表示不符合，1表示非常不符合。请你根据自己的实际情况做出选择。

序号	题目	非常符合				非常不符合
①	我能把新课程理念应用到日常教学中	5	4	3	2	1
②	正式上课前，我都要进行不少于三次的试讲	5	4	3	2	1
③	我能将大学期间所学的理论知识应用到课堂当中	5	4	3	2	1
④	我能根据学生的知识水平，灵活运用教学方法	5	4	3	2	1
⑤	我能熟练地运用现代教学设备	5	4	3	2	1
⑥	课后我能与学生进行交流，反思并改进我的教学工作	5	4	3	2	1
⑦	我的板书设计能力大大提高	5	4	3	2	1
⑧	通过实习，我可以完全独立完成一节课的准备、实施工作	5	4	3	2	1

7. 在教学实习中，对你帮助最大的人是(　　)；主要原因是________________________________(请填写)。

A. 师大带队教师　　B. 学科指导教师

C. 实习同伴　　D. 班上学生

E. 其他________________

8. 你认为作为班主任最需要具备的能力是(　　)；你认为自己最需要提高的是(　　　　)。(两空均可多选，并按重要性由高到低排序填写)

A. 班级管理能力　　B. 班级活动指导能力

C. 处理突发事件的能力　　D. 问题学生的个别教育能力

E. 其他________________

9. 在班主任教育实习过程中，你遇到的问题是________、________、________。(限选3项并按高低排序)

A. 原班主任不肯放手　　B. 难以处理班级管理中遇到的问题

C. 不了解学生的心理和需要　　D. 事情太多，时间和精力不足

E. 不知道如何处理师生关系　　F. 其他________________

10. 以下是作为一名班主任需要具备的一些能力，各分为5个等级，5表

示非常符合，4 表示符合，3 表示一般，2 表示不符合，1 表示非常不符合。请你根据自己的实际情况做出选择。

序号	题目	非常符合		非常不符合		
①	我能很好地完成班级日常管理工作	5	4	3	2	1
②	我能巧妙地运用班主任工作方法和艺术	5	4	3	2	1
③	我独立开展了班级主题活动，且效果良好	5	4	3	2	1
④	我有号召力、凝聚力，能融入学生之中	5	4	3	2	1
⑤	我能平等地对待班级中每个学生	5	4	3	2	1
⑥	我能根据学生的性格和心理特点，对学生进行个别教育	5	4	3	2	1
⑦	对于班级中出现的突发事件，我能很好地处理	5	4	3	2	1

11. 在班主任实习中，对你帮助最大的人是(　　)。

A. 师大带队教师　　B. 班主任指导教师

C. 实习同伴　　D. 班上学生

E. 其他________

Part 2　实习评价及建议

12. 请你根据自身体会，对下列表格中各项内容做出客观评价。

序号	评价内容	评价观点
①	我认为本次教育实习的时间	A. 太长　B. 适中　C. 过短
②	我认为师大/学院对本次教育实习的重视程度	A. 很重视　B. 一般　C. 不重视
③	我认为实习学校对本次教育实习的重视程度	A. 很重视　B. 一般　C. 不重视
④	我认为师大带队教师的工作态度	A. 认真　B. 一般　C. 不认真
⑤	我认为学科指导教师的工作态度	A. 认真　B. 一般　C. 不认真
⑥	我认为学科指导教师的教学水平	A. 很棒　B. 一般　C. 不够好
⑦	我认为班主任指导教师的工作态度	A. 认真　B. 一般　C. 不认真
⑧	我认为教育实习对我个人产生的影响	A. 很积极　B. 一般　C. 没影响

13. 你修读了以下哪些教师教育课程(　　)；其中对你即将进入中学课堂帮助最大的是(　　)，原因________(请注明)。

A. 教学论　　B. 教育心理学　　C. 心理学

D. 计算机应用基础　E. 教育学类课程(如学前教育学、特殊教育学等)

F. 其他____________________________________(请注明)

14. 请问你的教育调查内容是：关于__________的研究。该教育调查报告是由_______人合作完成。请客观评价一下你参与教育调查实习的态度(　　)。

A. 很积极　B. 积极　C. 一般　D. 不积极　E. 消极

你认为教育调查对你的帮助程度怎样(　　)。

A. 很有帮助　B. 有帮助　C. 一般　D. 没有帮助

15. 请你根据自身体会，对以下各对象提出自己对他/她的期待(意见和建议)。

A. 带队教师，我希望您______________________________；

B. 学科指导教师，我希望您__________________________；

C. 班主任指导教师，我希望您_________________________；

D. 实习同伴，我希望你______________________________；

E. 其他意见与建议_________________________________。

后　记

本书汇集了近年来我们关于地理教师教育的多个研究结果，涉及多方面的内容。全书分为四篇十九章，第一篇主要介绍国内外教师教育标准与资格认证。第二篇内容较多，主要包括研究介绍国外高等师范大学教育实践概况，国内教师教育概况和几所师范大学教育实习的案例研究与建议。第三篇详细研究了北京师范大学地理学与遥感科学学院本科生、硕士生教育实习情况和建议。第四篇介绍了国际上地理教师培训研究情况、我国的国培项目等。我国初中地理课程改革随着教育部2011年颁布《义务教育地理课程标准(2011年版)》，可以说已经完成实验阶段，进入实施阶段。高中地理课程标准目前也已经实验了十多年，已进入最后修订阶段。从课程改革涵盖的课程标准编制、教科书编写、教学实验改革、评价探索改革等环节看，自2000年以来的这一轮地理课程改革，文本编制、方案制定等都已经到了最后的阶段，怎么使课程改革的路不走偏、效果最大化，教师是关键的因素，而其中教师教育则是关键中的关键。

自2005年以来，王民教授带领研究团队开展地理教师教育的研究，积极参加教育部"国培计划"地理教师培训工作，先后有近20位研究生参加研究。这些研究主要有：高中地理教师自我效能感(张简)、国内外地理教育实习研究(付丽佳)、中学地理教师教育标准研究(元晓庆)、全国教师资格考试学习参考书《地理学科知识与教学能力》(初中版、高中版，高等教育出版社，2011)编写(杨洁、何亚琼、蔚东英、李斐、张鹏韬、石海珍、伊娜、朱小丽等)、本科师范生教育实习研究(高翠微、孟丽、宋晓莹)、国培初中地理教师培训项目研究(高翠微、吕东杰等)、地理科学专业免费师范生课程相关性研究(北京师范大学"本科生科研基金"项目完成人陈思吉、林清、柳培靖)。

王民教授还参与起草了教育部"国培计划"初中地理教师培训课程标准；主编的《初中地理教学策略》(北京师范大学出版社)2011年被教育部师范司评为教师教育优秀资源；作为首席专家主持北京师范大学、高等教育出版社十多项"国培计划"初中地理教师、教研员培训项目；应邀为河北、云南、山西、山东、北京等地的"国培计划"地理教师培训项目做报告；积极探索提高初中地理教师教学能力和水平的方法和有效途径，取得多项研究成果。

本书是这些研究结果的一个整理和总结，希望对推进我国中学地理教师教育有所帮助。

感谢北京师范大学出版社策划编辑胡廷兰对本书出版所付出的努力。

由于能力水平有限，书中会有不少缺陷，有些内容还需要深入讨论，敬请批评指正。